U0078806

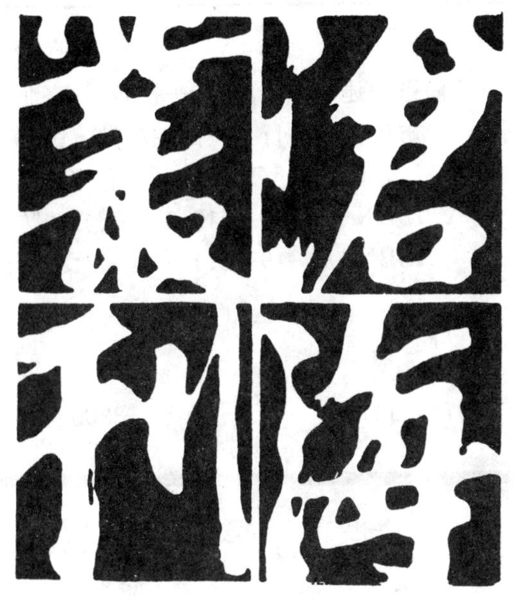

尙書學述(上)

李振興 著

東大圖書公司 印行

國立中央圖書館出版品預行編目資料

尚書學述／李振興著.--初版.--臺北
市：東大發行：三民總經銷，民83
面；　　公分.--（滄海叢刊）
ISBN 957-19-1610-2（一套：精裝）
ISBN 957-19-1614-5（一套：平裝）

1.書經-評論

621.117　　　　　　　　　83002402

© 尚　書　學　述（上）
（通　論　篇）

著作人　李振興
發行人　劉仲文
著作財產權人　東大圖書股份有限公司
總經銷　三民書局股份有限公
印刷所　東大圖書股份有限
復興店／臺北市
重慶店／臺北市
郵　撥／〇一〇
初　版　中華民國八十
編　號　E 03067
基本定價　伍元
行政院新聞局登記證

ISBN 957-1

序

《尚書》，為我國自上古所遺留下來的一部典籍。因是一部政書，所以含蘊非常豐富。《禮記‧大學》篇所說「誠、正、修、齊、治、平」之道，無不在是。於此，卽可想見其價值之大。同時，它也是我國上古時代生活、文化的紀實。就本原說，最為純粹。是以如欲發揚我國固有文化，了解上古生活情節，《尚書》，是不可以不讀的。

近年來，筆者研讀此書，稍有所得，是以不揣淺陋，以單篇方式，發表在《政大學報》、《中華學苑》、《孔孟學報》、月刊，以及《中央日報文史專刊》，迄今已近十個寒暑。這期間，曾請文史哲出版社以「尚書流衍及大義探討」、時報出版公司以「華夏的曙光——尚書」兩個名稱，分別刊行若干篇，也曾兩度獲得國科會的獎助（民國七十一年、七十三年）。而今，全書已告殺青，想著整合在一起，按照《尚書》篇目的順序，把它印出來，請讀者指教。

目前，流行坊間的《尚書》著作很多，也都能擲地有聲，筆者是望塵莫及的。不過就其闡述的方式言，多半是就《尚書》的篇章內容，作注解、語譯，少有例外。而劉起釪（著有《尚書學史》）、蔣善國（著有《尚書綜述》）、陳夢家（著有《尚書通論》）三位先生，雖能擺脫這種窠臼，欲盡力釐清《尚書》的是非及其發展，然而卻無及於篇章內容義理的推闡，基於這點情由，雖不能說「過猶不及」，但如欲對《尚書》作義理方面進一步的了解，似乎應採取既明字義、又明義理的折中辦法，就著經文，提綱標目，以通俗淺近之言，貫串成篇，使《尚書》的字義文理，清晰地展現在讀者面前，借收易讀、易解、易悟的效果。

本書在以單篇形式發表的時候，多以「尚書——大義探討」為名，將《尚書》的篇名嵌在中間。如「堯典」，卽署以「尚書堯典大義探討」，「皐陶謨」，署以「尚書皐陶謨大義探討」。間亦有例外，如「禹貢」，僅署以「禹貢山水」，「呂刑」，則署以「尚書呂刑篇的刑罰大義淺探」等。所以如此的原因，僅為求變化而已。今旣加整合，命以「尚書學述」（學述者，陳述所學之管見也。），而加諸單篇篇名上下的文字，則悉予刪削，仍以《尚書》原篇名與讀者見面，求簡明也。至於篇次，除五誓（〈甘誓〉、〈湯誓〉、〈牧誓〉、〈費誓〉、〈秦誓〉）為比其異同，以見世情之變化，置於〈禹貢〉後外，其餘篇目，則仍依【十三經注疏】本僞古文尚書次序排列。

本書分上下兩編。上編除「尚書篇目」外，其餘均為通論性質的文字，借著這些文字，表示筆者的一點淺見。雖有違俗之處，但卻甚執著，這大概就是所謂的「愚者好自用」吧！下編間有在某篇後，贅有該篇附錄的短文，這雖是副產品，但卻有助於對該篇文字的了解。而〈康誥〉、

〈酒誥〉、〈梓材〉以及〈君奭〉篇的附錄，有的不是副產品，而是由於該等篇未能全引經文，有的竟以語體文寫出，幾近翻譯，根本看不到原典文字，以致易使人產生疑慮，是以將經文特加注譯，附在各該篇後面，聊備參考。

在經書中，《尚書》的問題最多，而見解、說法，也最為紛歧，在這種情況下，如欲抖落傳統的羈絆，獨樹一幟，博得多數讀者的首肯，殊為不易。僅能就著研讀所得，表示一點個人淺見而已，權作「野人獻曝」吧！

李振興 書於臺北市愚廬

民國八十三年二月一日

尚書學述 目次

下編・分論

上編：通論

上編：通

論

壹　《尚書》流衍述要

自孔子纂「書」以教❶，《尚書》的流傳始廣，然而如欲語其傳授脈絡，卻渺焉難詳❷。我們僅可從先秦典籍中所引《尚書》文句，略窺其梗概。在這種情況下，首先被我們考慮到的一部書，就是《論語》。因為這部書，是「孔子應答弟子、時人及弟子相與言，而接聞於夫子之語」❸的記錄。孔子既以「書」教，在《論語》中，也就必然會有引「書」以教的言論，如〈為政〉篇，子曰：「《書》云：『孝乎惟孝，友于兄弟。』施於有政，是亦為政，奚其為為政？」又如〈憲問〉篇，子張曰：「《書》云：『高宗諒闇，三年不言』，何謂也？」這兩則言論，一為孔子釋或人之疑，一為弟子不明「書」義，請教於孔子，這正說明了孔子纂「書」以教的事實。其他如《左傳》、《墨子》、《孟子》、《荀子》、《國語》、《戰國策》、《呂氏春秋》等作，也沒有不引「書」文以闡釋事理的❹。

我們都知道，《尚書》是一部政書，以上這些典籍，也大部分為闡政理而引「書」文，由此亦可見時代雖為春秋、戰國，然而這些思想家或政治家們，卻無不想借《尚書》施政行事之理，以範圍人心，以規正教化，這也可能就是「書」文廣被引用的主要原因了。「書」文既被廣泛徵引，當然也就可以由此窺知「書」教的普遍性。事實雖是這樣，然而要想尋找其傳授脈絡，卻是一件不太容易的事，必待秦火以後，漢高祖劉邦建立起統一的大帝國之時，「書」學的傳授，始可見其端倪，茲以朝代爲序，探討如次：

一、漢　代

有漢一代，經學大昌，而《尚書》之學亦盛，在傳授方面，可分今文、古文兩大派，茲分別加以說明。

一、**今文派**：今文尚書的傳授，始於伏生，他是濟南人，名勝，生於周赧王五十五年辛丑（西元前二六〇年）[5]，本爲秦代博士，到漢朝孝文皇帝時，尋求攻治《尚書》的人，當時天下之大，竟然找不到一人，後來聽說伏生攻研《尚書》，就想召他到朝中來，然而這時伏生已經九十多歲了，行動甚爲不便，於是就命令太常派掌故鼂錯到伏生那裏去學習。伏生所研讀的《尚書》，在秦時爲火禁之書，於是伏生就把它藏在牆壁中，後來天下大亂，他爲逃避兵災，也就到處流亡，等到漢朝統一天下以後，伏生去尋找他的藏書時，竟然亡佚了數十篇，僅得到二十九篇，所以也只好用這二十九篇教授於齊、魯之間，因此這一帶的學者，都很能了然於《尚書》，山東一帶的大師們，也沒有不涉《尚書》以教的。《尚書》在秦火後，所以能得以流傳。這可以說，都是伏生的功勞。他有兩大弟子，一爲濟南張生，一爲千乘歐陽生，當時最爲知名，所以漢興以來，凡是說《尚書》的，都以伏生爲宗師❻。

歐陽生，字和伯，千乘人（今山東省廣饒縣），將其所學傳授兒寬，兒寬亦千乘人，有俊才，以此在郡國被選爲博士弟子，又受業於孔安國，爲人溫良，有廉智，善屬文，官至御史大夫❼，初見武帝時，語及經學，帝甚喜悅，於是說：「吾始以《尚書》爲樸學，弗好，及聞寬說，可觀。」於是從寬問一篇。而歐陽、大小夏侯氏學，亦皆出於兒寬。寬授歐陽生子，世世相傳，至曾孫高，字子陽，爲博士，作《尚書章句》，爲歐陽氏學。高孫地餘，字長賓，以太子中庶子教授太子，後亦爲博士，與五經諸儒雜論同異於石渠閣。漢元帝卽位，地餘侍中貴幸，官至少府。地餘少子政，爲王莽講學大夫，其後至歙八世，皆傳歐陽氏學。

濟南林尊，字長賓，從歐陽高受學，爲博士，論學石渠閣，後官至少府、太子太傅。他又傳授平陵（今山西文水縣）人平當，字子思，以明經爲博士。哀帝卽位，徵當爲御史大夫，卒至丞相❽。平當又傳授九江朱普字公文，爲博士。徒眾盛極一時。

沛國桓榮，字春卿，少學長安，習歐陽尚書，事博士九江朱普，貧窮無所資，常爲傭保以自給，精力過人，從不倦怠，十五年不闚家園，直至王莽簒位始歸。會朱普卒，桓榮奔喪九江，負土成墳，因留教授，徒眾數百人。莽敗亡以後，天下大亂，榮抱其經書與弟子逃匿山谷，雖常飢困，而仍然講論不止，後又教授於江淮間。建武（光武年號）十九年，年六十餘，始被召舉爲大司徒府，時顯宗（明帝）始立爲皇太子，選求明經，於是擢榮弟子豫章人何湯爲虎賁中郎將，以《尚書》授太子。世祖從容問湯本師爲誰，湯回答說：「事沛國桓榮。」光武帝卽召榮，令說《尚書》，甚以爲善，拜爲議郎，賜錢十萬，入使授太子。每朝會，輒令榮於公卿前敷奏經書，帝大加讚賞說：「得生幾晚！」以榮爲太子少傅，賜以輜車、乘馬。榮大會諸生，陳其車馬、印綬說：「今日所蒙，稽古之力也，可不勉哉！」顯宗卽位，尊以師禮，甚見親重，常親自執業，每言輒說：「大師在是。」榮卒，帝親自變服，臨喪送葬，賜冢塋于首陽山之陽，子郁嗣，其恩禮若此。

桓郁，字仲恩，少以父任爲郎，敦厚篤學，傳父業，以《尚書》教授，門徒常數百人。初，榮受朱普學章句四十萬言，浮辭繁長，多過其實，及榮入授顯宗，減爲二十三萬言，郁復刪省，定成十二萬言，由是有桓君大小太常章句。以上爲今文尚書傳授的第一個系統[9]。

濟南張生，得伏生的傳授，爲博士，授魯人夏侯都尉，都尉傳族子始昌，始昌通五經，以齊詩、《尚書》教授，自董仲舒、韓嬰死後，武帝得始昌，非常尊重他。始昌明於陰陽，先言柏梁臺災日，至期果災。時昌邑王以少子愛，上爲選師，始昌爲太傅，年老以壽終。

夏侯勝，字長公，爲始昌族子，少孤苦好學，從始昌受《尚書》及《洪範五行傳》，說災異。後來又事蕳卿，蕳卿乃兒寬門人。又從歐陽氏問，爲學精熟，所問非一師，善說《禮》之〈

喪服〉徵爲博士、光祿大夫，是爲大夏侯氏之學。時遇昭帝崩，武帝孫昌邑王賀嗣立，既卽位，行爲淫亂，每出遊戲，勝當乘輿前諫說：「天久陰不雨，臣下有謀上者，陛下出，欲何之？」王怒，以勝所說爲祆言，縛以委吏治罪，吏遂將此事告訴大將軍霍光，光不舉法。因是時霍光與車騎將軍張安世謀，欲廢昌邑王，光責問安世，以爲是他走漏了消息，其實張安世亦在苦思此事的究竟。於是就召問夏侯勝，勝回答霍光說：「在〈洪範〉傳曰：『皇之不極，厥罰常陰，時則下人有伐上者。』我不敢明說，故云臣下有謀。」光、安世大驚，因此更加重視經術。後十多天，霍光終與安世告訴太后要廢掉昌邑王，尊立宣帝。同時霍光以爲羣臣奏事東宮，太后省事政令，宜知經術，於是向太后說明令勝授以《尚書》，並遷升爲長信少府，賜爵關內侯，而且參與謀畫廢立、定策安宗廟的事情。

宣帝卽位之初，欲褒揚先帝（武帝），詔羣臣大議廷中，大家都認爲應該加以褒揚，獨勝以爲不可，他說：「武帝雖有攘四夷、廣土斥境之功，然多殺士眾，竭民財力，奢泰亡度，天下虛耗，百姓流離，物故者半，蝗蟲大起，赤地數千里，或人民相食，畜積至今未復，亡德澤於民，不宜爲立廟樂。」公卿共同責難勝說：「此詔書也。」勝回答說：「詔書不可用也。人臣之誼，宜直言正論，非苟阿意順指，議已出口，雖死不悔。」於是丞相、御史大夫，劾奏勝非議詔書，毀先帝，不道，以及丞相長史黃霸，阿縱勝不舉劾，是以勝與黃霸，俱被下獄。繫獄既久，黃霸想從勝受經，勝辭以罪死。霸說：「朝聞道，夕死可矣。」勝賢其言，遂授以《尚書》。在獄中兩年，講論從不懈怠。直到宣帝四年夏，關東四十九郡同日地動，或山崩，壞城廓屋室，殺六千餘人。於是皇上改穿素服，避坐正殿，並遣使者弔問吏民，因而大赦。勝復爲長信少府，遷太子太傅，受詔撰《尚書》、《論語說》。年九十，卒於官，太后爲勝素服五日，以報師傅之恩，儒者引以榮。始，勝每講授，常謂諸生說：「士病不明經術，經術苟明，其取青紫，如俛拾地芥耳，學經不明，不如歸耕。」勝爲人質樸守正，簡易亡威儀，朝廷每有大議，帝知勝素直，對他說：「先生通正言，無懲前事。」於此亦可見皇帝對他的敬重了。

勝傳授從父子建，字長卿，建自師事勝及歐陽高，左右采獲，又從五經諸儒問與《尚書》相出入者，多方牽引以次章句，具文飾說。勝對他這種做法，很不滿意，於是用批評的口吻說：「建，所謂章句小儒，破碎大道。」建亦批評勝「爲學疏略，難以應敵。」建終於獨自專門名經，爲議郎、博士，至太子少傅，是爲小夏侯氏之學⑩。

建傳平陵張山拊，字長賓，亦論學石渠閣，爲博士，至長信少府。山拊授信都人秦恭，字延君，增師法至百萬言，爲城陽內史，而桓譚《新論》說：「秦延君能說〈堯典〉篇目，兩字說至十餘萬言，但說『曰若稽古』三萬言。」於此亦可見其說《尚書》的繁雜了。這是今文尚書傳授的第二個系統。爲明白計，茲將伏生傳授系統，列一簡表如左：

伏生—
- 1. 鼂錯。
- 2. 歐陽生—兒寬—
  - 簡卿—夏侯勝。
  - 歐陽生子—歐陽高—
    - 林尊—平當—朱普—桓榮—桓郁。
    - 歐陽地餘—歐陽政—歐陽歙。
    - 夏侯建。
- 3. 張生—夏侯都尉—夏侯始昌—夏侯勝（大夏侯）—夏侯建（小夏侯）—張山拊—秦恭。

二、**古文派**：古文尚書，出自孔壁[11]，孔子十一世孫安國，悉得其書，以今文讀之，因以興起其古文家法。安國爲武帝時博士，官至臨淮太守[12]，司馬遷嘗從安國問故，故《太史公書》所載〈堯典〉、〈禹貢〉、〈洪範〉、〈微子〉、〈金縢〉諸篇，多古文說[13]。安國授都尉朝（朝名，都尉姓），都尉朝授膠東庸生（名譚），庸生授淸河胡常，胡常授虢、徐敖，敖爲右扶風掾，又傳毛詩。徐敖授琅邪王璜及平陵塗惲，惲授河南桑欽[14]。當漢成帝時，劉向以中古文校歐陽、大小夏侯三家經文，〈酒誥〉脫簡一，〈召誥〉脫簡二，率簡二十五字者，脫亦二十五字，簡二十二字，脫亦二十二字，文字異者七百有餘，脫字數十[15]。向卒，子歆繼父業，見古文大好之，並屢言古文皆有徵驗，外內相應，當立爲學官。無如當時博士反對，故未能實現。

根據《後漢書·賈逵傳》的記載，逵，字景伯，扶風平陵人，他是賈誼的九世孫，父爲賈徽，受古文尚書於塗惲。逵傳父業，與班固同時校理秘書，當時肅宗（章帝）特好古文尚書，在建初元年，詔逵入講北宮白虎觀、南宮雲臺，逵數爲帝言古文尙書與經傳、爾雅詁訓相應。於是詔令撰歐陽、大小夏侯尙書古文同異，逵集爲三卷，章帝以爲非常有見解，於是就叫他選舉高才生教授古文尙書，古文尙書遂行。

除賈逵傳孔壁古文外，又有杜林，字伯山，扶風茂陵人，他的父親名字叫業，在成、哀帝時，爲涼州刺史，林少時好學沈思，家既多書，又從張竦受學，博洽多聞，時稱通儒。當王莽敗亡、盜賊蠭起的時候，杜林就避兵亂於西河，得漆書古文尙書一卷，常寶愛之，雖遭艱難困苦，仍然握持不使離身。後來光武帝聽說杜林已回京師，於是就徵拜爲侍御史，向他請問經書，京師的士大夫們，沒有不推說他博洽的。河南鄭興、東海衛宏等，皆長於古學，鄭興嘗師事劉歆，杜林既然會見了他，就欣然說：「林得興等，固諧矣，使宏得林，且有以益之。」及衛宏見了杜林以後，才闇然而服。濟南徐巡，起初師事衛宏，後皆更受林學。林於是拿出漆書以告示衛宏等人說：「林流離兵亂，常恐斯經將絕，何意東海衛子，濟南徐生，復能傳之，是道竟不墜於地也。古文雖不合時務，然願諸生，無悔所學。」因此宏、巡更加重視古文。宏於是爲古文作訓注，而古文遂行。又《後漢書．儒林傳》稱：「林同郡賈逵，爲林所傳之古文尙書作訓，馬融爲之作傳，北海鄭玄，先受古文尙書於東郡張恭祖，既西入關，因涿郡盧植事馬融，受杜林漆書古文，爲作注解，古文尙書大顯於世者，則馬融、鄭玄之力也。」

孔穎達《尙書正義》引鄭玄書贊說：「我先師棘下生、子安國，亦好此學，自世祖興後漢，衛、賈、馬二三君子之業，則疋（同雅）材好博，既宣之矣。」又說：「歐陽氏失其本義，今疾此弊冒，猶復疑惑未悛。」由此可知鄭氏康成之學，本亦淵源於孔安國，而又兼習杜林的漆書，這不是非常明顯嗎？所以清人・王鳴盛《尚書後案》於〈賈逵傳後辨〉說：「逵之書，本於塗惲，自惲溯而上之，以至安國，一脈相承，歷歷可指也。逵之書，即安國之書明矣。〈儒林傳〉又言，逵與馬、鄭所注，乃杜林本，林之書，即安國之書又明矣。壁中眞本，傳授統系，明確如此。」這話說得非常明察有見解。茲更列古文尚書傳授系統表於左：

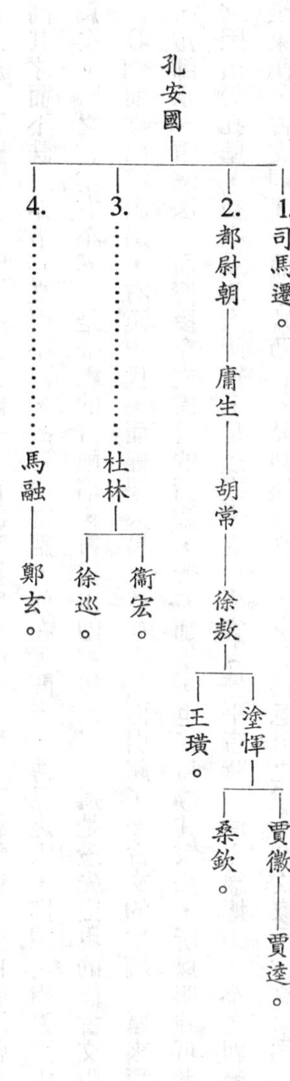

三、張霸百兩尚書：在這裏不得不附加說明的，就是張霸所造百兩篇僞古文尚書。據《漢書・儒林傳》的記載：「世傳百兩篇者，出東萊張霸，分析今文二十九篇以爲數十，又采左氏

傳、書敍爲作首尾，凡百二篇。篇或數簡，文意淺陋。成帝時，求其古文者，霸以能爲百兩徵，以中書校之，非是，霸辭受父，父有弟子尉氏樊並，時太中大夫平當，侍御史周敞勸上存之。後樊並謀反，乃黜其書。」又王充《論衡・正說》篇所載略同，惟「下霸於吏，吏白霸罪當死，成帝高其才而不誅，亦惜其文而不滅，故百兩之篇，傳在世間者，傳見之人，則謂《尚書》本有百兩篇矣。」之言稍有不同。是張霸的百兩篇，書甫出卽被識破了。這是最先出現的僞古文尚書。

我們前文已經說過，有漢一代，而經學大昌，然亦由是而引起了今古文的爭端。原來漢儒解經，重師承、重家法，而傳授今文尚書的諸儒，皆有師承，也皆可溯其家法，所以明確可考。而古文因出於孔壁，初不爲時人所重，是以亦未立於學官（僅平帝時一度立爲博士，不久卽廢），及至東漢，古文嗣興，而爭端乃起。最初僅爲文字，寖假爲意氣之爭。今文家斥古文家爲「顚倒五經，變亂師法」，而古文家則責今文家爲「專己守殘，黨同妬眞」，各守門戶，兩不相讓，竟至水火不相入的地步。其實今文、古文，其源本一，並無什麼不同，所以龔自珍於其《太誓答問》第二十四說：「伏生壁中書，實古文也，歐陽、夏侯之徒，以今文讀之，傳諸博士，後世因曰伏生今文家之祖，此失其名也。孔壁固古文也，孔安國以今文讀之，則與博士何以異？而曰孔安國古文家之祖，此又失其名也。今文、古文，同出孔子之手，一爲伏生之徒讀之，一爲孔安國讀之，未讀之先，皆古文矣，既讀之後，皆今文矣。惟讀者因其人不同，故其說不同，源一流二，漸至源一流百。」這話說得又是多麼的明察、確當、有見解[16]！

四、由漢代《尚書》之傳授所得的體認：根據以上敍述，我們似當有以下的體認：

㈠漢代經學大盛，乃由於帝王的提倡、獎勵：其事實如下：1.秦火之後，民間幾無僅有，有之，亦多藏於山崖屋壁中，至漢惠帝四年三月甲子，「除挾書律」⑰以後，於是山崖屋壁之書乃出。2.漢文帝命鼂錯從伏生受《尚書》，《史記・鼂錯傳》說：「孝文帝時，天下無治《尚書》者，獨聞濟南伏生故秦博士治《尚書》，年九十餘，老，不可徵，乃詔太常使人往受之，太常遣錯受《尚書》伏生所。」《漢書・儒林傳》及劉歆「移太常博士書」均載此事。這是文帝提倡《尚書》的明證。3.至武帝建元五年春，置尚書歐陽博士。另外在武帝建元間尚有⑴張湯請博士弟子治《尚書》。案：《漢書・張湯傳》：「是時上方向文學，湯決大獄，欲傳古義，乃請博士弟子治《尚書》。」⑵以孔安國、孔延年爲尚書博士。案：《漢書・孔光傳》：「孔光，字子夏，孔子十四世之孫，孔子生伯魚，……忠生武及安國，武生延年，延年生霸，霸生光，安國、延年，皆以治《尚書》爲武帝博士。」⑶兒寬見上語經學，上悅，從寬問《尚書》一篇。案：《漢書・兒寬傳》：「寬治《尚書》，事歐陽生，以郡國選，詣博士，受業孔安國，舉侍御史，見上語經學，上說之，從問《尚書》一篇，擢爲中大夫。」〈儒林傳〉亦載此事。4.漢昭帝始元五年六月，詔以《尚書》未明，令舉賢良文學高弟。案：《漢書・昭帝紀》：「始元五年六月，詔曰：『朕以渺躬獲保宗廟，戰戰栗栗，夙興夜寐，修古帝王之事，通保傅傳《孝經》、《論語》、《尚書》，未之有明，其令三輔太常，舉賢良各二人，郡國文學各一人。』」又於元平元年，以孔霸為尚書博士。案：〈孔光傳〉：「霸，字次儒，霸生光，霸亦治《尚書》，事太傅夏侯勝，昭帝末年為博士。」5.漢宣帝本始四年，詔夏侯勝撰《尚書說》。案：〈夏侯勝傳〉：「宣帝即位四年，遷太子太傅，受詔撰《尚書說》，賜黃金百斤。」又於甘露三年三月己丑，詔立大小夏侯尚書博士。案：《漢書・宣帝紀》：「甘露三年三月己丑，詔諸儒講五經同異，太子太傅蕭望之等，平奏其議，上親稱制臨決焉，乃立大小夏侯尚書。」劉歆「移太常博士書」亦載此事。6.漢平帝元始年間，立古文尚書博士，以蘇竟為講尚書祭酒。案：《漢書・儒林傳・贊》：「平帝時，又立古文尚書，所以網羅遺失，兼而存之。」《後漢書・蘇竟傳》：「蘇竟，字伯況，扶風平陵人也，平帝時，竟為講書祭酒。」7.東漢光武帝建武元年，置書經歐陽、夏侯氏博士。案：《後漢書・徐防傳》：「漢承嬴秦，經典廢絕，本文略存，或無章句，收拾遺缺，建立明經，博徵儒術，開置太學，孔聖既遠，微旨將絕，故立博士十有四家。注：《漢官儀》曰：『《書》有歐陽和伯、夏侯勝、建。』」8.漢光武帝建武十九年，召桓榮令說《尚書》。案：《後漢書・桓榮傳》：「帝即召榮，令說《尚書》，甚善之，拜為議郎，賜錢十萬，每朝會，令榮於公卿前，敷奏經書，帝稱善曰：『得生幾晚』。因拜榮為博士。」9.漢章帝建初元年，詔賈逵入講古文尚書，撰歐陽、大小夏侯《尚書古文同異》三卷。案：《後漢書・賈逵傳》：「肅宗（章帝）立，降意儒術，特好古文尚書，賈逵數為帝言，古文尚書與經傳爾雅詁訓相應，詔令撰歐陽、大小夏侯《尚書古文同異》，逵集為三卷，帝善之。」又章帝建初八年十二月戊申，詔令羣儒，選高才生受古文尚書。案：《後漢書・章帝紀》：「詔曰：『五經剖判，去聖彌遠，章句遺辭，乖疑難正，恐先師微言，將遂廢絕，非所以重稽古求道眞也，其令羣儒選高才生受學《尙書》，以扶微學，廣異義焉。』」《賈逵傳》亦載此事。10.漢安帝延光二年春正月，詔選三署郎及吏人通古文尙書者。案：《後漢書・安帝紀》：「延光二年，詔選三署郎及吏人能通古文尙書者一人。」11.漢靈帝熹平四年，刻石經尙書，立於大學門外。案：《後漢書・靈帝紀》：「熹平四年，詔公卿舉能通《尙書》者除議郎。」以上爲帝王的提倡與獎勵。

(二)**由於治《尙書》的學者歷爲帝王師**：在專制時代，帝王至尊，能爲帝王師的人，其地位的尊貴，可以想見。兩漢帝王，多能以治《尙書》有成就的學者爲師，這大概就是「書」學昌盛的因素之一吧！茲就典籍所載，列舉如下：1.兒寬：案：《漢書・儒林傳》：「歐陽生事伏生，授兒寬，寬有俊才，初見武帝，語經學，上曰：『吾始以《尙書》爲樸學，弗好，及聞寬說，可觀。』乃從寬問一篇。」2.夏侯勝：案：《漢書・夏侯勝傳》：「太后（昭帝后、上官安女、霍光外孫女）廢昌邑王，尊立宣帝，霍光以爲羣臣奏事東宮，太后省政，宜知經術，白令勝用《尙書》授太后，遷長信少府，賜爵關內侯，……年九十卒官，太后爲勝素服五日，以報師傅之恩，儒者以爲榮。」又：「宣帝卽位四年，遷太子太傅。」案：此太子，卽漢元帝。3.歐陽地餘及孔霸：案：唐・陸德明《經典釋文・敍錄》：「歐陽氏世傳業至曾孫高，作《尙書章句》，爲歐陽氏學，高孫地餘，以書授元帝。……魯國孔霸，字次儒，孔子十三世孫，爲博士，以書授元帝。官至大中大夫關內侯。」4.鄭寬中：案：《漢書・張禹傳》：「初元（案：元帝年號）中，立皇太子，博士鄭寬中，以《尚書》授太子。」案：此太子，卽漢成帝。5.桓榮：案：《後漢書・明帝紀》：「顯宗孝明帝，諱莊，光武第四子也，十歲能通《春秋》，光武奇之，十九歲立爲皇太子，師事博士桓榮，學通《尚書》。」6.何湯：案：《後漢書・桓榮傳》：「建武十九年，顯宗（明帝）始立爲皇太子，選求明經，迺擢桓榮弟子豫章何湯爲虎賁中郎將，以《尚書》授太子。」7.桓郁：案：《後漢書・桓榮傳》：「郁，字仲恩，榮子，少以父任爲郎，傳父業，以《尚書》教授，門徒數百人。永平十五年，入授皇太子經。」8.桓焉：案：焉乃桓郁子，《後漢書・桓榮傳》：「焉，字叔元，少以父任爲郎，明經篤行，有名稱。永初元年入授安帝。順帝卽位，拜太傅，與太尉朱寵並錄尚書事，焉復入授經禁中。」9.鄧弘：案：《後漢書・鄧禹傳》：「禹子訓，訓子弘，少治歐陽尚書，授帝（安帝）禁中。」

(三)利祿之途的引誘：奬勵、尊崇，已使人向慕從風，再用利祿加以引誘，影響所及，洵可謂爲儒之途通而道亡。上行下效，且以此津津樂道，沾沾自喜，非唯自誇，且以誇人。如夏侯勝，每於講授《尚書》之際，常對諸生說：「士病不明經，經術苟明，其取青紫，如俛拾地芥耳。」[18]又如《後漢書・桓榮傳》說：「榮大會諸生，陳其車馬、印綬，曰：『今日所蒙，稽古之力也，可不勉哉』！」當時在鄒魯地區就有一句諺語說：「遺子黃金滿籝，不如一經。」其實在當時由明經而致相位的，也確是所在多有，如韋賢及其少子玄成、匡衡、貢禹等，都是顯例。所以班固在《漢書・儒林傳・贊》中慨歎的說：「自武帝立五經博士，設弟子員，開科射策，勸以官祿，訖於元始，百有餘年，傳業者寖盛，枝葉繁滋，一經說至百餘萬言，大師眾至千人，蓋利祿路然也。」這眞是一針見血的話。

㈣**傳書由盛而弊**：西漢諸儒，承秦火之後，傳「書」的學者，由伏生開始。其後歐陽生、張生，各自成家。等到孔壁書出，亦自別行，遂衍為今文、古文的差異。然而就其傳「書」來說，他們一則加以整理校讎，一則致力於章句訓詁，使《尚書》之學，大行於世，其功實不可沒。當時不僅重在微言大義的闡發，亦能兼顧考據訓詁的探討，雖遭「博而寡要，勞而少功，其事不可盡從」[19]的批評，可是以之與「碎義逃難」，動輒徒以數十萬言，繁博見長，使人終生不得竟其業的東漢章句小儒相較，確能略勝一籌。這種情況，作《漢書》的班固，已經看得非常清楚，他說：「古之學者耕且養，三年而通一藝，存其大體，玩經文而已，是故用日少而畜德多，三十而五經立也。後世傳經，既已乖離，博學者又不思多聞闕疑之義，而務碎義逃難，便辭巧說，破壞形體，說五字之文，至於二三萬言，後進彌以馳逐，故幼童而守一藝，白首而後能言，安其所學，毀所不見，終以自蔽，此學者之大患也。」[20]這話說的又是何等的有見解！現在就讓我們看看東漢《尚書》的傳授大略吧！

根據《後漢書・儒林傳》的說法是：「中興，北海牟融，習大夏侯尚書，東海王良，習小夏侯尚書，沛國桓榮，習歐陽尚書。榮世習相傳授，東京最盛。扶風杜林，傳古文尚書，林同郡賈逵爲之作訓，馬融作傳，鄭玄注解，由是古文尚書遂顯于世。」茲再分述如次：1.歐陽歙：字正思，樂安千乘人，自歐陽生傳伏生尚書，至歙八世，皆爲博士，歙在郡，教授數百人。2.牟長：字君高，樂安臨濟人，其先封於牟，至春秋末年，國滅，因以爲氏。長，少習歐陽尚書，不仕王莽，建武二年，拜爲博士，後遷爲河內太守。長自爲博士及在河內，諸生講學者，常有千餘人，著錄前後萬人。著《尚書章句》，皆本之歐陽氏，俗號爲「牟氏章句」。3.宋登：字叔陽，京兆長安人。父名由，爲太尉。登少習歐陽尚書，教授數千人。4.尹敏：字幼季，南陽堵陽人。少爲諸生，初習歐陽尚書，後受古文。與班彪親善，每相遇，輒日旰忘食，夜分不寢，自以爲鍾期伯牙、莊周惠施的相得。5.周防：字偉公，汝南汝陽人。師事徐州刺史蓋豫，受古文尚書，經明，舉孝廉，拜郎中，撰《尚書雜記》三十二篇，四十萬言。太尉張禹薦補博士。6.孔僖：字仲和，魯國魯人，自安國以下，世傳古文尚書、毛詩。據《後漢書・儒林傳》載：「元和二年春，帝東巡狩，還，過魯，幸闕里，以太牢祠孔子及七十二弟子，作六代之樂㉑，大會孔氏男子二十以上者六十三人，命儒者講《論語》，僖因自陳謝。帝曰：『今日之會，寧於卿宗有光榮乎？』對曰：『臣聞明王聖主，莫不尊師貴道，今陛下親屈萬乘，辱臨敝里，此乃崇禮先師，增輝聖德。至於光榮，非所敢承。』帝大笑曰：『非聖者子孫，焉有斯言乎！』遂拜僖郎中。詔從還京師，使校書東觀。」其二子長彥，好章句學，季彥則守其家業，門徒數百人。7.楊倫：字仲理，陳留東昏人。少爲諸生，師事司徒丁鴻，習古文尚書，爲郡文學掾。去職後，講授於大澤中，弟子至千餘人。後徵爲博士，爲淸河王傅。前後三次被徵，皆以直諫不合，歸而閉門講授，自絕人事，卒於家[22]。8.張奐：字然明，敦煌淵（酒）泉人。父惇，爲漢陽太守。奐，少立志節，嘗與士友說：「大丈夫處世，當爲國家立功邊疆。」及爲將帥，果有勳名。師事太尉朱寵，學歐陽尙書，著《尙書記難》三十餘萬言，養徒千人。9.牟融：字子優，北海安丘人。少博學，以大夏侯尙書教授，門徒數百人，名稱州里（《後漢書．列傳第十七》）。10.王良：字仲子，東海蘭陵人，少好學，習小夏侯尙書，王莽時，寢病不仕，教授諸生千餘人。建武三年，徵拜諫議大夫，數有忠言，以禮進止，朝廷對他非常尊敬（《後漢書．列傳第十七》）。11.吳良：字大儀，齊國臨淄人。時驃騎將軍東平王蒼，聞卽舉之，署爲西曹，蒼甚相敬愛，上疏薦良說：「臣聞爲國所重，必在得人。齊國吳良，資質敦厚，公方廉恪，躬儉安貧，白首一節，習大夏侯尙書，學通師法，經任博士，行中表儀，宜備宿衛，以輔聖政。」於此亦可見其人品學養的高潔了（《後漢書．列傳第十七》）。

就以上各家來說，我們可以看出習研《尙書》的趨勢，那就是雖然終兩漢之世，學官不立古文，而古文卒得以興盛，這個原因，就是由於一般學者，旣受「時學」的支配，而又從事古文的探討所致。前述各家，固不必再說，卽如大司空杜林，於西州得古文，雖顚沛流離，亦不忍離身，其寶愛竟然到達這種地步，亦足見其欣喜之甚了。其後的衞宏、徐巡，亦從其學，並作訓旨，而賈、馬、鄭諸儒，也爲之作訓、注解，而古文由此就興盛起來了。

然而事情的流衍，往往出乎我們所預料。當此「傳業寖盛」㉓之時，亦即「支葉蕃滋」㉔之日，往往「一經說至百餘萬言，大師眾至千餘人」㉕，其流弊也就不思而得了。如桓譚《新論》謂：「秦延君能說〈堯典〉僅篇目兩字，竟然達十多萬言，但說『曰若稽古』，亦至三萬言。」而《漢書·儒林傳》更謂其守小夏侯之說，增師法至百萬言。「王充《論衡》復稱王莽之時，省五經章句，皆爲二十萬言，博士弟子郭路，夜定舊說，死于燭下，則知西漢末年，各經之說，蓋無不繁者」㉖。到了東漢，這種習尚，似未減退，如周防受古文尚書，撰《尚書雜記》四十萬言㉗。朱普《歐陽尚書章句》四十萬言，桓榮以朱普章句浮辭繁長，減爲二十三萬言。榮子郁，復加刪減，定爲十二萬言㉘。牟氏《尚書章句》四十五萬言，張奐亦以其浮辭繁多，減爲九萬言㉙。然其自著《尚書記難》，竟至三十餘萬言。這種習尚，往好處說，那就是：「所談者仁義，所傳者聖法。故人識君臣父子之綱，家知違邪歸正之路。」㉚往壞處看，則爲：「分爭王庭，樹朋私里，繁其章條，穿求崖穴，以合一家之說。」㉛是以揚雄慨乎其言說：「今之學者，非獨爲之華藻，又從而繡其鞶帨。……所謂譊譊之學，各習其師也。」㉜因其所學「皆專相傳祖，莫或訛雜」，其歸有宗，不敢或徙，這也就難免「通人鄙其固焉」了。其中固亦有「成名高第，終能遠至」㉝之士，然其究也，「蓋亦寡焉」，這不能不說是「迂滯」之弊了。馬宗霍先生說：「夫以鄭玄大儒，偏注羣經，凡百餘萬言，通人猶譏其繁，則一經以過繁蒙譏，固其宜矣。」㉞徐幹《中論·治學》篇也說：「凡學者，大義爲先，大義舉而物名從之，然鄙儒之博學也，務於名物，詳於器械，摘其章句，而不能統其大義之所極，以獲先王之心，此無異乎女史誦詩，內豎傳令也。故使學者勞思慮，而不知道，費日月而無功，故君子必擇師焉。」我們看了這些言論，對於解經者的支離漫衍，務奇炫博，而又以漢學爲名者，能不惕然有所覺悟嗎？

㈤**《尚書》今古文說解的混合**：《漢書．儒林傳．贊》說：「自武帝立五經博士，開弟子員，設科射策，勸以官祿，訖於元始（平帝），百有餘年，傳業者寖盛，支葉蕃滋，一經說至百餘萬言，大師眾至千餘人，蓋祿利之路然也。」這種情形，到了東漢，更有過之而無所不及。其「守文之徒，滯固所稟，異端紛紜，互相詭激，遂令經有數家，家有數說，章句多者，或乃至百餘萬言，學徒勞而少功，後生疑而莫正。」[35]傳經至此，誠可謂爲浮辭繁雜，紛紜莫衷，學者無不以爲苦了。這時出了一位大儒，不僅節高行美，而且融合今古，徧注羣經。他雖以古學爲宗，亦兼採今學以附益其義，當學者正苦其時家法繁雜之際，見鄭君閎通博大，自成一家，且無所不包，於是眾論歙然歸之，也就不再舍此趨彼了。他就是鼎鼎大名的鄭玄，字康成，北海高密人。「始通《京氏易》（今文），《公羊春秋》（今文），《三統歷》，《九章算術》。又從東郡張恭祖受《周官》（古文），《禮記》（今文），《左氏春秋》（古文），《韓詩》（今文），古文尚書。以山東無足問者，乃西入關，因涿郡盧植，事扶風馬融。融素驕貴，門徒四百餘人，升堂進者，五十餘生，玄在門下，三年不得見，乃使高業弟子傳授於玄，玄日夜尋誦，未嘗怠倦。會融集諸生考論圖緯，聞玄善算，乃召見於樓上，玄因從質諸疑義，問畢辭歸。融喟然謂門人曰：『鄭生今去，吾道東矣。』……及黨事起，乃與同郡孫嵩等四十餘人，俱被禁錮，遂隱修經業，杜門不出。……但念述先聖之元意，思整百家之不齊。」是以能「括囊大典，網羅眾家，刪裁繁誣，刊改漏失，自是學者略知所歸。」[36]自鄭氏注行，而各家的說法，也就歛然而止了[37]。

㈥**災異之說**：解經而雜以災異，向為學者所病。然而我們如能洞悉災異說的背景，那也就不足為奇了。災異說，起於春秋之際，《左傳》中就已經有了許多的記載。到了漢代，其說更加盛行，緯書中，記載尤多。而當時的名儒董仲舒，就是主張災異說的人。他在《春秋繁露》卷八〈必仁且智第三十〉中說：「天地之物，有不常變者謂之異，小者謂之災。災常先至而異乃隨之。災者天之譴也，異者天之威也。譴之而不知，乃畏之以威。詩云：『畏天之威』，殆此謂也。凡災異之本，盡生於國家之失。國家之失，乃始萌芽，而天生災害以譴告之，譴告之而不知變，乃見怪異以驚駭之，驚駭之尚不知畏恐，其殆咎乃至，以此見天意之仁而不欲害人也。」在君主時代，君權至上，一言一行，均可成為法律，臣民又豈敢誰何？漢儒借此天人相與之學，來匡其君，其用心，洵可謂為良苦，然而漢儒言災異，亦實有徵驗，如前文所說，夏侯始昌明於陰陽，先言柏梁臺災日，至期果災。又如當昌邑王賀時，夏侯勝以久陰不雨，臣下有謀上者相諫，結果應在霍光、張安世的廢立上。再如《漢書・眭孟傳》載：「孝昭元鳳三年正月，泰山萊蕪山南，匈匈有數千人聲，民視之，有大石自立。又上林苑中大柳樹斷枯臥地，亦自立生。」以為當有匹夫為天子者，竟應在漢宣帝的身上。哀帝時，方士夏賀良上言：「漢家曆運中衰，當更受命，成帝不應天命，故絕嗣。」[38]而應在光武帝的身上。至於光武帝本身有徵驗的讖語，據其本紀記載就有：1.莽末，天下連歲災蝗，寇盜鋒起，……宛人李通以圖讖說光武云：「劉氏復起，李氏為輔。」2.光武在長安時，同舍生彊華，自關中奉赤伏符，曰：「劉秀發兵捕不道，四夷雲集龍鬬野，四七之際火為主。」[39]3.讖記曰：「劉秀發兵捕不道，卯金修德為天子。」4.光武生時，有赤光照室中，卜者王長占之，避左右曰：「此兆吉不可言。」是歲縣界有嘉禾生，一莖九穗，因名光武曰秀。

以上所述，皆為先有讖語，而後相應有徵的實例。因此即如光武帝本人，亦信讖緯。如《後漢書》卷二八〈桓譚傳〉說：「是時，帝（光武）方信讖，多以決定嫌疑。……其後有詔會議靈臺所處，帝謂譚曰：『吾欲以讖決之，何如？』譚默然良久曰：『臣不讀讖。』帝問其故，譚復極言讖之非經。帝大怒曰：『桓譚非聖無法，將下斬之。』」又如《東觀漢記》：「光武避正殿，讀讖坐廡下，淺露，中風苦咳。」這些記載，非僅說明光武本人信讖，並且以之「決嫌疑」，進而更使臣下信讖，不信讖，甚至有殺頭之虞。而其本身，幾乎讀讖入迷。在這種情形下，而東漢末年的大儒鄭玄，注經引用讖緯語，以闡釋其義，也就不足為病了。

(七)**今文家亦間有習傳古文者**：凡是談到漢代《尚書》傳授的人，都會言及今古文的分別，這個問題，也幾乎形成了一個焦點，所以永遠被人談論不休，甚至有的人竟然還津津樂道呢！其實今文、古文，其源本一，龔自珍固已言之[40]，茲不復贅。就當時的情形來說，孔安國所傳為古文尚書，然而孔安國「爲今皇帝博士」㊶，「今皇帝」卽指漢武帝而言。可是西漢《尚書》所立者，皆爲今文，卽終東漢之世，古文亦未嘗多立。如是以論，那麼孔安國就一定是今文博士無疑了。再者，《漢書．兒寬傳》所載，也可以作爲我們論點的旁證。〈兒寬傳〉說：「寬亦從安國受《尚書》，後以見武帝語經學，擢爲中大夫。」而西漢的今文尚書，多出自兒寬，從未聞其傳古文。如其所學爲古文，卽便古文「不合時務」，亦當時有所言，就像司馬遷著《史記》所載〈堯典〉、〈禹貢〉……多古文說一樣，又何以一言未聞？復因安國傳古文，所以「壁中書」，他能「以今文讀之，因以起其家」㊷。假如我們要論《尚書》有今古文說法的不同，應該從孔安國始。就文字言，所謂今文，就是以當時所通行的隸書書寫的本子。而古文，則是用古篆書寫的本子。後因伏生所傳的今文，立於學官，爲博士所重，而安國所傳的古文，未立學官，不爲時人所重，傳授也遠遜於今文。所以假如沒有秦始皇的焚書，而今古文的名稱，也就無從說起了。是以王鳴盛在他所著的《尚書後案．史記儒林傳後辨曰》中說：「蓋安國在當時，實兼今文古文而通之，其爲博士時，自當授弟子以今文，所謂祿利之路然也。至別有好古之士，如司馬遷、都尉朝，方從安國問古文，所謂古文不合時務是也。兒寬初事歐陽生，治《尚書》，以文學應郡舉，詣博士受業，孔安國以試第次補廷尉史，此非經學既明而得祿之驗乎？其所受者，乃今文也。」這話說得再透闢也沒有了，足以破各家之疑。東漢君臣，相率習研今文尚書之餘，也多能探究古文，如漢章帝、賈逵、孫期、尹敏、周防、楊倫、許愼、鄭玄等，都是明顯的例證，這也就是古文雖不合時務（未立學官）而終能興盛的原因了。這種不爲今文或古文所囿的治學態度，確實值得我們爲之喝彩和效法，也惟其不爲所囿，所以才能成爲通儒。馬宗霍先生說：「大抵守文之徒，滯固所稟，而通人則鄙其固，賈、馬、許、鄭，號大儒，正以其不囿一端耳。」又說：「知古今本出一源，立言惟求其當，比而論之，必有可參，苟各習其師，而莫之或徙，則眞荀子所謂古爲蔽今爲蔽者矣。」[43]這些言論，對斷斷於今文、古文於一端的人來說，是否能起一點省悟作用，那就不敢逆覩了。

(八)**漢儒《尚書》著述**：有關漢儒對《尚書》的著述，多已亡佚，今所見者，都是後人就古籍中所輯錄，馬國翰《玉函山房輯佚書》中輯有：1.今文尚書一卷。2.古文尚書三卷。3.《尚書歐陽章句》一卷，自注：漢・歐陽和伯。4.《尚書大夏侯章句》一卷，自注：漢・夏侯勝。5.《尚書小夏侯章句》一卷，自注：漢・夏侯建。6.《尚書古文訓》一卷，注：漢・賈逵。7.《尚書馬氏傳》四卷，注：漢・馬融。關於馬融書傳，愚友李威熊兄在他的博士論文——〈馬融之經學〉中，著論甚晰，可資參閱。另外尚有：1.《尚書歐陽、夏侯遺說考》一卷，爲陳喬樅撰，今有【續皇清經解】本行世。2.《古文尚書馬、鄭注》十卷，附〈篇目表〉一卷，〈逸文〉二卷，孫星衍撰，今有【岱南閣叢書】本。另外尚有《尚書鄭玄注》，爲宋・王應麟輯，清・孔廣林增訂，今有【學津討原叢書】本。3.《伏生尚書大傳輯校》三卷，陳壽祺撰，今有【續皇清經解】本行世。我們對漢代《尚書》的流衍敍述，就結束在這裏。

二、三國

漢末，天下大亂，終於形成了三國鼎立的局面。在曹魏，由於君主的提倡，所以尚能講授不輟。如〈魏少帝本紀〉載：「正元二年九月庚子，講《尚書》業終，賜執經親授者司空鄭沖、侍中鄭小同等，各有差。」又載：「於甘露元年夏四月丙辰，帝（高貴鄉公曹髦）幸太學，講《易》畢，復命講《尚書》。帝問曰：『鄭玄曰：稽古同天，言堯同於天也。王肅云：堯順考古道而行之。二義不同，何者爲是？』博士庾峻對曰：『先儒所執，各有乖異，臣不足以定之。然〈洪範〉稱：三人占，從二人之言。賈、馬及肅，皆以爲「順考古道」，以〈洪範〉言之，肅義爲長。』」案：《晉書・庾峻傳》說：「峻潛心儒典，屬高貴鄉公幸太學，問《尚書》義於峻，峻援引師說，發明經旨，申暢疑滯，對答詳悉，遷秘書丞。」

至於曹魏治《尚書》的學者，首推王朗，字景興，以通經師太尉楊賜。賜治歐陽尚書，朗傳子肅，字子雍，撰《尚書注》十一卷。由此可知王肅所治，亦爲歐陽尚書之學。據洪亮吉傳經表，王肅是伏生十七傳弟子。其傳授之跡爲：伏生①—歐陽生②—兒寬③—歐陽世④—歐陽氏家學⑤—歐陽氏家學⑥—歐陽氏家學⑦—林尊⑧—平當⑨—朱普⑩—桓榮⑪—桓郁⑫—楊震⑬—楊秉⑭—楊賜⑮—王朗⑯—王肅⑰。〈王肅本傳〉說：「肅年十八，從宋忠讀《太玄》，而更爲之解。初，肅善賈、馬之學，而不好鄭氏。采會同異，爲《尚書解》。列於學官，集聖證論，以譏短玄。」唐・陸德明《釋文・敍錄》說：「肅亦注今文，而解大與古文相類，或肅私見孔傳而秘之乎？《尚書》王肅注十卷。」《隋書・經籍志》說：「《尚書》十一卷，王肅注。」清・姚振宗撰《三國藝文志》卽採隋志的說法。《三國藝文志》又載：「王肅《尚書駁義》五卷，王肅《尚書答問》三卷，及鄭玄門人田瓊、韓益《尚書釋問》四卷。」田瓊於建安、黃初年間爲博士，韓益於建安末年爲博士。

蜀，則有李譔《尚書注》。蜀志本傳說：「李譔字欽仲，梓潼涪人，著《古文易》、《尚書》，皆依準賈、馬，異於鄭玄，與王氏殊隔，初不見其所述，而意歸多同。」另外，譙周，字允南，亦治《尚書》，兼通諸經及圖緯，惟未聞其著述。

吳國士大夫通《尚書》的人有：諸葛瑾，字子瑜，張紘，字子綱，二人均治歐陽尚書。另外則有范順（一作愼）《尚書王氏傳問》二卷，劉毅《尚書義答》二卷。

以上三國時代所有關於《尚書》的著述，今皆不傳，僅有王肅《尚書注》，馬國翰輯錄二卷，載在《玉函山房輯佚書》中，惟未加闡釋。筆者又參互考校黃奭輯《黃氏逸書考》，王謨輯《漢魏遺書鈔》，以及余蕭客輯《古經解鉤沉》等書，撰成《王肅之經學》一書，將王氏《尚書注》作一歸納整理，繼之則闡釋其說，斷以己意，並進一步與馬、鄭二家的說法，列表作一比較，希望能給治王氏尚書的人，節省一點寶貴的時光，實未敢作其他的奢想。

三、晉代

到了晉世，密府所藏，不僅今文，而古文亦在其中，然無傳人。及永嘉之亂，與今文歐陽、大小夏侯尚書並亡[44]，江左中興（東晉），元帝時，豫章內史汝南梅賾，始奏上古文尚書孔安國傳，當時猶缺《舜典》一篇。《隋書．經籍志》說：「後漢扶風杜林，傳古文尚書，同郡賈逵，爲之作訓，馬融作傳，鄭玄亦爲之作注，然其所傳，唯二十九篇，又雜以今文，非孔舊本，自餘絕無師說。……至東晉豫章內史梅賾，始得安國之傳奏之，時又缺〈舜典〉一篇，齊建武中，吳興姚方興，於大桁市得其書奏上，比馬、鄭所注，多二十八字，於是始立國學。」唐．陸德明《經典釋文》也說：「豫章內史梅賾，奏上孔傳古文尚書，亡〈舜典〉，購不能得，乃取王肅注〈堯典〉，從愼徽五典以下，分爲〈舜典〉篇以續之，學徒遂盛。」我們如果要就對後世的影響來說，實在沒有那本書能超過它。

至於這本書的來歷又是怎樣的？何以至東晉．梅賾，始突然奏上其書？這在唐代的孔穎達，已爲我們作了解答。他首先引《晉書．皇甫謐傳》說：「姑子外弟梁柳邊（案：邊字疑衍），得古文尚書，故作《帝王世紀》，往往載孔傳五十八篇之書。」又引《晉書》說：「晉太保公鄭沖，以古文授扶風蘇愉，字林預，預授天水梁柳，字洪季，卽謐之外弟也。季授城陽臧曹，字彥始，始授郡守子汝南梅賾，字仲眞，爲豫章內史，遂於前晉（案：前晉之前，疑有誤）奏上其書而施行焉。」根據這種記載，有人說此僞書五十八篇爲鄭沖所僞造，也有人說爲皇甫謐所僞造，然迄無定論[45]。

此書卽今通行的【十三經注疏】本。所謂五十八篇《尚書》孔安國傳，又稱「僞孔傳」，或晚出孔傳。這五十八篇，就是從伏生所傳二十九篇中，於〈堯典〉析出〈舜典〉，自〈皐陶謨〉析出〈益稷〉，又分〈盤庚〉爲三篇，計爲三十三篇，又僞造二十五篇而成。此二十五篇卽：1.〈大禹謨〉，2.〈五子之歌〉，3.〈胤征〉，4.〈仲虺之誥〉，5.〈湯誥〉，6.〈伊訓〉，7.8.9.〈太甲〉三篇，10.〈咸有一德〉，11.12.13.〈說命〉三篇，14.15.16.〈泰誓〉三篇，17.〈武成〉，18.〈旅獒〉，19.〈微子之命〉，20.〈蔡仲之命〉，21.〈周官〉，22.〈君陳〉，23.〈畢命〉，24.〈君牙〉，25.〈冏命〉。

對僞孔傳最早致疑的，應該說是南朝梁武帝時的博士們。據陸德明〈尚書釋文〉說：「齊明帝建武中，姚方興采馬、王之注，造孔傳〈舜典〉一篇，云於大航頭買得上之。梁武帝時爲博士議曰：孔序稱伏生誤合五篇，皆文相承接，所以致誤，〈舜典〉首有『曰若稽古』，伏生雖昏耄，何容合之，遂不行用。」我們眞慶幸蕭梁時代畢竟不乏明識之士，所見既眞，所言故能入理。

其後，一直到了宋代，才算有了回響。首先懷疑的人是吳棫，繼之則有朱晦庵、蔡沈以及元代的吳澄、明代的梅鷟。至清．閻若璩著《尚書古文疏證》、惠棟著《古文尚書考證》兩書之後，梅賾所上的古文尚書為偽，乃成定讞。閻氏列舉一百二十八條以斥其非㊻，惠氏更將梅賾所上古文尚書二十五篇所依據的古書，逐篇逐句，一一為之抉其出處，至辯梅氏增多古文之謬十九條，這給寫【四庫全書】提要的紀曉嵐先生，提供了很完備的資料，他說：「古文之偽，自吳棫始有異議，朱子亦稍稍疑之，吳澄諸人，本朱子之說，相繼抉摘，其偽益彰，然亦未能條分縷析，以抉其罅漏；明・梅鷟始參考諸書，證其剽剟，而見聞較狹，蒐采未周；至若璩乃引經據古，一一陳其矛盾之故，古文之偽乃大明。所列一百二十八條，毛奇齡作《古文尚書冤詞》百計相軋，終不能以強辭奪正理，則有據之言，先立於不可敗也。」㊼有人說，今傳偽孔傳，為王肅所偽造。假如我們根據《孔子家語・序》來查考一下，王肅確曾偽造孔傳一書，然此書早已不傳。劉師培先生所著《尚書源流考》，不僅說明其書早已不傳，並且亦證明今傳偽孔傳亦非王肅偽造。近人吳承仕著《尚書傳王孔異同考》，列舉王說異孔一百二十五事，尤足確定今傳偽孔傳的非王肅偽造。筆者亦有狗尾續貂之議，歸納為四十六條，以證明今傳偽孔，非王肅偽造㊽，前賢未密的說法，我們後人，似有責任予以充實和彌補。

梅賾所上孔傳，我們既然已經知道是後人偽造的，在這種情況下，它是否還有存在的價值？我們的回答是肯定的。同時先賢也已有了持平之論，如焦循在其所著《尚書補疏・序》中說：「置其假託之孔安國，而論其為魏、晉間人之傳，則未嘗不與何晏、杜預、郭璞、范寧等先後同時，晏、預、璞、寧之傳注可存而論，則此傳亦何不可存而論？」陳澧非常贊同這種見解，他說：

「此通人之論也。卽以爲王肅作，亦何不可存乎？」[49]焦、陳二氏的言論，誠具卓識，更何況僞古文中，往往采摘古籍中之嘉言懿德以立言，將可永遠作爲教化世人的法則。如〈大禹謨〉：「滿招損，謙受益。」〈五子之歌〉：「民爲邦本，本固邦寧。」〈仲虺之誥〉：「用人惟己，改過不吝。」以及「好問則裕，自用則小。」〈伊訓〉：「與人不求備，檢身若不及。」〈咸有一德〉：「德無常師，主善爲師。」〈旅獒〉：「玩人喪德，玩物喪志。」等，都是我們常常引用的格言。愚以爲，用這些格言來修德，那就「莫之爲尚」，如用來誨人，就可「成己成物」，用來治國，就能「俗善行美」。今人戴君仁先生說：「僞書儘管是僞書，好書依然是好書，所以這二十五篇的僞古文，我們不把它看作上古的經典、三代的信史，而只當部子書，仍然是有很高的價值的。」[50]這話確實值得我們三思。

四、南北朝

自五胡亂華之後，中國卽形成南北對峙的局面，南朝爲宋、齊、梁、陳的迭代，北朝則爲拓跋氏所淹有，疆域既然有殊，其學自亦好尚不同，茲分別略述如次：

《南史·儒林傳·序》說：「逮江左草創，日不暇給，以迄宋、齊，國學時或開置，而勸課未博，建之不能十年，蓋取文具而已。是時鄉里莫或開館，公卿罕通經術，朝廷大儒，獨學而弗肯養眾，後生孤陋，擁經而無所講，大道之鬱也久矣乎！」又說：「至梁武創業，深愍其弊，天監四年，詔開五館，建立國學，總以五經教授，置五經博士各一人。……分遣博士祭酒到州郡立學，七年，又詔皇太子宗室王侯，始就學受業，武帝親屈輿駕，釋奠於先師先聖，申之以讌語，勞之以束帛，濟濟焉，洋洋焉，大道之行也如是。及陳武創業，時經喪亂，衣冠殄瘁，寇賊未寧，敦獎之方所未遑也。……當天監之際，時主方崇儒業，如崔（靈恩）、嚴（植之）、何（佟之）、伏（曼容）之徒，前後互見升寵，於是四方學者，靡然向風，斯亦曩昔之盛也。」我們看了以上這兩段文字，知南朝所以未能大昌其學，多因國祚不久，所謂「草創未遑也」。其間由於梁武帝的好儒興學，所以一時尚能「濟濟焉，洋洋焉，而四方之學者，靡然向風」。然而其中治《尚書》者僅有二人，一爲孔子袪，他是會稽山陰人，少孤貧好學，常懷書自隨，得暇，即誦讀，勤苦自勵，遂通經術，尤明古文尚書。兼國子助教，講《尚書》四十一徧，聽者常數百人，眞可說是集一時之盛了。著《尚書義》二十卷，《集注尚書》二十卷。另一人是張譏，字直言，清河武城人，爲一官宦世家，幼聰俊，早通《孝經》、《論語》，篤好玄言，成就多方，著作不一，有《尚書義》十五卷。以上是南朝學風及其治《尚書》的大概情形。

至於北朝，則較南朝爲盛。一則由於國祚較長，社會安定，二則由於君主重視經術，提倡不遺餘力。如北魏享國，就有一百四十九年之久，而南朝享國最長者爲梁，也只不過有五十六年。然而由於梁武帝好儒興學，一時尚且「濟濟焉，洋洋焉」，更何況北朝的國君，好尚不減於梁武帝？如魏道武帝初定中原，便以經術爲先，立太學，置五經博士。明元帝（拓跋嗣，年號永興）改國子爲中書學，立教授博士。太武帝始光三年春，又起太學，並徵盧玄、高允等爲博士，而令州郡各舉才學，於是人多砥尙，儒學又轉而興盛起來了。獻文帝天安初年，詔立鄉學，郡置博士、助教各二人，孝文帝太和年間，改中書學爲國子學，建明堂辟雍，尊三老五更，又開皇子之學。及遷都洛邑，詔立國子太學、四門小學。由於孝文帝的「欽明稽古，篤好墳籍」，雖然乘輿據鞍，亦不忘講道。當時像劉芳、李彪諸人，「以經書進」，崔光、邢巒之徒，「以文史達」，「其餘涉獵典章，閑集詞翰，莫不縻以好爵，動貽賞眷，於是斯文鬱然，比隆周、漢矣。」[51]卽使到了北周，雖國祚不長（僅二十五年），而武帝宇文邕，於保定三年，仍然下詔「尊太保燕公爲三老，帝於是服袞冕，乘碧輅，陳文物，備禮容，清蹕而臨太學。」實爲一時的盛事，這也是南朝所不及的。無怪乎通儒輩出，各不多讓了。像梁越、張偉、徐遵明、孫惠蔚、李鉉、權會、張彫武、熊安生、辛彥之、蕭該、劉焯、劉炫等，雖所擅不一，然亦無不明通《尚書》。《北史・儒林傳・序》說：「大抵南北所爲章句，好尚互有不同，江左（南朝）尚書，則孔安國，河洛（北朝）尚書，則鄭康成。……南人約簡，得其英華，北學深蕪，窮其枝葉，考其終始，要其會歸，其立身成名，殊方同致矣。」話雖不錯，然而我們如再加以細究，則知南朝雖行僞孔傳，可是鄭義仍亦未廢，因梁、陳二代所講，卽有孔、鄭二家。如陸德明《經典釋文》與《隋書・經籍志》均說：「齊明帝建武中，吳興姚方興，采馬、王之注，造孔傳〈舜典〉一篇，云於大航頭買得上之，比馬、鄭所注多二十八字，於是始列國學。梁陳所講，有孔、鄭二家，齊代唯傳鄭義。」至於北朝的得見孔傳，那已是北齊的時代了。《北史・儒林傳》說：「下里諸生，略不見孔氏注解，武平末[52]，劉光伯（炫）、劉士元（焯），始得費甝義疏，乃留意焉。」案：費甝爲南朝梁・國子助教，所注爲孔安國尚書。又案：據張鵬一撰《隋書經籍志補》說：「《尚書王肅注音》，後魏彭城劉芳撰。」《北史》卷四二〈劉芳〉本傳亦載此事，由此可知，王肅《尚書注》，也間行於北朝了。

五、隋代

隋文帝楊堅，統一南北，國祚雖短，而《尚書》之學亦盛。當時雖「孔、鄭並行，而鄭氏甚微，自餘所存，無復師說。」[53]傳《尚書》的大儒有：

一、包愷：字和樂，東海人。其兄榆，明五經，愷悉傳其業，聚徒教授，著錄弟子數千人。

二、房暉遠：字崇儒，恆山眞定人。世傳儒學，治三禮、《春秋》三傳、《詩》、《書》、《周易》，兼善圖緯。太常卿牛弘，每稱爲五經庫，於此亦可見其淹博了。

三、顧彪：字仲文，餘杭人。明《尚書》、《春秋》，煬帝時，爲祕書學士，撰《古文尚書疏》二十卷。

四、王孝籍：平原人。少好學，博覽羣言，徧治五經，頗有文墨，與河間劉炫同志友善，開皇年間，召入祕書，助王劭修國史，其爲飽學之士，自不待言。

五、劉焯：字士元，信都昌亭人。焯犀額龜背，望高視遠，聰敏沉深，少與河間劉炫結盟爲友，所師非一，皆未卒業。優遊鄉里，專以教授爲務，孜孜不倦。賈、馬、王、鄭所傳章句，多所是非。著述亦多，尚書有《述義》二十卷行於當世。劉炫聰明博學，名次於焯，故時人稱爲二劉。天下名儒後進，質疑受業，不遠千里而來者，不可勝數。論者以爲數百年以來，博學通儒無能出其右者，所惜懷抱不曠，又吝於財，不行束脩的人，不曾有所教誨，時人卽以此爲批評的話柄。

六、劉炫：字光伯，河間景城人。少以聰敏見稱，與信都劉焯，閉戶讀書，十年不出。炫眸子精明，視日不眩，強記默識，無人可與之相比。他能左畫方、右畫圓、口誦、目數、耳聽，五事同舉，沒有遺失。吏部尚書韋世康，問其所能，炫回答說：「《周禮》、《禮記》、《毛詩》、《尚書》、《公羊》、《左傳》、《孝經》、《論語》，孔、鄭、王、何、服、杜等注，凡十三家，雖義有精粗，並堪講授。《周易》、《儀禮》、《穀梁》，用功差少，史子文集，嘉言美事，咸誦於心，天文、律曆，窮覈微妙。至於公私文翰，未嘗假手。」當時吏部雖未加詳試，然而在朝知名之士十餘人，均保證劉炫所說不謬。於是升爲殿內將軍。時牛弘奏請購求天下遺逸的書籍，炫遂僞造書百餘卷，題爲「連山易」、「魯史記」等，錄上送官取賞而去。後有人告發，經赦免死除名。歸里後，以教授為務，著作甚夥，尚書有《述義》二十卷，行於當世[54]。《隋書·儒林傳·序》評論說：「二劉拔萃出類，學通南北，博極古今，後生鑽仰，莫之能測。所製諸經義疏，搢紳咸師宗之。」嘉許可說備至。如論其學，或可稱是，若論其行，那就實有商酌的必要了。

六、唐代

唐代隋而有天下，太宗即位的初年，即崇學重儒，置弘文學館，精選天下文儒的人士，講論經義，每至夜分始罷。又表彰先儒，來勸勉後生。近者如梁有皇侃、褚仲都；周有熊安生、沈重；陳有沈文阿、周弘正、張譏；隋有何妥、劉炫等。遠者如左丘明、卜子夏、公羊高、穀梁赤、伏勝、高堂生、戴聖、毛萇、孔安國、劉向、鄭眾、杜子春、馬融、盧植、鄭玄、服虔、何休、王肅、王弼、杜元凱、范寧等二十一人，不僅用其書，亦且行其道，濟濟洋洋，儒學的盛況，可以稱得上冠冕前代[55]。後以「儒學多門，章句繁雜，乃命前中書侍郎顏師古、國子祭酒孔穎達，與諸儒撰定五經義疏，凡一百八十卷，名曰《五經正義》，令天下傳習。」[56]至是而行於南北的學說、義疏，又復歸於一，且終唐之世無異說。其中的《尚書正義》，就是現在通行的【十三經注疏】本。因為它是唐代開科取士的定本，所以凡欲參加科舉的士子，沒有不研習此書的。因其影響重大，現在就讓我們分成兩點，略作說明：

一、纂修經過：

唐貞觀十六年，以經學多門，章句雜亂，乃命孔穎達、顏師古、司馬才章、王恭、王琰等，譔五經義訓，凡百餘卷，號義贊，後始改正義。博士馬嘉運，以「正義繁釀，故掎摭其疵，駁正其失，當世諸儒，服其精高。」因此詔令更裁，功未就而穎達卽卒。至高宗永徽二年，復命中書門下，與國子三館博士，弘文館學士，加以考正，於是尚書左僕射于志寧，右僕射張行成，侍中高季輔，就正義加以增損，書始頒行布下[57]。就其內容來說，已然不是孔穎達修纂的舊觀了。至於所修纂的《尚書正義》，則以東晉・梅賾所上的僞孔傳爲底本，然後再參以其他各家，加以取捨。孔穎達正義序說：「古文經雖然早出，晚始得行，其爲正義者，蔡大寶、巢猗、費甝、顧彪、劉焯、劉炫等，其諸公旨趣，多或因循。」是知穎達宗僞孔而以六家相參，然後再加以裁斷揚榷與取奪[58]。參與《尚書正義》修纂的，則有王德韶、李子雲、朱長才、蘇德融、王士雄等人。

二、影響、得失：

㈠**先談影響**：第一，自正義出而《尚書》的說法統一，不再有紛歧的見解，終唐之世無異說。第二，唐以前治《尚書》的人，多爲義疏，尤以南北朝爲盛。正義出，卽爲義疏體的結束，代之而起的，卽爲正義體的流行。如賈公彥爲《周禮》、《儀禮》作注疏，徐彥爲《公羊》作注疏，楊士勛爲《穀梁》作注疏。到了宋代，邢昺爲《論語》、《孝經》、《爾雅》作注疏，孫奭爲《孟子》作注疏（朱子以爲係邵武士人所作）。甚至清代的漢學家，竟用正義爲名的，亦不乏人，像劉寶楠的《論語正義》，焦循的《孟子正義》，孫詒讓的《周禮正義》，胡培翬的《儀禮正義》等，沒有不是沿襲這種體式的。第三，自正義出，而前此的著作，相繼淪亡，後代的學者，如欲探求古義，考正古文，即無從而得。第四，學術既歸於統一，而才智之士，又不得以己意解經，於是穿鑿附會的風氣，在不知不覺中形成。第五，唐代開科取士，既以正義爲標準本，因此士子所習，不敢稍有出入，在無形中，鉗錮了人民的思想，進而也限制了學術的發展。自唐以後，經學的所以不能像以前各代的蓬勃有朝氣，實不能不歸咎於正義。

(二)**其次談得失**：1.**優點**：第一，孔穎達《尙書正義．序》說：「奉命考定是非，謹罄庸愚，竭所聞見，覽古人之傳記，質近代之異同，削其煩而增其簡，此亦非敢臆說，必據舊聞。」就今傳注疏本來看，孔氏的話，雖不能盡符，然亦大致不差。若與唐以前的義疏，或漢末的章句訓詁相較，確實有「削煩增簡」的優點。第二，對於前儒的著述，並非無條件的接收，間亦有所是非，如劉焯、劉炫，名重海內，孔氏採其說，亦言其非。他對劉焯的批評是：「焯乃織綜經文，穿鑿孔穴，詭其新見，異彼前儒，非險而更爲險，無義而更生義，……斯乃鼓怒浪於平流，震驚飆於靜樹，使教者煩而多惑，學者勞而少功，過猶不及，良爲此也。」對劉炫的批評是：「炫嫌焯之煩雜，就而刪焉，雖復微稍省要，又好改張前義，義更太略，辭又過華，雖爲文筆之善，乃非開獎之路，義既無義，文又非文，欲使後生若爲領袖，此乃炫之所失，未爲得也。」其他在注疏中的闡釋，也能如是，如對鄭玄、王肅二家的比較，亦能言其優劣[59]。第三，徵引浩博，古代的名物制度，究賴之以有考。第四，不專主一家（就全部經文言），南北說解，兼容並蓄，可以帶給後人不少的啟示。2.**缺失**：第一，識力不眞，故雖富於見聞，終難取捨精當。孔氏以東晉・梅賾所上的僞古文尚書，誤爲孔壁中書，而曲爲回護，反斥鄭注書序的二十四篇（案：卽壁中古文所增多的十六篇）爲張霸所僞造。斥其先祖十六篇爲僞，不祖其祖，而祖他人，顚倒是非，實爲孔氏的一大缺失。第二，疏解注文，以一家之言爲主，遇有乖礙，往往遷就其說，並曲爲回護，未能參互比較，難免有所不當。第三，漢儒精於訓詁，鄭氏尤爲博雅，疏中竟摒而不用，使後學難以探求古義，如能並存，卽可免除後人經學難明的慨歎了。第四，隋唐以來，多昧於聲音訓詁，不識古人語言文字，卽難免有失聖人的眞意，而劉焯、劉炫、孔穎達諸人，皆好尚後儒，不知古學，是以所爲義疏，不能採用漢人章句，經學難明，甚爲顯然[60]。第五，正義之學，既爲專守一家（就釋經注言），而又被定爲一尊，在此情形下，兩漢、魏、晉、南北朝的經說，凡是與其所用注解相違背的，不亡亦自亡。這就無怪乎後人有「我不殺伯仁，伯仁爲我而死」的感覺了。

關於《尚書正義》這部書的得失，我們就結束在這裏，最後尚欲一提的，就是這部書，在文字上又經過一次的修改。《新唐書・藝文志》說：「開元十四年，玄宗以〈洪範〉『無偏無頗』聲不協，詔改爲『無偏無陂』，天寶三年，又詔集賢學士衛包，改古文從今文。」這裏所說的「古文」是指隸書而言。所說的今文，就是當時所通行的俗字。也就是我們現在所說的楷書。至於所改是那些字？據王應麟《困學記聞》載：「〈泰誓〉，古文本作〈大誓〉，故孔氏注云：『大會以誓眾。』〈皐陶謨〉：『天明畏自我民明畏。』今大作泰，畏作威，皆衛包所改，乃知匪特〈洪範〉之改頗爲陂也。」關於衛包改古文爲今文的事，《册府元龜》、《鄭樵通志》、馬端臨《文獻通考》等書，均有記載，讀者可以自案，而段氏玉裁的《古文尚書撰異》，對於衛包改字的分辨，更爲清楚，查考也非常方便，筆者在這裏，也就不多贅語了。

七、宋代

有宋一代，文風之盛，邁越前朝，我們只要看看藏書館的興建，就可以知其大概了。例如太宗時，除在左昇龍門北建崇文院，又建築了一所祕閣，並親自幸臨觀書，獎勵侍衛大臣閱覽。眞宗時，命禁中的龍圖閣及後苑的太清樓，各藏經史子集，而玉宸殿、四門殿，亦各藏書萬餘卷。仁宗時，新作崇文院（案：眞宗時，因王宮火延崇文、祕閣，書多被焚），命翰林學士張觀等，編四庫書，倣開元四部，錄爲《崇文總目》，書凡三萬六百六十九卷。終北宋朝，共有藏書爲七萬三千八百七十七卷，這實在不能說不多了。高宗雖移蹕臨安（今浙江杭州），仍然沒有忘記建祕書省於國史院之左，搜訪遺闕，屢次優敍獻書的獎賞。當時類次的書目，計有四萬四千四百八十六卷之多。至寧宗時，續書目又得一萬四千九百四十三卷，已較《崇文總目》爲多了。自是而後，迄於終祚，雖處於國步艱難、軍旅之事又日不暇給的當兒，然而君臣上下，卻未嘗頃刻不以文學爲務，大而朝廷，微而草野，其所製作講說，紀述賦詠，累而數之，實非前代所能及。其間雖然釽裂大道，疣贅聖謨，幽怪恍惚，瑣碎支離，有所不免，可是那種瑕瑜相形，雅鄭各趨的情狀，猶如萬派歸海，四瀆可分，繁星麗天，五緯可識，求約於博，自有精華可得。探求微旨，亦可獲獨到的理路。後人的漢宋並舉，難道只是爲了逞其口說[61]？

其次，宋代能虛心接納《尚書》之教的君主，亦不乏人。他們往往召大臣名儒進講，並優給賞賜。如《宋史．太宗本紀》載：「淳化五年十一月，幸國子監，令孫奭講《尚書》，賜以束帛。」又如《眞宗本紀》載：「咸平元年春正月丁丑，召學官崔頤正，日赴御書院說《尚書》。」再如《宋史．楊安國傳》：「皇佑四年十一月甲辰，楊安國講《尚書》，請書〈無逸〉於屏。」等，這種舉措，無異予臣民以有力的鼓勵。所以有關《尚書》的著述，亦能超越前朝，然所持論，多與漢儒不同，漢儒所重者師法，而宋儒則尚獨見，漢儒愛好附會，宋儒多師心自用，獨行己意。這些，都是顯而易見的差異，現在就擇要論述如下：

一、胡瑗：字翼之，泰州人（今江蘇泰縣），生在北宋盛世，學問最爲篤實。撰有《洪範口義》二卷，務在發明天人合一的旨趣，不尚新奇。又詳引《周官》之法，推演八政，以經注經，特爲精確[62]。今有商務六十三年版景印【四庫全書】珍本別輯行世。

二、楊時：字中立，南劍將樂人（今福建南平縣），幼聰穎過人，能屬文。稍長，卽潛心經史。熙寧九年，考取了進士，著有《三經義辨》十卷。今合刊爲《龜山集》四十二卷行世。他在

〈書義自序〉中說：「《尙書》之義，予竊以一言蔽之，曰中而已矣。堯之咨舜曰：天之曆數在爾躬，允執其中，……舜亦以命禹，三聖相授，蓋一道也。……夫所謂中者，豈執一之謂哉，所貴乎時中也。時中者，當其可之謂。」我們看了他的序言，就可知他是以「中」字的義蘊，來闡發《尙書》的大義了。

三、王安石：字介甫，臨川人（今江西臨川縣），撰《三經新義》（《詩》、《書》、《周禮》），不復墨守舊說。又撰《洪範傳》一卷，直持天人不相與、天變不足畏的論點，以破伏生、董仲舒、劉向言洪範五行災異的說法。宋神宗熙寧二年，安石以《尙書》入侍，遂參與政事。於徽、欽之時，說解《尙書》的人，多宗其論。朱子對他的評論是：「荆公不解〈洛誥〉，但云其間煞有不可強通處，今姑擇其可曉者釋之，今人多說荆公穿鑿，他卻有此處，若後來人解書，則又卻須要盡解。」今其書已不傳。

四、蘇軾：字子瞻，眉山人（今四川眉山縣），撰有《東坡書傳》十三卷。晁公武《讀書志》說：「熙寧以後，專用王氏之說，進退多士。此書駁異王說爲多，今《新經尙書義》不傳，不能盡考其同異，然就其書而論，蘇氏究心經世之學，明於事勢，又長於議論，於治亂興亡，披抉明暢，較他經獨爲擅長。」卽朱子亦稱其爲解書家的最好者，然其失在於簡。今有藝文【百部叢書】本（【學津討原】第三函）行世。

五、林之奇：字少穎，號拙齋，侯官人（今福建林森縣），撰有《尙書全解》四十卷。林氏在序中敍述撰此書的旨趣說：「博採諸儒之說而去取之，苟合於義，雖近世學者之說，亦在所取，苟不合於義，雖先儒之說，亦所不取。如此則將卓然不牽於好惡，而聖人之經旨，將煥然而明矣。」這種以義理爲準的撰寫態度，正爲宋人的所長。據《四庫提要》說：「之奇辭祿家居，博考諸儒之說，以成是書。」又說：「是書頗多異說，如以陽烏爲地名，三俊爲常伯、常任、準人，皆未嘗依傍前人。至其辨析異同，貫穿史事，覃思積悟，實卓然成一家言。」林氏立論，力排王氏新經，這一觀點，與蘇軾同調。南渡後，王氏新經之說已不行，可是朝廷仍欲令學者參考沿用。之奇乃上言說：「王氏三經，率爲新法也。晉人以王（弼）何（晏）清談之罪，深於桀、紂，本朝靖康禍亂，考其端倪，王氏實負王、何之責，在孔、孟書，正所謂邪說詖行淫辭之不可訓者。」我們看了這段話，也就可以推想他對王安石排斥的態度了。朱子以爲林氏之書傷於繁，這說法是不錯的。今有【通志堂經解】本行世。

六、蔡沈：字仲默，號九峯，建陽人（今福建建陽縣），父元定，本一名儒，學者稱西山先生。尤精於〈洪範〉之數，然未及著論，曰：「成吾書者沈也。」又眞德秀〈九峯墓表〉說：「君從文公（朱子）遊，文公晚年訓傳諸經略備，獨《書》未及爲整，環視門生求可付者，遂以屬君。」蔡氏受父師之託，沉潛反覆數十年，然後成《書經集傳》六卷，《洪範皇極內篇》五卷。他考序文之誤，訂諸家之說，以發明二帝三王羣聖賢用心之要，對於〈洪範〉、〈洛誥〉、〈泰誓〉各篇，往往有先儒所沒有道及的見解。他在自序中說：「二典三謨，先生蓋嘗是正，改本已附文集中，其間亦有經承先生口授指畫，而未及盡改者，今悉更定見本篇。」又說：「《集傳》本先生所命，故凡引用師說，不復識別云云。」《四庫提要》評論此書說：「其疏通證明，較為簡易，且淵源有自，大體終醇。元，與古注疏並立學官63，而人置注疏肆此書。明，與夏僎解64並立學官65，而人亦置僎書肆此書，固有由矣。」蔡氏對於今古文的見解是：「漢儒以伏生之《書》為今文，而謂安國之《書》為古文，以今考之，則今文多艱澀，而古文反平易，或者以為古文自伏生女子口授晁錯時失之，則先秦古書所引之文，皆已如此，恐其未必然也。或者以為記錄之實語難工，而潤飾之雅詞易好，故訓誥誓命，有難易之不同，此為近之。」66黃震說：「經解惟《書》最多，至蔡九峯參合諸儒要說，嘗經朱文公訂正，其釋文義，既視漢、唐為精，其發指趣，又視諸家為的當，《書經》至是而大明，如揭日月矣。」67然而是書，也並非絕無缺失，周中孚《鄭堂讀書記》說：「至明太祖始考驗天象與是傳不合，乃命劉三吾等撰《書傳會選》六卷，凡是傳之合者，存之，其不合者則改之，計所糾正，凡六十六條，而永樂中，讀書種子已絕，所修大全，以是傳為主，竟不知太祖之已有成書，可謂數典而忘其祖矣。」言語之間，似對蔡氏集傳，有不能盡如人意者。今有世界書局本行世。

七、魏了翁：字華父，邛州蒲江人（今四川蒲江縣），年數歲，從諸兄入學，儼如成人。少長，英悟絕出，日誦千餘言，過目不再覽，鄉里稱為神童。所著有《九經要義》二百六十三卷，【四庫全書】著錄《尚書要義》十七卷，《序說》一卷。此書乃摘取注疏的精要，並標以目次，取便檢閱。《四庫提要》說：「孔穎達正義，雖詮釋傳文，不肯稍立同異，而原原本本，考證粲然，故《朱子語錄》，亦謂《尚書》名物典制，當看疏文。然《尚書》文字既聱牙，注疏又復浩汗，學者卒業爲艱。了翁汰其冗文，使後人不病於蕪雜，而一切考證之實學，已精華畢擷，是亦讀注疏者之津梁矣。」我們看了以上的介紹，可知此書的價值甚高。今有商務景印【四庫全書】珍本（六集）行世。

八、胡士行：廬陵人（今江西吉安縣），著有《尚書詳解》十三卷。士行解經，多以孔傳爲主，如孔傳不善，則引楊時、林之奇、呂祖謙、夏僎諸說來補充；如諸說又不完備，那麼就以己意解釋。立論皆能根據舊說，解經尚稱篤實。今有【通志堂經解】本行世。

九、金履祥：字吉父，號仁山，婺州蘭谿人。著有《尚書表注》二卷。據柳貫所作〈仁山行狀〉說：「早歲所著《尚書》，章釋句解，既成書矣，一日超然自悟，擺脫眾說，獨抱遺經，復讀玩味，則其節目明整，脈絡通貫，其間枝葉與夫訛謬，一一易見，因推本父師之意，正句畫段，提其章旨，與其義理之微，事爲之概，考正文字之誤，表諸四闌之外，曰《尚書表注》，而自序之。」此書前端先列孔氏序，皆在每頁黑線欄外，以細字標誌，雖其學出自朱子，然並不偏袒蔡傳，故其引據精確，可以裨益蔡傳的地方甚多。今有【通志堂經解】本行世。

其他有關《尚書》的著述尚多，如夏僎所著的《尚書詳解》二十六卷，今有商務景印【四庫全書】珍本（九集）行世。王柏著《書疑》九卷，今有通志堂經解本，黃度著《尚書說》一卷，今有

【通志堂經解】本，時瀾著《增修東萊書說》三十五卷，今有【通志堂經解】本等，要之以蔡沈《尚書集傳》爲最盛。蔡氏雖承吳棫、朱子之後，懷疑孔傳古文之僞，然而言性、言心、言學的話，宋人所據以立說施教的，其端倪無不發自古文；是以蔡氏雖曾疑孔傳之僞，而終不敢予以論定。

八、元　代

元朝起於大漠，以游牧民族統治中國，尚武輕文，本來就是他們的風習，雖在世祖至元二十四年，定國子學制讀書次讀尚書[68]，然而效果不彰。直到仁宗延祐二年才下詔定考試，《尚書》以蔡氏爲主，並兼用注疏，因此蔡傳大行。而當時學者，有關《尚書》的著述，也多以朱子、蔡氏爲祖述的對象。茲分述如後：

一、王天與：字立大，梅浦人，著有《尚書纂傳》四十六卷。據自序說：「古今傳書者之是非，至晦菴先生而遂定，晦菴先生折衷傳書者之是非，至西山先生（眞德秀）而愈明，學者不於二先生乎據將焉據？乃本二先生遺意，作《尚書纂傳》。其條例則先二孔氏說者，崇古也。有未當，則引諸家說評之，有未備，則引諸家說足之，說俱通者，並存之，間或以臆見按之，大要期與二先生合而已。」於此我們可以概見他撰此書的依歸和內容大要。他對蔡氏書傳，不攻其非，間亦採摭其說。納蘭成德服其「擇焉精當」。此書闡發義理特詳，於名物訓詁，時有缺略。【四庫全書】著錄，今有【通志堂經解】本行世。

二、陳櫟：字壽翁，號定宇，休寧人（今安徽休寧縣），著有《尚書集傳纂疏》六卷。此書因是疏通蔡沈《書集傳》的義蘊，所以名疏。又以纂輯諸家的解說，故名纂。復因蔡氏《集傳》是承朱子之意並經其訂正而成書，所以陳氏的纂疏在第一卷，特別標明「朱子訂定蔡氏集傳」。陳氏在自序中說：「朱子晚年，始命門人集傳之，惜所訂正三篇而止。科舉興行，諸經四書，壹是以朱子爲宗，書宗蔡傳，固亦宜然。櫟不揆晚學，三十年前，時科舉未興，嘗編書解折衷，將以羽翼蔡傳，亡友胡庭芳，見而許可之，又勉以卽蔡傳而纂疏之，遂加博采精究，方克成編。」這幾句話，不僅說明了他所以宗朱子、蔡傳的原因，同時也說明了他著此書的態度。此書於大序後，又附有〈讀尚書綱領〉，多爲朱子對《尚書》的看法和評論，很值得一讀。今有【通志堂經解】本行世。

三、董鼎：字季亨，鄱陽人（今江西鄱陽縣），著有《蔡氏傳輯錄纂注》六卷。據董氏此書凡例說：「是書以朱子爲主，故凡語錄諸書，應有與書經相關者，靡不蒐輯，倣輯略例，名曰輯錄。附蔡傳之次，或有與蔡傳不合，及先後說自相同異處，亦不敢遺，庶幾可備參考，其甚異者則略之。《朱子語錄》諸書，有總論一經及雜舉諸篇，難以分附各處者，別爲綱領一卷，置之帙首，亦讀是書所宜先知。增纂諸家傳注，或推蔡氏所本，或發其所未盡，或補其所不及，大約以經文爲序，訓詁居先，釋經義者次之，疏傳義及釋音又次之，己說處末，名曰纂注，以附於輯錄之後。」以上是說，雖以朱子爲主，然朱子究未著述《尚書》，因蔡傳爲朱子所訂定，則視蔡傳爲朱子所著無異，因此董氏纂注之例，於經文之下，照錄蔡氏釋文，然後再集《朱子語錄》中有關該經文的話，次於蔡傳之後，名爲輯錄，最後再增纂各家的傳注及闡補蔡氏的不足，斷以己意，全書體例大概如是。至其增纂態度，則有時節取其要語，如有文勢未能融貫，或辭旨未能條暢，就倣集注的例子，加以檃括，並用己意加以補足。是以此書可說爲薈萃之作，值得一讀。今有【四庫全書】著錄本及【通志堂經解】本。

四、朱祖義：字子由，廬陵人（今江西吉安縣），著有《尚書句解》十三卷。因元代科舉，定經義取士制度，《尚書》以蔡傳爲宗，並兼用古注疏。因古注疏太繁，學習不便，而蔡傳反得獨立於學官。是以凡有志參加科舉應試的人，無不以蔡傳爲準繩，不敢稍有出入。朱氏此書，則是專爲啟迪幼學而設，故多宗蔡義。對於舊文，不再考證，對於訓詁名物制度，也很少引據。其解釋的方式，就是隨經文的句讀，予以解釋，辭簡意明，反可使詰屈聱牙的周誥殷盤，於展卷之下，了然於心，朗朗上口，其用意大概就在於所謂的「離經辨志」吧！這樣一來，就不會再有穿鑿附會、浮文繁字反足以晦蝕經義的毛病了，可以稱得上是篤實之學。今有【通志堂經解】本行世，【四庫全書】也已著錄。

五、趙孟頫：字子昂，湖州人（今浙江吳興縣），博學多聞，所能非一，世人皆知其書畫冠絕古今，卻很少人知道他通經，竟著有《書今古文集注》，並灼然知曉古文尚書爲僞書，這不能不說是他的卓見了。此書【四庫全書】未著錄，清・錢大昕《補元史藝文志》載其所著書名，然無卷數。【古今圖書集成】《經籍典二》，第一百十五卷記載他的自序說：「《詩》、《書》、《禮》、《樂》、《春秋》，西漢以來，諸儒復古，殷勤收拾，而作僞者出焉。學者不察，尊僞爲眞，俾得並行以售其欺，《書》之古文是已。嗟夫！《書》之爲書，二帝三王之道於是乎存，不幸而至於亡，於不幸之中，幸而有存者，忍使僞亂其間耶！又幸而覺其僞，忍無述焉以明之，使天下後世常受欺耶？余故分今文古文而爲之集注焉。嗟夫！可與知者道，難與俗人言也。噫！余恐是書之作，知之者寡，而不知之者眾也！昔子雲作《法言》，時無知者，後世有子雲必愛之矣。庸詎知今之世，無與我同志者哉！但天下之知我者易，知《書》者難也。」我們讀了他的序言，當可知其作《書今古文集注》的用意所在，然孟氏之意，當時僅有吳澄知道，其別孟頫詩說：「識君維揚驛，玉色天人表，伏梅千載事，疑讞一了也。」因撰《書纂言》四卷，專釋今文。

六、吳澄：字幼清，撫州崇仁人（今江西崇仁縣），著有《書纂言》四卷。注《尙書》者，僅言伏生所傳二十九篇，而捨東晉・梅賾所上二十五篇僞古文而講的，自先生始。紀昀《四庫提要》說：「古文尙書，自貞觀敕作正義以後，終唐世無異說，宋・吳棫作《書裨傳》，始稍稍掊擊，《朱子語錄》亦疑其僞，然言性、言心、言學之語，宋人據以立教者，其端皆發自古文，故亦無肯輕議者，其考定今文古文，自陳振孫《尙書說始》，其分編今古文，自趙孟頫《書今古文集注》始，其專釋今文，則自澄此書始。」此書採注釋、解說混合式，先列一段經文，然後再自該段經文第一句講起，先釋單字、單辭，然後總括該句大義，直至該段終結。解說尚稱清晰，惟不注出處，如有疑問，則難於查考。今有【通志堂經解】本行世。

此外，如黃鎮成的《尚書通考》，王充耘的《讀書管見》，胡一中的《定正洪範集說》等，也都值得一讀，這些書，在【通志堂經解】中，都可以找到。

九、明　代

明太祖朱元璋，起布衣，定天下，恢復了中國的舊觀。當干戈搶攘之際，所到之處，猶能「徵召耆儒講道德，修明治術，興起文化，煥乎成一代之宏規。而制科取士，一以經義爲先。網羅碩學，嗣世承平，文教特盛。」⑲在明朝初年，當時諸儒，多朱子門人的支流餘裔。師承有自，矩矱秩然。是以其制舉所考試的科目，也多以朱子所定羣經爲準。如四書主《朱子集注》，《易》主《易程傳》、《朱子本義》，《書》主蔡氏傳及古注疏，《詩》亦主《朱子集傳》。至永樂年間，頒行《四書五經大全》，廢注疏不用。至此而朱子之學，在無形中就隱然成爲一尊了⑳。茲就《明史．藝文志》所載，擇要介紹如次：

一、朱元璋：字國瑞，濠州鍾離人（今安徽鳳陽縣），以布衣定天下，卽位後，卽詔求四方遺書，設祕書監丞，尋改爲翰林典籍，專司掌理的責任。於洪武三年，又命令鄉試、會試，《書經》以蔡傳、古注疏爲主，於此也可見其尊崇經術的大概了。他就是我們所說的明太祖，注《尚書・洪範》一卷。太祖嘗命儒臣書〈洪範〉揭於御座之右，因自爲注，書後有劉三吾後序，原文說：「皇上宵旰圖治，留心經學，以爲六經莫古於書，帝王政事，亦莫備於書，讀書弗本其行事，而徒求之於文字，非學者也。旣廑睿思，發其奧義，爲書若干篇矣，載惟〈洪範〉大法，本諸天道，體之人君，驗之民生，未易推測，則卽鑾輿日所戾止，敕寫是編，揭之座右，朝夕顧諟，一旦心領神會，有得意焉，乃撥幾冗，爲之注釋，於是九疇大範，燦然復明，大哉聖訓，於世詎小補哉！臣如孫嘗習是書，叨忝近侍，日獲與聞，敢僭序其後。」這篇後序，雖不免過於恭維，但是對於《尚書》及〈洪範〉篇的宏旨大用，卻說得旣深刻又有見解，僅此數言，我們似可窺其用心的所在了。

二、朱高熾：明成祖朱棣的長子，廟號仁宗。著有《體尚書》二卷。其內容爲釋尚書中〈皐陶謨〉、〈甘誓〉、〈盤庚〉等十六篇，以講解更其原文。旣更代其經文，那就無異就經文來闡發義理了。

三、朱厚熜：明憲宗朱見深的孫子，廟號世宗，著有《書經三要》三卷。世宗以太祖有注〈洪範〉一篇，因注〈無逸〉，再注〈伊訓〉，分三册共爲一書。後來又製〈洪範〉序略一篇，復將〈皐陶謨〉、〈伊訓〉、〈無逸〉等篇，通加注釋，名曰《書經三要》。

以上三書，均載《明史・藝文志》，【四庫全書】沒有著錄，今特輯出，就此或可略窺明代皇帝崇尚經術的大要。

四、劉三吾：名如孫，以字行，茶陵人（今湖南茶陵縣）。三吾博學，善屬文，帝製〈大誥〉及〈洪範〉注成，皆命爲序71。敕修《書傳會選》六卷。太祖以蔡沈書傳，有得有失，詔劉三吾等訂正之，又集諸家之說，足其未備，書成，頒刻，然而世間竟少流行72。顧炎武先生《日知錄》卷二〇，於「書傳會選」條評論說：「洪武二十七年四月丙戌，詔徵儒臣定正宋儒蔡氏書傳，上以蔡氏書傳日月五星運行，於朱子詩傳不同，及其注說，與番陽鄒季友所論，間亦有未安者，遂詔徵天下儒臣定正之。命翰林院學士劉三吾等總其事，書成，賜名「書傳會選」，命禮部頒行天下。此書〈堯典〉謂天左旋，日月五星違天而右轉，主陳氏祥道。〈高宗肜日〉，謂祖庚繹於高宗之廟，主金氏履祥。〈西伯戡黎〉，謂是武王，亦主金氏。〈洛誥〉，惟周公誕保，文武受命惟七年，謂周公輔成王之七年，主張氏、陳氏櫟，皆不易之論。又如〈禹貢〉，厥賦貞，主蘇氏軾，謂賦與田正相當。涇屬渭汭，主孔傳水北曰汭。〈太甲〉，自周有終，主金氏，謂周當作君，〈多方〉，不克開于民之麗，主葉氏。陳氏櫟謂：古者治獄，以附罪爲麗，皆可從。然所采既博，亦或失當。如〈金縢〉周公居東，謂孔氏以爲東征非是，至〈洛誥〉又取東征之說，自相牴牾。然每傳之下，繫以經文及傳音釋，於字音、字體、字義，辯之甚詳。其傳中用古人姓字，古書名目，必具出處，兼亦考證典故，蓋宋、元以來，諸儒規模猶在，而其爲此書者，皆自幼爲務本之學，非由八股發身之人，故所著之書，雖不及先儒，而尚有功於後學。」由顧氏的話，我們可以概見此書的利弊得失，紀曉嵐先生於《四庫提要》說：「以炎武之淹博絕倫，罕所許可，而其論如是，則是書之足貴，可略見矣。」今有商務景印【四庫全書】珍本（五集）行世。

五、胡廣：字光大，吉水人（今江西吉安縣）。永樂中，胡廣等奉詔修《書傳大全》十卷。書傳本爲六卷，大全則分爲十卷，其中大旨，一本於陳櫟所撰《尚書集傳纂疏》，一本於陳師凱所撰《蔡傳旁通》。纂疏多墨守蔡傳，旁通則於名物度數，考證特詳，雖不免有回護蔡傳的地方，然大致較劉氏（瑾）說詩，汪氏（克寬）說春秋爲有根據，所以是書在五經大全中，總算略勝一籌[73]。顧炎武先生對大全的纂修，極不以爲然，他說：「經學之廢，實自此始。後之君子，欲掃而更之，亦難乎其爲力矣！」又說：「至永樂中，修《尚書大全》，不惟刪去異說，並音義亦不存矣。愚嘗謂自宋之末造，以至有明之初年，經術人材，於斯爲盛，自八股行而古學棄，大全出而經說亡；十族誅而臣節變（案：十族誅，指方孝孺言）。洪武永樂之間，亦世道升降之一會矣！」[74]明代的經學，所以不能與前代齊觀，其癥結全在於「大全」的纂修，顧氏的話，洵可謂爲一針見血之言。今有商務景印【四庫全書】珍本（七集）行世。

六、王樵：字明逸，號方麓，金壇人（今江蘇金壇縣）。著有《尚書日記》十六卷。此書成於神宗萬曆二十三年，並自爲序及凡例。以自驗所進，用劄記方式，日久成帙，遂加編次。此書仍以蔡傳爲宗，對於制度名物，蔡傳如有未詳，王氏則采舊說加以補充，每節各標經文起迄，字比句櫛，討論折衷，有時衆說並存，亦有時定從一家，要以至當爲歸。對於經旨，多有發明，是一本不可多得的好書。今有商務景印【四庫全書】珍本（三集）行世。

七、梅鷟：字致齋，旌德人（今安徽旌德縣）。明武宗正德舉人，官國子監助教，著有《尚書考異》五卷。此書《明史・藝文志》不載，【四庫全書】著錄。紀曉嵐先生述此書說：「是書辨正古文尚書，其謂二十五篇爲皇甫謐所作，蓋據孔穎達疏引《晉書・皇甫謐傳》，稱謐姑子外弟梁柳得古文尚書，故作帝王世紀，往往載孔傳五十八篇之書云云。然其文未明，未可據爲謐作之證。至謂孔安國序，并增多之二十五篇，悉雜取傳記中語以成文，則指摘皆有依據。又如謂瀍水出谷城縣，兩漢志並同，晉始省谷城入河南，而孔傳乃云：『出河南北山』。積石山，在西南羌中，漢昭帝元始六年，始置金城郡，而孔傳乃云：『積石山在金城西南』，孔安國卒於漢武帝時，載在《史記》，則猶在司馬遷以前，安得知此地名乎？其爲依託，尤佐證顯然。」此書原無卷數，朱彝尊《經義考》作一卷，總目提要釐爲五卷。今有商務景印【四庫全書】珍本（九集）行世。

十、清代

清朝起於東北邊陲，自世祖順治入主中原以後，爲了籠絡漢人，一方面下令舉博學鴻儒，一方面修纂經史，訪求遺書，輯編圖籍，稽古右文；既興學崇儒於先，又開科取士於後，在此情形下，而海內之士也就無不彬彬向風了。在學術上具體的表現，先是乾隆十七年的詔命輯修【四庫全書】，計繕寫七部，分藏各地，以供人民閱覽。繼之則有阮元刊刻【經解】一千四百十二卷，王先謙又刊【續經解】一千三百十五卷。而地方上的各督撫，也能廣修方志，因此郡邑典章，也隨之燦然大備。如曾國藩、張之洞等先儒，也多能設書局以刻羣籍，聘儒雅以校墳典[75]。再加上私家輯刻日多，而叢書的繁富，也就不是前代可比了。在開科取士方面，我們都知道明代取士的科目，是以《四子書》，及《易》、《書》、《詩》、《春秋》、《禮記》五經，爲命題試士的範圍，而清代一沿明制，在兩百多年中，雖然也有用其他方法進入仕途的，但終不能與科第出身的人相比。又因《尚書》仍以蔡傳爲主，所以蔡氏集傳，在清朝初年，仍然盛行不衰。然清人的闡釋《尚書》，卻能打破成說，不僅擴大了範圍，而且亦能就經文每出新意，使《尚書》學展現出一片蓬勃的朝氣，而著述之多，亦難盡舉，這站在學術的立場上來說，實在令人欣喜。茲僅就所及，擇要纂述如後。

一、庫勒納：姓瓜爾佳氏，滿州鑲藍旗人。康熙十九年，庫勒納等，奉命纂《日講書經解義》十三卷。此書爲在皇帝面前逐日進講所用的本子，內容大要，在「敷陳政典，以昭宰馭之綱維，闡發心源，以端愼修之根本，而名物訓詁，不復瑣瑣求詳」[76]。因爲所重，在於上規堯舜，下挹成、康，全爲帝王治理人民的大則大法，所以也就難爲尋章摘句、音訓解詁的講求了。今有商務景印【四庫全書】珍本（五集）行世。

二、王頊齡：字顓士，號瑁湖，華亭人（今江蘇松江縣）。官至武英殿大學士。康熙六十年，項齡等奉命撰《書經傳說彙纂》二十四卷。此書計分〈虞書〉、〈夏書〉、〈商書〉各三卷，〈周書〉十二卷，〈書序〉一卷，而以引用姓氏及書傳圖列爲卷首上，另外綱領三篇列爲卷首下，所以總共爲二十四卷。復因蔡傳淵源有自，故其書自元代延祐中用以取士以來，一直不廢。明永樂中修大全，亦以蔡傳爲主，這種情形，就好比唐人正義的宗法孔傳。此書亦以蔡傳居前，集說、附錄、案語列後，並參稽得失，辨別瑕瑜，於其可從的，發明證佐，如不可從，卽辨訂其錯誤，如果可以兩通，則皆別爲附錄，表明不專從一家。此書採擷宏富，綱領淸晰，凡漢唐以來諸家可以採取者，就多所折衷，堪爲說書的準繩。惟書中稱引多，斷案少，反與長編相類。今有商務景印四庫珍本（八集）行世。

三、閻若璩：字百詩，太原人（今山西太原市），後徙居山陽，自號潛邱，著有《尙書古文疏證》八卷。此書乃以抉摘東晉．梅賾所上古文尙書之僞爲宗旨。因自唐．陸德明據梅本作釋文，孔穎達又據以作正義，並用來作爲取士的標準本，是以終唐之世無異說。直到宋代，吳棫始有異議，朱子也稍稍懷疑，而元代的吳澄諸人，本朱子的說法，相繼抉摘，梅本的僞託，才更加彰明，然而並未能條分縷析，將其漏洞缺失，一一的指摘出來。明代的梅鷟，始參考諸書，證明其爲剽劂，然而見聞未廣，蒐采不周，尙不能服人之心。直到淸代的閻若璩，引經據古，一一陳其矛盾之故，梅本古文的爲僞託，才大明於世。所列一百二十八條，毛奇齡作《古文尙書寃詞》，百計相軋，終不能以強辭奪正理，則有據之言，先立於不可敗也[77]。茲摘錄閻氏精要數條，以見其立言之不可敗：

1.《漢書・藝文志》言：「魯恭王壞孔子宅，得古文尚書，孔安國以考二十九篇，得多十六篇。」〈楚元王傳〉亦云：「逸書十六篇，天漢之後，孔安國獻之。」古文篇數之見於西漢者如此，而梅賾所上，乃增多二十五篇，此篇數之不合也。[78]

2.杜林、馬、鄭，皆傳古文者，據鄭氏說：「則增多者，〈舜典〉、〈汨作〉、〈九共〉、〈大禹謨〉、〈益稷〉、〈五子之歌〉、〈胤征〉、〈典寶〉、〈湯誥〉、〈咸有一德〉、〈伊訓〉、〈肆命〉、〈原命〉、〈武成〉、〈旅獒〉、〈冏命〉，凡十六篇，而〈九共〉九篇，故亦為二十四篇。今晚出書無〈汨作〉、〈九共〉、〈典寶〉等，此篇名之不合也。」[79]

3.其注〈泰誓〉：「雖有周親，不如仁人」與注《論語》相反。（案：注〈泰誓〉中云：「周，至也，言紂至親雖多，不如周家之少仁人。」《論語・堯曰》篇何晏引孔曰：「親而不賢不忠，則誅之，管、蔡是也。仁人，謂箕子、微子，來則用之。」）〈泰誓〉、《論語》文同，而注異何也？是無解於其說也。凡此皆足以證梅賾所上之書為偽書，佐證分明，何庸置疑？[80]

這些論證，確實都是無法攻破的。另外閻氏當作肯綮之論，反未加置言的是：《史記》、《漢書》所載，僅有孔安國上書的說法，並沒有受詔作傳的記載，這是僞書鑿空蹈虛的顯證，然而閻氏卻不曾提及，這可能是「千慮一失」吧！閻氏此書，共八卷，每卷十六條，總計一百二十八條，其書先成四卷，黃梨洲爲之作序，後四卷，次第續成。今本卷三全缺，前九條尚存其目，後七條全湮。又卷二自第二十八條至三十條，有目無書，卷七第一百二、一百八、一百九、一百十及卷八第一百二十二至一百二十七各條，並皆無目，全書實存九十九條，今有四庫本及【皇清經解】本。

四、蔣廷錫：字揚孫，號西谷，常熟人（今江蘇常熟縣），著有《尚書地理今釋》一卷。此書是作者在內廷輪值的時日內，仰承皇上指授，以敬謹的心情，繕寫成帙的。對《尚書》地理的辨證，全用以今考古的方式加以釐定，於各篇的川原、山澤、州郡等名稱，均以今地解釋，《欽定書經傳說彙纂》，即全用其說。四庫提要亦備加稱許，謂爲「考訂精核，足證往古之譌，釋後儒之惑。至於崑崙河源之說，非惟訂漢儒之謬，並證元史之非，非前代經師輾轉耳食者比矣。」今有【皇清經解】本行世。

五、徐文靖：字位山，當塗人（今安徽當塗縣），著有《禹貢會箋》十二卷。此書雖以蔡傳爲主，然不爲蔡傳所囿，箋釋經文，先引蔡傳，而後博采羣書，再斷以己意。首冠以〈禹貢山水〉總目，次爲十八圖，並各加考釋，較胡渭所著《禹貢錐指》更爲詳盡。《四庫提要》評論說：「說〈禹貢〉者，宋以來棼如亂絲，至胡渭錐指出，而摧陷廓除，始有條理可案，文靖生渭之後，因渭所已言，而更推尋所未至，故較渭之書益爲精密，蓋繼事者易爲功也。惟信《山海經》、《竹書紀年》太過，是則僻於好古，不究眞僞之失耳。」所說非常中肯。今有商務景印四庫珍本（五集）行世。

六、惠棟：字定宇，一字松崖，元和人（今江蘇吳縣），著有《尚書古義》[81]及《古文尚書考》二卷。《尚書古義》，今載在【皇清經解】卷三六一、三六二，分爲上下兩部分。以內容來看，惠氏著此書，多宗漢儒訓詁的說法，間亦有突破性的見解，如〈泰誓〉的泰，本作大，世人皆知爲唐・衛包所改，惠氏據隋煬帝祕書學士顧彪《古文尚書義疏》所說，知在此時已改爲泰，非始於衛包[82]。又在《九經古義・述首》中說：「五經出於屋壁，多古字、古言，非經師不能辨經之義，存乎訓，識字審言，乃知其義，故古訓不可改也。作《九經古義》一書。」這就是他作《尚書古義》的理由。古國順《清代尚書著述考》說：「清儒說《書經》之專採漢注者，此蓋第一家，開風氣之先河，其功亦偉矣。」所說非常有見解。至於惠氏《古文尚書考》二卷，此書以專辨東晉・梅賾所上古文尚書中二十五篇的僞，就其僞造經文，一一陳述其所自出，有的是檃括，有的是摭拾，要之皆有可指陳。書前並載有辨正義四條，證孔氏逸書九條，辨梅氏增多古文之謬十五條等，所論多能與閻氏若璩的說法相合。精當簡約，卻爲閻氏所不及。今有【皇清經解】本行世。

七、江聲：本字鯨濤，後改叔澐，號艮庭，江蘇吳縣人，所著有《尚書集注音疏》十二卷，並附卷末、外編各一。江氏此書，前十卷分別集注音疏今文尚書二十九篇，卷十一疏敍百篇序六十七條，卷十二疏敍逸文六十二條，又附二十條。卷末補誼九條，並附識譌字一條及《尚書集注音疏》述，《尚書集注音疏》後述各一篇。外編，爲《尚書經師系表》。他在《尚書集注音疏》述中說：「聲竊愍漢學之淪亡，傷聖經之晦蝕，於是皤閱羣書，搜拾漢儒之注，惟馬、鄭、王三家僅存焉。外此則許愼之《五經異誼》，載有今古文家說，然其書已亡，所存僅見。它如伏生之《尚書大傳》，則體殊訓注，間有解詁而已。爰取馬、鄭之注及大傳、異誼，參酌而緝之，而旁采它書之有涉於《尚書》者以益之。其王肅注與晚出之孔傳，本欲勿用，不得已，始謹擇其不謬於經者，間亦取焉。」這段話，不僅說明了江氏著此書的動機，同時也說明了著此書所抱持的態度及所採緝的範圍。至於江氏此書的體例，乃是承其師惠棟《周易述》的家法。他在《尚書集注音疏》後述中說：「吾師惠松崖先生周易述，融會漢儒之說以爲注，而復爲之疏，其體例固有自來矣。聲不揆擣昧，綜覈經傳之訓故，采摭諸子百家之說，與夫漢儒之解以注《尚書》，言必當理，不敢衒奇，誼必有徵，不敢欺世，務求愜心云爾。……敢竊比先師之周易述，睎附著述之林。」儘管江氏著此書「誼必有徵，務求愜心」，然而後來的學者，如段玉裁、周中孚、皮錫瑞、陳澧、馬宗霍諸儒[83]，均提出了各自的看法。歸納言之，其優點有：

㈠此書本源於漢儒，摭拾散佚，加以推闡考證，其所引據古義，皆有根柢，若與僞孔傳較，則勝過遠甚。

㈡疏解全經，在清代說，最爲先著，因此有華路藍縷之功。其影響所及，使後儒多所取資，是以創始之功，實不可沒。

㈢江氏讀惠棟《古文尚書考》及閻氏《尚書古文疏證》，由於能會於心，故所作集注音疏，能補二家之所不逮。

其缺點有：

㈠文字全本說文字體書寫，且誤伋讀若之字爲正字，而竟改易經文，未免泥古，致有所失。

㈡以承惠氏棟之學，好以古字改經，頗信宋人所傳的古文尚書，雖說好古，此適足以爲病。

㈢僞孔傳不通之處，蔡傳所釋，有非常精當的，江氏集注，多與相同，如爲暗合，則於蔡傳竟不寓目，未免輕蔑太甚，如閱讀蔡傳，並且取用其說，而竟然諱所從來，尤其不可。

㈣多引說文、經子所引書古文本的字，來改正秦隸及唐開元所改易古文的謬誤，如集字改爲「亼」，方字改爲「匚」，終字改爲「夂」等，這種一定改從說文、或取經傳諸子所偁《尚書》以改《尚書》的舉措，其結果，不僅不是漢人的舊觀，同時就《尚書》本身來說，也有體無完膚之虞，而不便學者循誦，尤爲顯然。今有【皇清經解】本行世。

八、王鳴盛：字鳳喈，一字禮堂，號西沚，晚號西莊，嘉定人（今江蘇嘉定縣），所著有《尚書後案》三十卷。王氏作此書的動機及其所宗，在後案序中說得甚爲詳細，他說：「《尚書後案》何爲而作也？所以發揮鄭氏康成一家之學也。……予徧觀羣書，搜羅鄭注，惜已殘闕，聊取馬、王傳疏益之，又作案以釋鄭義，馬、王傳疏與鄭異者，條晰其非，折中於鄭氏。名曰後案者，言最後所存之案也。至二十五篇，則別爲後辨附焉。」我們看了他的序言，當有所了悟，不需多所辭費。此書最具參考價値的篇章，筆者以爲是卷三〇以及《尚書後案》附。這兩部分，多爲各家序言、傳略的分析，以及二十五篇的辨曰。使我們可以了解古文尚書的眞象，雖然王氏「不敢有功於經」，而厥功亦偉矣。後人對此書評論雖多，愚以爲惟皮錫瑞的話尚稱公允，他在《尚書通論》中說：「王鳴盛《尚書後案》，主鄭氏一家之學，是爲專門之書，專主鄭，故不甚采今文，且間駮伏生，亦未盡善。」皮氏爲今文家，未免有些不以爲然。陳澧在他所著《東塾讀書記》卷五中說：「江（聲）王（鳴盛）段（玉裁）孫（星衍）四家之書善矣，既有四家之書，則可刪合爲一書。」其嘉許之意，甚爲明顯。然於此亦可見四家各有長短，不然又何必刪合？一書如欲盡括精要，實非易事，求全責備，那就大可不必了。今有【皇清經解】本行世。

九、段玉裁：字若膺，號懋堂，金壇人（今江蘇金壇縣），所著有《古文尚書撰異》三十二卷。此書以篇爲卷，卽將眞古文二十九篇中的〈盤庚〉，分爲三篇，再加書序一篇，計爲三十二篇。至於〈大誓〉三篇，則自注說：「三篇唐後乃亡，故存其目。」至著此書的大旨要宗，則爲：以《尚書》歷遭七次厄難，而古文幾於盡亡，「賈逵分別古文，劉陶是正文字，其書皆不存。今廣蒐補闕，因篇爲卷，略於義說，文字是詳，正晉、唐之妄改，存周、漢之駁文，取賈逵傳語，名曰《古文尚書撰異》。」[84]周中孚在他著的《鄭堂讀書記》卷九中說：「自有此書，而今古文之異同，昭昭然白黑分矣。故孫淵如師撰今古文注疏，於字之異同，一本是書，不假他求也。書成於乾隆辛亥，自爲之序。」今文家皮錫瑞在所著《書經通論》中也說：「段玉裁《古文尚書撰異》，於今古文分別具晰，惟多說文字，尟解經義，且意在袒古文，而不信伏生之今文，亦未盡善。」我們看了這兩家的言論，也就可以略知其長短了。今有【皇清經解】本行世。

十、孫星衍：字淵如，陽湖人（今江蘇武進縣），所著有《尚書今古文注疏》三十卷。此書的作意，孫氏在凡例中說：「在網羅放失、舊聞，故錄漢魏佚說爲多。尚書古注散佚，今刺取書傳，升爲注者，五家三科之說。㈠司馬氏遷，從孔安國問故，是古文說。㈡書大傳伏生所傳、歐陽、大夏侯勝、小夏侯建，是今文說。㈢馬氏融、鄭氏康成，雖有異同，多本衛氏宏、賈氏逵，是孔壁古文說。」孫氏所以這樣做，固然因爲他們皆有師法，實不可遺，可是除此以外，一則乃由於孔穎達正義用梅賾書，雜於二十九篇，析亂書序，以冠篇首，又作僞傳而捨棄古說。【四庫全書】採梅鷟、閻若璩的說法，直指梅賾書非爲眞古文。二則鑑於孔氏正義的爲書，是覽古人之傳記，質近代之異同，存其是而去其非，削其煩而增其簡。」所以依其例「偏採古人傳記之涉書義者，自漢魏迄於隋唐，不取宋以來諸人注者，以其時文籍散亡，較今代無異聞，又無師傳，恐滋臆說也。」[85]所以又採「近代王光祿鳴盛、江徵君聲、段大令玉裁諸君書說」者，以其「皆有古書證據，而王氏念孫父子尤精於訓詁」的緣故。孫氏又鑑於「王光祿用鄭注兼存僞傳，不載《史記》、大傳異說，江氏篆寫經文，又依說文改字，所注〈禹貢〉，僅有古地名，不便學者循誦，段氏撰異一書，亦僅分別今古文字」，而不及注義。以及「惠氏棟、宋氏鑒、唐氏煥，俱能辨證僞傳，莊進士述祖，畢孝廉以田，解經又多有心得，合其所長，亦孔氏云：『質近代之異同，存其是而削其煩，增其簡者也。』」⑧⑥我們看了以上的敍述，可知孫氏的注疏，確然已爲一部不可多得的大作。然亦不能無疵，茲就所及，引述數家如次：

1. 周中孚《鄭堂讀書記》卷九說：「吾師實取三家之書而折其衷，定著此書，眞能集《尚書》之大成。雖上之朝廷，頒之學宮可也。……所微憾者，〈堯典〉僅六十八葉，而必以帝曰欽哉愼徽五典以下另分爲下卷，〈皐陶謨〉僅五十葉，而必以帝曰來禹汝亦昌言以下另分爲中卷，則仍蹈僞孔分卷之誤矣。惟以帝曰欽哉四字屬下卷，則非通古義者不知也。……今取逸書之殘篇零句，乃因段氏撰異以逸文分附於各序之下，不知彼爲考證正文，此爲復古注疏，體例各異，何可同也！且既作注疏，必須更作釋文，而此亦未及之，尚未備矣！」

2. 皮錫瑞《書經通論》說：「孫星衍《尚書今古文注疏》，於今古文說搜羅略備，分析亦明，但誤執史記皆古文，致今古文家法大亂，亦有未盡善者，然大致完善，優於江、王。」

3.梁啟超在所著《中國近三百年學術史》十三，〈經學〉中說：「乾隆中葉的學者，費了不少的勞力，著成三部書，一是江聲的《尚書集注音疏》，一是王鳴盛的《尚書後案》，一是孫星衍的《尚書今古文注疏》。……孫星衍算是三家之冠了。他的體例是『自為注而自疏之』，注文簡括明顯，疏文纔加詳，疏出注文來歷，加以引申，就組織上論，已經壁壘森嚴，他又注意今古文學說之不同，雖他的別擇比不上後來的陳樸園的精審，但已知兩派的不可強同。」

4.近人屈萬里先生，在所著《尚書釋義·敘論》六中說：「孫氏撰《尚書今古文注疏》三十卷，就伏生所傳經文，益以故書中所引之眞〈太誓〉殘文，集漢代今古文家之說以為注而為之疏，就經文言，既已袪偽而存眞，就義訓言，亦遠勝於前人，實今日治《尚書》之所不可不讀之書也。」

我們對孫氏注疏的敍述，就結束在這裏。今有【皇清經解】本及中華書局【四部備要】本行世。

十一、魏源：字默深，邵陽人（今湖南邵陽縣），所著有《書古微》十二卷。此書的作意，據魏氏在序中說：「所以發明西漢《尚書》今古文之微言、大誼，而闢東漢馬、鄭古文之鑿空無師傳也。」魏氏對於古文持懷疑不信任態度，並列舉五條以證古文的不可信，皆古文家向壁虛構之言，而又自謂得於經者四端：一曰補亡，謂補〈舜典〉、補〈九共〉。……二曰正譌，如正典謨稽古，而並正殷〈高宗肜日〉胤嗣而非爲祭禰。三曰稽地，如考禹河而知有千秋不決之瀆。四曰象天，知黃道極爲維斗之極，旋繞乎北極。……而其書的內容，即緣此而加以闡發，並自信「孔思周情，各呈露於噩噩渾渾之際，天其復明斯道於世，盡黜僞古文十六篇，並盡黜馬、鄭之說，而頒西漢古誼於學宮。」[87] 其言雖不免趨於極端，然其義卻往往有不可多得的新見解。現在我們就來看看後人對他是怎麼個說法。

1. 皮錫瑞《書經通論》說：「劉逢祿《尚書今古文集解》，陳喬樅《今文尚書經說考》，魏源《書古微》，三家之書，皆主今文，不取古文，魏氏不取馬、鄭，並不信馬、鄭所傳逸〈書〉十六篇，其識優於前人，惟旣不取馬、鄭古文，則當專宗伏生今文，而魏氏一切武斷改經增經，如改〈梓材〉為〈魯誥〉，且臆增數篇，攙入《尚書》，從宋儒說而變亂事實，與伏生之說大背，魏氏尤多新解，皆不盡善。」

2. 梁啟超先生在所著《中國近三百年學術史》十三，〈經學〉中說：「魏默深著《書古微》，提出古文尚書根本曾否存在之問題，是為閻百詩以後第二重公案，至今未決。」

皮氏乃今文家，其言論尚且如此，足見魏氏的議論，難免偏激武斷，然平心而論，其立言的縱橫開拓，而學者的思想，得以借此濬發，其功亦偉。今有【續皇清經解】本行世。

十二、陳喬樅：字樸園，侯官人（今福建林森縣），所著有《今文尚書經說考》三十二卷。此書的所以作，乃陳氏承父訓而爲，自序說：「嘗謂喬樅曰：『凡古文《易》、《書》、《詩》、《禮》、《論語》、《孝經》所以得傳，悉由今文爲之先驅，今文所無輒廢。……向微伏生，則唐虞三代典謨誥命之經，煙消灰滅，萬古長夜，夫天爲斯文，篤生名德期頤之壽，以昌大道，豈偶然哉！《尚書》三家，今文各守師法，皆傳伏生之業者，苟能鉤考佚文，得其單辭片義，以尋三家今文，千數百年不傳之緒，使百世之下，猶知當日幸有三家今文，賴以維持聖經於不墜，則豈徒足以延絕學而廣異義云爾哉！』」以上這段話，其意義又是如何的深長！於此使我們感念到古人的爲學，乃傳不朽的大業，又何嘗有一絲功名利祿之私存其間？這大概就是促使陳氏日夜不敢或忘作此書的原動力。然而陳氏又以何種態度，來完成繼志述事的？他在序中說：「喬樅敬承庭訓，識之不敢忘，曩嘗搜討羣書，稽求佚義，綴緝頗具梗概，顧以宦海浮沉，日月逾邁，恆以不克繼志爲懼。今春免官，遂杜門下帷，迺錄舊稿，重複研尋，成《今文尚書經說考》三十二卷。凡所采摭經、史、傳、注，及諸子百家之說，實事以求是，必溯師承，沿流以討源，務隨家法，而參詳考校，則亦有取於馬、鄭之傳注，爲之旁證而引伸之。」

此書內容，以〈尚書歐陽遺說考〉一卷列在卷首，其次是自序，在目錄的後面，附有〈今文尚書敍錄》一卷，首輯《漢書‧藝文志》有關今文尚書的記載，次爲傳授今文的經師小傳，甚爲詳盡。正文三十二卷，經字全部改用今文，其下注明根據的典籍書名，間則加以案語，對於三家異文，則分別並列，辨識甚易。最後以案語加以說明。此書成於淸同治元年，雖然作者用力至勤，考校綦詳，仍不能盡如人意，皮錫瑞《書經通論》評此書說：「陳氏博采古說，有功今文，惟其書頗似長編。搜羅多而斷制少，又必引鄭君爲將伯，誤執古說爲今文，以致反疑伏生，違棄初祖（如文王受命，周公避居二事，皆詆伏生老髦，記憶不全），亦有未盡善者。但以捃拾宏富，今文家說多存，治《尚書》者，先取是書與孫氏今古文注疏，悉心研究，明通大義，篤守其說，可以不惑於歧趨。」我們認爲這種說法，非常公允，所以其他的見解，也就不再引述了。今有【續皇清經解】本行世。

十三、皮錫瑞：號鹿門，善化人（今湖南長沙縣），所著有《今文尚書考證》三十卷。全書採用陳喬樅《尚書經說考》的體例，將經字改從今文。又仿孫星衍《尚書今古文注疏》的體例，正文用通行本字體，再以小字分別注釋今文。如〈堯典〉：「鳥獸孳尾」，注云：「今文作鳥獸字微。岳曰否德忝帝位」，注云：「今文作嶽曰鄙德忝帝位。《史記》作鄙，臧琳說今文尚書作鄙。」全書注釋多類此。至於皮氏著此書旨趣，則在發明西漢今文家的大義，故其所採，多爲《史記》、大傳等書的說法，所以他宗伏生。認爲伏生遠有師承，故其書中的說解，皆以大傳爲先。其次則宗司馬遷，認爲太史公實守歐陽家法。例如〈堯典〉：「納於大麓」的麓字，不作錄。〈金縢〉：「則罪人斯得」，乃指管蔡武庚，非周公的屬黨。再則皮氏以爲賈、馬、許、鄭的取古文爲說，是因爲今文通行，不免譌俗，並非別有定見。然古文無說解，不足爲據，仍應用三家今文互參，兼採所長爲是。所以皮氏對於鄭康成、王肅二家的取捨，完全視其與今文的異同爲斷。書中採用段玉裁《尚書今古文撰異》及陳喬樅《今文尚書經說考》的見解甚多。

清代自嘉慶、道光以後，學風爲之一變，那就是學者多半輕古文而宗今文，因此也就走上了尊崇西漢的道路。像陳壽祺的《尚書大傳輯校》，魏源的《書古微》，陳喬樅的《今文尚書經說考》等作，相繼出現，就是最好的說明。然而這些撰著，又不能無瑕，如魏源的改經增經，多立新解，又兼宗宋學。陳喬樅捃拾固然宏富，然卻以鄭注皆今文，又時與伏書相違背，而皮氏卻能針對前人的缺失，取精用宏，辨其乖訛，因此「前修未密，後出轉精」的榮譽，也就落在他的身上了。所以王先謙在序中稱讚他說：「詳密精審，兼諸大儒之長，而去其蔽，後之治今文者，得是編爲導，可不迷於所往。」眞可說是嘉許備至了。今有臺北藝文印書館景印本行世。

十四、簡朝亮：字竹居，順德人（今廣東順德縣），所著有《尚書集注述疏》三十五卷，附〈讀書堂答問〉一卷。簡氏所以作此書，實爲辨誣。自序說：「今之爲《尚書》者，其誣有三焉：東晉僞古文，其誣一也。書序孔子作，其誣二也。執漢學之失，其誣三也。」我們僅觀此數語，就可知其用心所在了。同時這也無異告訴世人一條探究《尚書》的大道。果眞能辨東晉之僞，說孔序之非，指漢儒之失，以求合於孔子傳書之旨，使人「疏通知遠」，而「誣」不也就自然可得而明了嗎？所以他又說：「體朱子之意，求漢學之是，以明孔子之書，辯序而察之，使僞古文不得託於序也。」

至於說到其書的內容，簡氏凡例說：「凡《尚書》經二十九卷，逸文三卷，冠之卷首，附之卷末上下，都爲三十五卷，其明今古文之傳者，詳卷首尙書大名下焉。其〈大誓〉逸文，擇次二十九卷中，存二十九篇之略也。書序辯附卷末上，僞古文附卷末下，欲其備考也。僞逸文，則附僞古文後焉。禮曰：『毋勦說』今之所集，皆述也。……凡要義於注登之，異文異說之要，於疏存之，徵引則取其義之著者，義同則取其言之文者，注文宜簡，疏文宜詳，其或徵引詳於注中者，以經之古言古義，非此不明，從鄭注禮之例也。」因其「所集皆述」，又「注而自疏」，並每用「述曰」加以分別，所以名曰集注述疏。

此書不僅訓釋字義，同時亦闡明義理，在一段落前，每言其大義，於段落後，往往引前賢的話，以評論得失，這是此書最不同於他書的地方。歷十五年而書始成，由此也可見其態度是如何的嚴謹了。簡氏此編，不主一家，依違之間，頗費斟酌，所以《續修四庫提要》江瀚評論說：「統而觀之，尙不失爲融會貫通，明白詳盡，雖間有鄰於冗長者，大體無傷。至於舊注從違，頗具斟酌。」梁啟超先生也說：「這書成於江、孫、王之後，自然收功較易，他的內容也稍嫌過繁，但採擇漢、宋各家說，很有別裁，不失爲一良著。」[88]這評論是很公允的。今有鼎文書局影印本行世。

十五、王先謙：字益吾，號葵園，湖南長沙人，所著有《尚書孔傳參正》三十六卷。此書旨在辨明《尚書》的今古和眞僞，王氏序例說：「自史漢、《論衡》、《白虎通》諸書，迄於《熹平石經》，可以發揮三家經文者，釆獲略備，並輯馬、鄭傳注，旁徵諸家義訓，其有未達，間下己意，今古文說炳焉著明，以僞孔古文，家傳童習，莫敢廢也，仍用其經傳元文，附諸考證，爲《尚書孔傳參正》三十六卷。」是以他全書的凡例，皆先列經文，次列僞孔傳，再列參證的衆說，每句經文，皆先辨明是今文還是古文，或是今古文相同。如〈堯典〉：「欽明文思安安」，古文也。今文作「欽明文塞晏晏」，使人一目了然。在其下方，則又引今古文的出處，並集衆說而加以參正。卷三〇以下，解釋書序，並附各篇佚文，將僞孔安國序，列在最後。

此書序例後，列有〈書序百篇異同表〉，取僞古文孔傳，馬、鄭古文、《史記》、大傳今文、伏生二十九篇、歐陽、大小夏侯二十九篇，以校其同異。王氏以爲晚出孔傳的僞，固爲學者所知，然而朝廷仍頒爲功令，是以家傳童習，一直不廢，所以王氏此書仍用僞孔經傳，並參以他書，像《史記》、《漢書》、《論衡》、《白虎通》，乃至《熹平石經》等，凡是可以用來闡明三家經文的，無不捃拾，且兼輯馬、鄭傳注，又旁徵諸家義訓，間亦斷以己意，由是而今古文的分別則就更爲明晰了。就是不輕許人的今文家皮錫瑞，也不得不說：「今人王先謙《尚書孔傳參正》，兼疏今古文，詳明精確，最爲善本」[89]了。然而此書，亦終不能無失，如《續修四庫提要》江瀚卽謂「惟說禹貢三江，猶沿近時風氣，遵阮元《三江圖考》，博引繁徵，未免辭費。……以浙江當爲南江，經說邪？漢人古義邪？後起之說邪？斯抑王氏千慮之一失歟？」王國維先生在爲楊筠如《尙書覈詁》所寫的序中也說：「長沙王氏，雖有成書，然網羅衆說，無所折衷，亦頗以繁博爲病。」此書有光緒三十年王氏虛受堂自刊本。

我們前文說過，清代著述的宏富，邁越前朝，除以上介紹的十五部著作外，其他如：莊存與撰《尙書說》一卷，專論「書」中史事，戴震撰《尙書義考》一卷，意主發明經義，莊述祖撰《尙書今古文考證》七卷，正經義以及經文字句訓詁異同，程廷祚撰《晚書訂疑》，歷言晚書的不可信，吳汝綸撰《尙書故》，一以《史記》爲斷，劉逢祿撰《尙書今古文集解》，折衷之說，甚爲簡明，朱駿聲撰《尙書古注便讀》，明漢宋源流，最易研讀，孫詒讓撰《尙書駢枝》，就經文發一己之所見。都是值得一讀的書，在這裏，我們就不一一作詳細的介紹了，請讀者自案吧！

十一、結語

《尙書》雖不自孔子開始，但卻從孔子纂書以教之後，流傳始廣，這是不爭的事實。可惜由於史籍的闕如，以致使我們無法得知，在春秋、戰國以至於秦代，這一段時間內，《尙書》是怎樣流傳下來的。雖然也有些蛛絲馬跡可尋，可是我們如欲找出一條脈絡相連，確實可信的系統，也不是一件容易的事。無已，我們也只好服膺孔老夫子所說的「吾猶及史之闕文」[90]那句話了。

至漢統一天下以後，先有伏生傳今文，繼有孔安國傳古文，其流傳利弊得失，已分別說明在「應有的體認」節中。到了鄭氏康成，由於他的博學多聞，古今兼採，綜合了各家的說法，以及「如有不合，便下己意」[91]的融通，而今古文的爭端始息。曹魏的王肅，雖處心積慮的想壓倒鄭氏，甚至不惜造假作偽，以售其欺，雖也能逞顯一時，然終不能取代鄭氏的學術地位，反而暴露了一己的不正心術，因之其說不傳，這也可說是罪有應得。然其解經，卻能簡明切要，往往有獨到之處，就是清代的漢學家，雖極惡其行，然亦間引用其說，這大概是「不以人廢言」吧！

晉代初年，雖傳王學，而鄭氏學亦行。後來經過了一次永嘉大亂，經籍蕩然無存，這眞可說是我民族文化的一次大浩刼。從此南北分疆畫界，互不相屬。東晉元帝時，豫章內史梅賾，始獻古文尙書，時尙缺〈舜典〉一篇，齊建武中，吳興姚方興，采馬、王之注，造孔傳〈舜典〉一篇，於是始列國學，自此以後，南朝講《尙書》者，即以此書爲主，北朝則以鄭注爲宗。

到了隋代，雖然梅書與鄭氏注並行，可是鄭氏甚爲微弱，不能與梅書分庭抗禮，平分秋色。至唐，孔穎達奉敕撰《尙書正義》，雖採各家，而仍以梅書爲主，且終唐之世無異說。宋爲理學的闡揚時代，因此表現在《尙書》上的特色，也以說理擅長，像魏了翁專以纂集古注疏來解經的人，實在不多。一時雖也名家輩出，但均不敵蔡氏集傳的流行。所以到了元朝仁宗延祐二年，定開科取士之目，《尙書》即以蔡傳爲主。至此而蔡傳大盛，歷明迄清，在官學方面，一直奉行不廢，雖然也有會選、大全、彙纂之類的綜合性作品出現，儘管也以博採各家爲名，但究其實，卻仍以蔡傳爲主，其他各家，僅能站在次要以補不足的地位。這種情形，必待閻若璩、惠棟著書立說以後，才逐漸改觀。《尙書》傳至淸代，境界始寬，無論是單篇抑是大部頭的著作，均有不平凡的成就，這情形就像盛唐的近體詩一樣，眞是琳琅滿目，各有千秋。乾隆以前，爲宗蔡傳時代，乾隆以後，漢學逐漸興起，先有惠棟《九經古義》的撰述，次有江聲、王鳴盛的繼起，他們所宗，皆爲東漢古文，多以馬、鄭爲闡述的對象。次有戴東原的崛起士林，造詣多方，而尤長於小學，注經由聲音、文字、訓詁以求經義。段氏玉裁，固一代文字大家，他所撰的一部《古文尙書撰異》，卽是以辨文字爲主。嘉慶、道光以後，學風又有轉變，那就是漢學由東漢的古文，轉移到西漢的今文。首倡其說的是莊存與，相繼而來的有莊述祖、魏源、陳喬樅，皮錫瑞可說是講今文的一位殿軍了。然而九江大儒朱次琦，學宗程朱，其高足簡朝亮著《尙書集注述疏》，卻又頗主朱子、蔡傳，訓釋、義理兼顧，已不再斷斷於今古文了。

民國以來，多承前緒，然而由於地下資料的不斷發現，而研究的方向又有不同。過去研究《尙書》的學者，不主古文，卽主今文，再不然就是辨古文的眞僞。民國以來，卻轉移到今文的上面，如顧頡剛先生，就是開風氣之先的人[92]。其後如李泰棻著《今文尙書正僞》[93]，闡發尤爲詳盡。至於王國維先生，則是由研究甲骨、彝器而治《尙書》最有成就的人，他的一部《觀堂集林》，就是證明。其他如于省吾先生的《雙劍誃尙書新證》，楊筠如的《尙書覈詁》等，也成就不凡。在態度上，大家不再有門戶之見，意氣之爭，一本眞是眞非，來從事這部古文化的探討，這不能不說是一件可喜的事。最後，所不憚煩言的，那就是想從流衍的敍述中，提出我們不成熟的看法：

一、《尚書》的價值：《尚書》是一部政書，不僅「二帝三王之道在焉」，同時亦爲「七經之冠，百代之襟袖」[94]，單就這兩項來說，價值就無法估計了，更何況除此之外，舉凡行政事務上所涉及的，都與它有關？別的不說，我們放眼當今著作之林，凡是與我國故有文化史有關連的，也都會涉及到它，如研究歷史的人說：「六經皆史」，研究地理的人說：「《尚書・禹貢》，爲地理之祖」，研究政治的人說：「《尚書》爲政治史之嚆矢」，研究教育的人說：「《尚書》舜命契爲司徒，教以人倫」，研究經學的人說：「《尚書》爲六經之一」，研究文學的人說：「《尚書》爲散文之始」，研究天文的人說：「《尚書》已有觀象授時之言」，研究經濟的人說：「賦稅在〈禹貢〉中，已有綦詳之載」，研究工程的人說：「大禹爲工程師之祖」，以上所舉，都有事實的記載，絕不是附會，而且如果繼續舉下去的話，尚不知凡幾。僅此亦足可見其價值的所在了。更何況它寓有二帝三王之道，爲宋人言心、言性、言理的所自出？像這樣一部有價值的書，難道還不值得我們去研究？

二、《尚書》之厄：由前文的敍述，我們當然可以體察出《尚書》所遭的厄難，關於這一點，前賢已經給我們作了歸納，茲引述如下：孫星衍先生輯《馬、鄭古文尚書注》序說：「《尚書》一厄于秦火，則百篇爲二十九篇，再厄于建武，而亡武成，三厄于永嘉，則眾書家及古文盡亡，四厄于梅賾，則以僞亂眞而鄭學微，五厄于孔穎達，則以是爲非，而馬、鄭之注亡於宋，六厄于唐開元時，詔衛包改古文從今文，則并僞孔傳中所存二十九篇本文失其眞，七厄于宋開寶中，李鄂刪定釋文，則并陸德明音義俱非其舊矣。」[95]段氏玉裁在所著《古文尚書撰異》序中，也提出與孫氏同樣的見解。《尚書》雖遭如許的災難，而今經過了前賢的搜討、整理、校讎與闡發，才有今天這個局面，我們一方面固然慶幸生在這個文化易於闡揚的時代，同時更不可忘了我們所肩負的責任，也比往昔任何一個時代都來得重大。

三、聚訟紛紜的逐漸消弭：在歷代研究《尚書》的過程中，最爲聚訟紛紜的，自漢代以來，莫過於洪範五行。自宋以降，則莫過於禹貢山川，從明代以後，莫過於今古文的眞僞。漢代的洪範五行說，因有其時代背景，雖盛極一時，而今已經隨著時代的進步而不攻自破了。至於禹貢山水，以前因輿地學的不够發達，以致影響了研究的正確性，然自胡渭、蔣延錫、徐文靖諸儒的大著出現以後，已能廓清眾說，尤其在今天地理學大明之後，大部分的地理山川，已經可以使我們就古籍所載，「按圖索驥」了，有關《尚書》的眞僞問題，經過宋・吳棫、朱子，元・吳澄，明・梅鷟，清・朱彝尊、閻若璩、惠棟諸儒的鉤深致遠，多方的探索證明，亦能像涇、渭一樣，很清楚地擺在我們的面前。說到這裏，我們心中也許會感到無限的快慰，但是快慰歸快慰，卻不能停止我們的研究工作，因此要確定我們研究的方向，那就是要運用前人研究的成果，以民生日常的應用爲前提，提出我們的見解和主張，所謂「通經致用」是也。如不能與民生需要密切配合，那就難免流於空疏、不切實際，因此也就失去了《尚書》應有的價值，這是每一位治《尚書》的人，所不可忽視的。

四、學術的崇尚：學術崇尚自由，不尚拘檢。學術一定要在自由的環境中，才能生根、萌芽、茁壯，而開放出美麗的花朵。春秋戰國時代的放一異彩，這是任人皆知道的事實，漢代經學的大昌，因素雖多，然而能得以自由的發展，不能不說是一個主因，所以才能有輝煌的成就。而尤其是古文「雖不合時務」，而竟能超越今文，不就是顯例？所以顧炎武先生在所著《日知錄》卷一七「兩漢風俗」條說：「三代以下，風俗之美，無尚於東京者！」我們再看看唐代，因《五經》正義的頒行，而經學反一蹶不振。明代大全出，而經學竟亡，顧先生早已言及[96]，在學術的流衍上，這幾乎成了不變的公例。

五、珍惜固有文化：我國爲一文明古國，建國迄今，一歷五千年，一文物，一制度，都是從我們民族的生活需要中所產生，絕不是憑空揑造出來的，因此它最實用，也最有價值。其間雖也曾遭到外來的衝擊，然而每遭一次的衝擊，卻能使我們的文化愈行壯大，從這一點上正可以看出我們文化的優越性。在衝擊的情勢下，我們爲了適應當前的需要，自會加以適度的調整，並吸收外來的文化加以融合，而使我固有的文物制度，更加充實、完美。因此我們敢予斷言，中國的文化，將永遠適合於我們的民族，也將永遠地代表著我國固有傳統精神。所以我們要不遺餘力地來發揚、光大才是。政風淳厚，泱泱其國，彬彬其俗，難道不是我們每一位中國人所企盼的？

注釋

❶《史記．孔子世家》：「孔子以《詩》、《書》、《禮》、《樂》教。」又云：「孔子之時，周室微而禮樂廢，《詩》、《書》缺，追迹三代之禮、序《書》傳，上紀唐虞之際，下至秦穆，編次其事……故《書》傳、《禮記》自孔氏。」

❷《史記．仲尼弟子列傳》、集解、正義並引家語云：「漆彫開習《尚書》，不樂仕。」案：漆彫開之後無聞。又：《後漢書》卷四四〈徐防傳〉，防上疏曰：「《詩》、《書》、《禮》、《樂》，定自孔子，發明章句始於子夏。」後之荀子，雖傳子夏之學，然未聞傳《書》。又：馬宗霍先生，《中國經學史》第四篇云：「惟《尚書》則授受之迹不詳，漢興言《尚書》者，自濟南伏生，伏生故秦博士，郭子橫《洞冥記》稱：『有李克者，自言三百歲，少而好學，為秦博士，門徒萬人，伏生時十歲，就克石壁山中受《尚書》，乃以口傳授伏子，四代之事，略無遺脫，伏子因而誦之。』此則言不雅馴，未可信矣。」

❸《漢書．藝文志》：「《論語》者，……孔子應答弟子……。」

❹見許錟輝博士論文——〈先秦典籍引尚書考〉。其中《左傳》引書計有六十八條為最多，其次為《墨子》，引書文計有四十四條，再其次為《孟子》，計有三十五條，第四就是《國語》，引書文計有二十九條，第五為《荀子》，計有二十七條，第六為《呂氏春秋》，計有二十四條，第七是《戰國策》，計有九條。

❺ 見姜亮夫《歷代人物年里通譜》。

❻ 見《漢書・儒林傳》與〈藝文志〉。

❼ 見《漢書・兒寬傳》。

❽ 見《漢書・平當傳》。

❾ 見《後漢書・桓榮傳》。

❿ 見《漢書・兩夏侯傳》。

⓫ 唐・陸德明《經典釋文・敍錄》：「秦禁學，孔子之末孫惠壁藏之。注：家語云：『孔騰，字子襄，畏秦法峻急，藏《尚書》、《孝經》、《論語》於夫子舊堂壁中。』《漢紀・尹敏傳》：『以爲孔鮒所藏。』」案：以上三說，未知孰是。

⓬ 見《史記・孔子世家》及《漢書・藝文志》、〈儒林傳〉。

⓭ 見《漢書・儒林傳》。

⓮ 見《漢書・儒林傳》。

⓯ 見《漢書・藝文志》。

⓰ 今古文源一流百。王國維，《觀堂集林・古文說》，有更進一步之論析，可參。

⓱ 見《漢書・惠帝紀》。

⓲ 見《漢書・兩夏侯傳》。

⓳ 司馬談論六家要旨——《史記・自序》。

⑳《漢書·藝文志》。
㉑注云：「黃帝曰雲門，堯曰咸池，舜曰大韶，禹曰大夏，湯曰大護，周曰大武。」
㉒自歐陽歙至楊倫，並見《後漢書·儒林傳》。
㉓～㉕並見《漢書·儒林傳》。
㉖見馬宗霍《中國經學史》第六篇，頁五九。
㉗見《後漢書·儒林傳》。
㉘見《後漢書·桓榮傳》。
㉙見《後漢書·張奐傳》。
㉚見《後漢書·儒林傳》論曰。
㉛同㉚。
㉜揚雄《法言》文。
㉝《後漢書·儒林傳》論曰。
㉞《後漢書·鄭玄傳》。馬宗霍《中國經學史》第六篇〈兩漢之經學〉。
㉟見《後漢書·鄭玄傳》。
㊱《後漢書·鄭玄傳》。
㊲見皮錫瑞《經學歷史·五·經學中衰時代》，頁一二四、一三〇、一三一。
㊳見《漢書·李尋傳》。

㊴ 注云：「四七二十八也，自高祖至光武初起，合二百二十八年，即四七之際。漢火德，故火爲主也。」

㊵ 見龔自珍《大誓答問》。

㊶ 見《史記・孔子世家》。

㊷ 見《漢書・儒林傳》。

㊸ 馬宗霍《中國經學史》第六篇〈兩漢之經學〉，頁四六。

㊹ 見《隋書・經籍志》。

㊺ 東晉・梅賾奏上僞孔傳，以爲鄭沖所僞者爲章太炎，見〈與吳承仕論尚書古今文書〉第二書，今收入文光出版社《尚書論文集》中。以爲皇甫謐所僞造者，爲王鳴盛，見《尚書後案・序》。今收入【皇清經解】中。

㊻ 見《古文尚書疏證》。

㊼ 見《古文尚書考》。

㊽ 見《王肅之經學》。

㊾ 見《東塾讀書記》。

㊿ 見《孔孟學報》第一期。

(51) 見《北史・儒林傳》序。

(52) 武平，爲北齊溫公高緯年號。

(53) 見《隋書・經籍志》。

(54) 所言二劉，參《隋書．儒林傳》爲說。

(55) 參兩《唐書．儒學傳》爲說。

(56) 見《舊唐書．儒學傳》及《貞觀政要》。

(57) 見《新唐書．孔穎達傳》。

(58) 1.蔡大寶有《尚書義疏》三〇卷。2.巢猗有《尚書百釋》三卷，《義疏》一〇卷。3.費甝有《尚書義疏》一〇卷。4.顧彪有《古文尚書音義》五卷，《外義》五卷。5.劉焯有《尚書義疏》二〇卷。6.劉炫有《尚書述義》二〇卷，並見《新唐書．藝文志》。

(59) 見僞孔序，尚書百篇之義，世莫得聞疏後，頁一〇下。

(60) 參劉申叔先生《論正義之得失》（河洛圖書出版社）；《羣經概論》第一章第三節引爲說。

(61) 參《宋史．藝文志》爲說。

(62) 見《四庫提要》。

(63) 原注：見《元史．選舉志》。

(64) 夏僎有《尚書詳解》二六卷，【四庫全書】有著錄。

(65) 原注：見楊愼，《丹鉛錄》。

(66) 見【古今圖書集成】，《經典二．書經部總論六．古今私評》，頁一三三三。

(67) 見【古今圖書集成】，《經典二．書經部彙考十．經義考》，頁一二七八。

(68) 見《元史．選舉志》。

69 見《明史·儒林傳》。

70 見《明史·選舉志二》。

71 見《明史》卷一三七。

72 見《明史·藝文志》。

73 見《四庫提要卷》一二，頁二八四，及《日知錄》卷二四，「四書五經大全」條。

74 見《日知錄》卷一二，「書傳會選」條。

75 曾國藩倡設金陵、蘇州、揚州、杭州、武昌官書局。張之洞設廣雅書局。見《清史》卷一四六，〈藝文志序〉。

76 見《四庫提要》卷一二，頁二八八。

77 參《四庫提要》爲說。

78 見【續經解】《尙書古文疏證》一，第一。

79 見《古文疏證》一，第三。

80 見《古文疏證》二，第十九。

81 惠氏有《九經古義》，〈尙書古義〉乃其中之一。

82 見〈尙書古義下〉，【皇清經解】卷三六二。

83 段玉裁評，見《尙書撰異·序》。周中孚評，見《鄭堂讀書記》卷九。皮錫瑞評，見《經學通論》〈書經〉部分，頁一〇三。馬宗霍評，見《中國經學史》第十二篇，〈清之經學〉，頁一四五。陳澧評，見

《東塾讀書記》卷五。

84 見〈古文尚書撰異·自序〉。

85 見《尚書今古文注疏·序》。

86 同85。

87 見《書古微·自序》。

88 見《中國近三百年學術史》十三，〈經學〉。

89 見《經學通論》〈書經〉部分最後一則。

90 見《論語·衛靈公》篇。

91 見陸德明《經典釋文》引鄭氏〈六藝論〉。

92 見《古史辨》第一册下編，〈論今文尚書著成時代書〉。

93 《今文尚書正僞》，李泰棻著（民國二十年萊薰閣刻本，今有臺北力行書局印行本。近人言今文的著成時代，多本此書）。

94 見蔡傳序及《史通》卷四，〈斷限第十二〉。

95 孫星衍輯《古文尚書馬、鄭注》（今有藝文印書館景印【百部叢書】本，在【岱南閣叢書】第一函中）。

96 見《日知錄》卷二〇，「四書五經大全」條。

貳 《尚書》與孔子

一、前 言

《尚書》，是從上古遺留下來的一部典籍❶，這個說法，是治《尚書》的學者都能承認的。既然如此，在這方面，也就引起了我們質疑、問難的意念，那也就是說，《尚書》與孔子有沒有關係？如有的話，關係又是怎樣的？據《莊子．天運》篇的記載是：「孔子謂老聃曰：『丘治《詩》、《書》、《禮》、《樂》、《易》、《春秋》六經，……論先王之道，而明周、召之迹。』」這是孔子攻研六經最早的證明。而漢代伏生的《尚書大傳》也有所記載說：「子夏讀《書》畢，孔子問曰：『吾子何爲於《書》？』子夏曰：『《書》之論事，昭昭若日月焉，所受於夫子者，弗敢忘。退而窮居河濟之間，深山之中，壤室蓬戶，彈琴瑟以歌先王之風，有人亦樂之，無人亦樂之，上見堯、舜之道，下見三王之義，可以忘死生矣。』孔子愀然變容曰：『嘻！子殆可與言《書》矣。雖然，見其表未見其裏，闚其門未入其中。』顏回曰：『何謂也？』孔子曰：『丘常悉心盡志以入其中，則前有高岸，後有大谿，塡塡正立而已。六誓可以觀義，五誥可以觀仁，〈甫（呂）刑〉可以觀誡，〈洪範〉可以觀度，〈禹貢〉可以觀事，〈皐陶謨〉可以觀治，〈堯典〉可以觀美。』」[2]據此，可以更清楚地知道孔子不僅「悉心盡志以入其中」，且用以教導弟子。僅此也就可以了然於孔子與《尚書》的關係了。今史學家錢穆先生也說：「中國學術，具最大權威者凡二：一曰孔子，一曰六經。孔子者，中國學術史上人格最高之標準，而六經，則中國學術史上著述最高之標準也。自孔子以來，二千四百年，學者言孔子，必及六經，治六經者，亦必及孔子。」[3]這幾句話，毫無疑問地，是在強調經書學術地位的崇高，以及與孔子的關係是密不可分的。而《尚書》既爲六經之一，又早經孔子所攻研，當然會與孔子具有密切的關係。我們現在卽就著這個關係，探討如次：

二、《尚書》為孔子整理編集

要了解《尚書》是否爲孔子所編集這個問題，我們可從兩方面予以探討：

一、**從儒家書籍所載內容來看**：前文我們已經確定了《尚書》是上古時代所遺留下來的一部典籍，就其內容說，這部典籍，記載了上自堯、舜，下至秦穆公的事迹。當然堯、舜、禹、湯、文、武、周公，仁民愛物、治國安邦的大道，自會含蘊其中，且孔子又是「祖述堯、舜，憲章文、武」的一位大聖人，而《尚書》自然是他「祖述、憲章」的對象，更何況孔子又設教於洙泗之間，開創了平民教育的先河，傳授先王的道統，受業弟子有三千人，而身通六藝的，有七十二人，至今我們尊稱他爲至聖先師。因此，我們要問，孔子用什麼來教授弟子？要回答這個問題，最可靠的辦法，就是在《論語》中找答案。因爲這部書，是研究孔子思想言論最能讓人信服的著作。

〈子罕〉篇說：「顏淵喟然歎曰：『博我以文。』」

〈雍也〉篇說：「子曰：『君子博學於文。』」

〈學而〉篇說：「行有餘力，則以學文。」

曹魏時代的何晏《論語集解》引馬融的話說：「文者，古之遺文。」宋·朱子（熹）《四書集註》說：「文，謂《詩》、《書》六藝之文。」邢昺《論語疏》說：「注言古之遺文者，則《詩》、《書》、《禮》、《樂》、《易》、《春秋》也。」

從以上三家的注解中，使我們可以很清楚地知道，孔子用《尚書》作爲教本，乃是必然的事情，更何況太史公在《史記·孔子世家》中，又以肯定的口氣說：「孔子以《詩》、《書》、《禮》、《樂教》。」這更可證明我們的見解是有根據的。

孔子既然以《尚書》爲教材，可是《尚書》在當時，又是如何的一個情狀？《史記·孔子世家》說：「孔子之時，周室微，而禮、樂廢，《詩》、《書》缺。」《詩》、《書》既然殘缺，而孔子又以《書》作爲教本，那就勢必要先加以整理、排比，同時更要作進一步的深入研究，這難道不是情理之常？要證明這些並不難，如：〈述而〉篇說：「子所雅言，《詩》、《書》、執禮，皆雅言也。」雅字雖有「常言」、「正言」（卽官話）兩種不同的見解，但不管採取那一種說法，都可以拿來作爲孔子對《尙書》有深入研究的證明。因爲當執以教弟子或「時人」的時候，如對其內容不深入的研究，又如何可以教人？除此以外，在孔子平時對答「或人」與弟子的言論中，不時引「書」文作解，也可以證明孔子對《尙書》有深入的研究。如：

〈為政〉篇說：「或謂孔子曰：『子奚不為政？』子曰：『《書》云：孝乎！惟孝，友于兄弟。』施於有政，是亦為政，奚其為為政！」

〈憲問〉篇說：「子張曰：『《書云》：高宗諒陰，三年不言。』何謂也？子曰：『何必高宗，古之人皆然。』」

這不可證明孔子對《尙書》文句見解的透闢、深切和運用得精熟？還有一點值得我們注意的，就是孔子不僅明用《尙書》中的文句教弟子，應答時人，同時也暗衍書義以說明事理。如：

〈學而〉篇說：「子曰：巧言令色，鮮矣仁。」（案：此語在〈里仁〉、〈陽貨〉篇中，有同樣的記載。）

這句話如與《尚書・皐陶謨》所載：「何異乎巧言令色孔壬」對照來看，很明顯的可以看出「巧言令色」四字，是孔子暗衍《尚書》的。這就無怪乎陳澧在他所著的《東塾讀書記》中說：「巧言令色四字，孔子引《尚書》也。鮮矣仁，孔子說《尚書》也。」這種利用《尚書》的句例來說明事理的情形，如果沒有深刻的體悟、了解，又怎能說得出來？

以上所舉，足可以證明孔子對《尚書》有深入的研究。既有深入的研究和體悟，而其時《尚書》又殘缺不全，孔子拿來作爲教材，而加以整理、排比，難道不是極其自然的事？

二、從史籍中所載言論來看：《尚書》就文體來說，既然是典、謨、誓、命、訓、誥一類的文字，那就無異於公文檔案，如《周禮》有外史之職，《史記》稱老聃爲周代守藏室的史官，或又說他是「柱下吏」，其實說穿了，還不都是掌管此類公文檔案的官吏？既然是公文檔案，自然沒有什麼次序可言，就是有次序，也難合於教材的需要。然而孔子卻要拿它來作爲教材，來教導學生，在此情況下，那就非加以編次不可了。所以在史籍中，有如下的記載：

1.《史記・孔子世家》說：「孔子序書傳，上記唐、虞之際，下至秦穆，編次其事。」文中所涉及的「序」字，我們認爲是次序的序，非後世習俗所謂序跋的序。

2.《史記・儒林列傳》說：「孔子閔王路廢而邪道興，於是論次《詩》、《書》。」

3.《漢書・藝文志》說：「易曰：『河出圖，雒出書，聖人則之。』故《書》之所起遠矣。至孔子纂焉，上斷於堯，下訖於秦，凡百篇。」

4.《漢書・儒林傳》說：「孔子以聖德遭季世，究觀古今之篇籍，於是敍《書》，則斷自〈堯典〉。」

5.唐・劉知幾於其所著《史通・六家》篇中說：「孔子觀書於周室，得虞、夏、商、周四代之典，乃刪其善者，定為《尚書》百篇。」

根據以上所引用的這些史籍記載，《尚書》的編集，從孔子開始，應該是沒有問題的。

三、《尚書》中的聖君賢相為孔子所褒揚

堯、舜、禹、湯、文、武、周公……，是《尚書》中的主導者，也充實了《尚書》的內容，更是孔子稱許、取法的對象。在《論語》中，我們不時可以發現有關這方面的言論。如：

1.子曰：「大哉堯之為君也！巍巍乎！唯天為大，唯堯則之；蕩蕩乎！民無能名焉；巍巍乎！其有成功也，煥乎其有文章。」（〈泰伯〉篇）

2.子曰：「無為而治者，其舜也與？夫何為哉？恭己正南面而已矣。」（〈衛靈公〉篇）

3.子曰：「巍巍乎！舜、禹之有天下也，而不與焉。」（〈泰伯〉篇）

4.子曰：「禹，吾無間然矣；非飲食而致孝乎鬼神，惡衣服而致美乎黻冕，卑宮室而盡力乎溝洫；禹，吾無間然矣。」（〈泰伯〉篇）

5.子曰：「舜，其大孝也與！德為聖人，尊為天子，富有四海，宗廟饗之，子孫保之。」（《中庸》）

6.子曰：「舜，其大知也與！舜好問而好察爾言，隱惡而揚善，執其兩端用其中於民，其斯以為舜乎！」（《中庸》）

7.舜有臣五人，而天下治。（〈泰伯〉篇）集解引孔氏曰：「五人，禹、稷、契、皋陶、伯益。」

8.子夏曰：「舜有天下，選於眾，舉皋陶，不仁者遠矣。」（〈顏淵〉篇）

9.子曰：「甚矣吾衰也！久矣吾不復夢見周公。」（〈述而〉篇）

10.子曰：「如有周公之才之美，使驕且吝，其餘不足觀也已。」（〈泰伯〉篇）

以上所引，就堯、舜、禹來說是聖君，就皋陶、周公來說是賢相。我們驗之於《尚書》，均可得到滿意的答案。茲分述如次：

一、首先讓我們來看看〈堯典〉中，對帝堯形像的刻畫是怎樣的，是否可以和孔子所說相符？〈堯典〉說：「曰若稽古帝堯，曰放勳。欽、明、文、思、安安。允恭克讓，光被四表，格于上下。」僅僅用了二十七個字，就將堯的修爲、形像，和盤托出，使我們如見其人，如聞其聲。現在我們所以不覺得文字生動、傳神，甚至還有隔膜、不能體會的感覺，這是因爲語言的轉變所致，如將原文改寫爲：「當古代的時候，有一位帝堯名放勳；他，敬事節用，就像日月一樣，照臨四方，洞察人情；治理人民，完全效法天地自然的文理，敏於通達的思考，態度寬容、溫和可親，同時又能誠心誠意地爲人民犧牲、奉獻而不懈於位，更能讓賢推德；因此，他的德澤，能廣被四海，感通上天下民。」就不會有任何隔膜了。不惟隔膜消除，同時堯的形像，也就立刻出現在我們的面前。這不就是《論語．泰伯》篇孔子所說：「巍巍乎！唯天爲大，唯堯則之；蕩蕩乎！民無能名焉；巍巍乎！其有成功也，煥乎其有文章」嗎？其他表現在〈堯典〉中的，如堯的治化、作爲、求賢、讓位等，也無不表現了他的貴公無私、寬容大度、推德讓國的高尚情操。而尤其是他那「欽敬」的作爲，更代表了其一貫做事的態度。我們常說：「善始者實繁，而克終者蓋寡」這句話，《詩經．大雅．蕩》篇也說：「靡不有初，鮮克有終。」這說明有始有終的不易做到。堯的所以爲堯，正是因爲他能既愼始又敬終。我們推本堯的所以能有如此的成就，全在於他的「欽敬」所致。經文一開始就說他「欽、明、文、思、安安」，接著是「允恭克讓」，「欽若昊天」，「敬授民時」，「寅賓出日」，「敬致」，「欽哉」，這不可以看出他的以欽敬始、以欽敬終嗎？像這樣的修爲，又豈是老百姓「能名」的？這就難怪孔子稱許他「煥乎其有文章」了。而在《論語》中答季康子問政說：「子欲善而民善矣。君子之德風，小人之德草，草上之風必偃。」（〈顏淵〉篇）答子張問政說：「居之無倦，行之以忠。」（〈顏淵〉篇）答子路問政說：「先之勞之。請益，曰無倦。」（〈子路〉篇）不都是自堯的「欽敬」作爲，推衍出來的嗎？

二、其次我們言舜。舜以孝聞。就經文所載，他是瞽瞍的兒子，當時他家庭的情況是「父頑、母嚚、象傲，克諧，以孝烝烝，乂不格姦。」他處在這樣的一個家庭環境中，不但不頹喪，不氣餒，不懊惱，不抱怨，……反而以無比的毅力與決心，以奮進不已的信念與孝心，始終如一地孝敬父母，友愛其弟，最後，頑父、嚚母、傲弟，均被他所感化，使家庭得以和諧融洽。這豈是常人所能做到的？具備這種孝心的人，還不足以「推恩保四海」嗎？我們都知道孝爲一切的根本，人如不孝，所有的作爲，即失其意義。爲君、爲天子，尤當以孝爲兢兢，如是方能教化羣倫而恩加四海。也就因爲如此，方被堯選爲讓天下的對象。當他相堯（孟子說：舜相堯二十有八載）時，也確實表現了一番作爲。據經文所載，他有以下的政績：

1. 齊七政，修訂曆法。
2. 祭享天地神祇，為民祈福。
3. 頒瑞信，以統一事權。

4.巡守四方，協同制度。
5.釐定巡守、朝覲制度，適時作深入考察，由述職以明政情，由考績以酬庸車服。
6.重畫兆域，以便治理；修水利以養民。
7.公布刑典，使人民有所遵循，俾達刑期無刑之目的。
8.懲姦惡，以警不軌，流四凶天下咸服。❹

既然具備這樣的政績，所以當堯駕崩以後，他也就在「天與人歸」的狀況下，登上了天子之位。他即位後，所表現的政績，尤爲後人所忻慕稱頌：

1.謀於四岳，廣視聽，使野無遺賢，政無壅蔽。
2.重視地方，以「食哉、惟時」為先，而以「蠻夷率服」為終極目標。
3.任禹為百揆，以總理全國政事。足見其睿智明察，知人善任。
4.任棄掌農政，以教民稼穡，使民足食。
5.命契為司徒，教人倫以厚風俗，使人民相親睦，化暴戾於無形。
6.使皋陶掌刑政，以明察克允是勉。
7.使垂掌工技，以利民用。

8. 任益掌虞政，以足民財。
9. 命伯夷典三禮，以樹規範。
10. 命夔掌樂政，教以中和，以陶養心志。
11. 使龍作納言，以絕「讒說殄行」，使政風永遠保持清明。
12. 建考績之法，以辨君子小人。借收「舉直錯諸枉，能使枉者直」的效果。[5]

一個在位的國君，於施政上能有如是的成績表現，那當然也就可以「垂拱而治」了。而達到這種境地最基本的因素，就是任用得人。然而如不明察、睿智，又何能「因材器使」？所以孔子說：「無爲而治者其舜也與！夫何爲哉，恭己正南面而已矣。」又說：「舜有臣五人而天下治。」孟子也說：「君哉！舜也。」這些言論，如對《尚書》不作深入的探討，又如何能說得出來？

三、現在讓我們來看看禹的作爲又是如何？假如要長話短說的話，那實可一言而盡。僅〈禹貢〉一篇，即可以包括禹的全部功績。《左氏・襄公四年・傳》說：「芒芒禹迹，畫爲九州。」這是說，在這塊廣大無際的土地上，布滿了禹的足迹，他治平了洪水以後，就把這塊疆土，畫分爲九州。止此一言，就把禹的一生勳業，盡包無遺了。於此我們不僅可以體會出他的不辭辛勞、犧牲奉獻、公而忘私、國而忘家的偉大情操，同時我們也感歎古人描繪技巧的高超，蘊義的深遠。愈是咀嚼，愈覺意味無窮，也愈覺禹的偉大而不可及。假如我們就著〈禹貢〉的記載，一一述說的話，眞可說是無處不是禹的功績表現。從九州敷土，到導山導水的完成，再到治平措施的實現，最後到地平天成、大一統國家的展現，結果是「聲教遠播，盡於四海」[6]，人民也就無不向化了。所以孔子總其一生的功德而稱美說：「禹，吾無閒然矣，菲飲食，而致孝乎鬼神，惡衣服，而致美乎黻冕，卑宮室，而盡力乎溝洫；禹，吾無閒然矣！」又說：「巍巍乎！舜、禹之有天下也，而不與焉。」[7]

四、其次，我們介紹商代的聖君成湯。在《尚書》有關湯的記載不多，除〈湯誓〉外，周公在〈君奭〉篇中僅一次提及。孔子雖自許爲殷人，而涉及湯的言論，在《論語》中亦不多見。然而湯的弔民伐罪，拯百姓於水火之中的仁行義舉，卻是不爭的事實。〈湯誓〉說：「今汝曰：『夏罪其如台？』夏王率遏衆力，率割夏邑，有衆率怠弗協。曰：『時日曷喪？予及汝皆亡！』夏德若茲，今朕必往。」於此，也就可窺湯的仁行義舉了。所以孟子在〈滕文公下〉說：「湯十一征，而無敵於天下。東面而征西夷怨，……曰：『奚爲後我？』，民之望之，若大旱之望雨也。……誅其君，弔其民，如時雨降。（詳請參閱〈五誓·湯誓〉）」這種除暴安良的舉措，當然合於堯、舜之道，不也正是孔子所提倡的？《論語·堯曰》篇載湯禱雨之辭說：「予小子履，敢用玄牡，敢昭告于皇皇后帝：有罪不敢赦。帝臣不蔽，簡在帝心，朕躬有罪，無以萬方，萬方有罪，罪在朕躬。」這不正是《論語·衛靈公》篇所載孔子之言「躬自厚，而薄責於人」之意？孔子所倡言者仁政，湯行仁政，自在孔子頌揚之列。

五、再其次，讓我們來探討有周一代的明王聖君，又是怎樣的一個情況。首先我們談文王。〈康誥〉說：「丕顯考文王，克明德愼罰，不敢侮鰥寡，庸庸、祇祇、威威、顯民，用肇造我區夏。」這意思是說：「文王能光明其德，謹愼地運用刑罰，不敢欺侮鰥寡，用可用之人，敬可敬之人，罰當罰之人；以此顯示於人民，使人民知所依從、取捨，就用這樣的作爲來治理國家。」〈無逸〉篇也說：「文王卑服，卽康功田功，徽柔懿恭，懷保小民，惠鮮鰥寡，自朝至于日中昃，不遑暇食，用咸和萬民。」意思是說：「文王更能從事卑賤之事，他具有和善恭謹的美德，又能行保護人民，惠愛鰥寡的仁政。從早到晚，有時忙得連吃飯的時間都很難抽出來，爲的是要和順人民，使能融洽相處。」除此之外，我們再舉幾則相關的資料，來旁證文王修德愛民的事實。如《詩經》的〈大雅．文王〉篇說：「美善的文王，能持續其光明之德不已，故能爲眾人所崇敬。」〈大明〉篇也說：「維此文王，小心恭敬，以明德事於上天，乃獲致多福，以其有德，所以四方的人民，都來歸順。」卽使到了漢代第一位傳《尚書》的伏生在大傳中也說：「文王在位，而天下大服，施政而物皆聽，令則行，禁則止，動行而不失天之道，……」[8]由於文王能禮賢下士，修德自持，所以當時的賢士如伯夷、叔齊、太顚、閎夭、散宜生、鬻子、辛甲之徒，皆棄殷歸周。就是連那位釣於渭濱七十餘歲的隱者呂尚，亦爲文王所羅致（見《史記．周本紀》）。這時天下的情勢，雖然已經大定，可是文王仍舊服事殷紂。所以孔子稱美文王說：「三分天下有其二，以服事殷，周之德，其可謂至德也已矣。」[9]

六、現在我們來談賢相。首先介紹皋陶。《大戴禮記．主言》篇引述孔子的話說：「昔者，舜左禹而右皋陶，不下席而天下治。」由此可以推知，皋陶是一位才德兼備的賢相。否則，又如何能使舜「不下席而天下治」呢？現在僅就著《尚書．皋陶謨》中的記載，讓我們來看看他的主張如何。

㈠允迪厥德，謨明弼諧。這是說，天子誠能進修其德，那就可以收謀明輔和的功效了。因為能修德，就可以「明足以燭理，虛足以受善」（見《欽定書經傳說彙纂》引王氏樵語），能燭理受善，對於大臣的所謀，自然也就可以無所不明，而其相輔，更可無事不諧了。能「謀明弼諧」，朝野上下，自然可以和氣一團，共為國事而努力不懈。君修德於上，臣盡職於下，君臣同心協力，知無不言、行無不善，如是以為，還不能「厚敍九族」而使「遠人歸附」嗎？是以本篇一開始，皋陶就提出了這個問題。

㈡知人善任，安民為先。我們都知道，要想安民，就必須善於任人。而任人又以知人為先決條件。如無察人之明，又如何能知人善任？而察人之明，則又原於修德，所以皋陶進一步的說：「都！在知人，在安民。」

㈢以德檢行，以事考言。皋陶既提出知人、安民之策，然而我們要問，這知人、安民具體可行的方法與步驟，應該如何？所以他進一步的說：「都！亦行有九德，亦言其人有德，乃言曰：『載采采』。」這是說，在知人方面，大概要具有九德之行，可作為考驗的準則。假如我們要說某人有德，那就一定要舉出他所行的具體事實，來作爲驗證，絕不可依口說而不講憑據。因此他又舉出九德的要求，作爲準則。其九德爲：「寬而栗，柔而立，愿而恭，亂而敬，擾而毅，直而溫，簡而廉，剛而塞，彊而義，彰厥有常，吉哉！」如譯爲語體，我們似乎可以這樣說：「寬大而敬謹，柔順而卓立，忠誠而有供職的才能，有治才而敬愼，馴順而果毅，正直而溫和，簡易而是非分明，剛健而篤實，彊勇而好義。一位天子，如果能表彰、任用以上九種有美德的人，那就是大吉了。」

至於九德何以爲德？前賢已爲我們作了說明：

1. 鄭康成先生說：「寬謂度量寬宏，柔謂性行和柔，擾謂事理擾順，三者相類，即〈洪範〉云：『柔克也。』愿謂容貌恭正，亂謂剛柔治理，直謂身行正直，三者相類，即〈洪範〉云：『正直也。』簡謂器量凝簡，剛謂事理剛斷，強謂性行堅強，三者相類，即〈洪範〉云：『剛克也。』凡人之性有異，有其上者不必有下，有其下者不必有上，上下相協，乃成其德。」（見孫星衍《尚書今古文注疏》卷二上引）

2. 金履祥《尚書表注》上，於九德則有以下的見解：「九德凡十八字，而合為九德者，上九字其資質，下九字則進修。亦有德性之全美者。寬則易弛，寬而堅栗則為德；柔者易弱，柔而卓立則為德；謹厚曰愿，愿者易同流合汙而不莊，愿而嚴恭則為德；治亂曰亂，亂者恃有治亂解紛之才則易忽，亂而敬謹則為德；擾者馴熟而易耎（軟），擾而剛毅則為德；直者徑行而易訐，直而溫和則為德；簡者多率略，簡而有廉隅則為德；剛者多無蓄，剛而塞實則為德；彊者恃勇而不審宜，故以彊而義為德也。」

3. 簡朝亮在其所著《尚書集注述疏》卷二說：「蓋有上者性之美，而有其下者學之純，朱子謂其變化氣質者也。」又說：「萬世人才，未有不繇（由）九德者也。人雖有才，而不繇九德，非人才也。」

以下我們就臯陶所言，再列出幾則綱領，以見其德化之主張。

㈣因才器使，以德爲先。以上所言九種德行，有人僅具備其一，也有人具備其二、其三、甚至全備者，這就要靠天子的知人善任了。德愈大而才愈富，而其所擔負的責任，相對的也當然愈重，這是用人的原則。

㈤愼無逸，俾代天工。臯陶既言官人，應因才器使之理，所以他就進一步說明天子當一身樹立風範，不可貪於逸樂和縱情私欲，當戒愼危亂的發生，因日日都有事萬端，怎可不愼？不可任用非才，而使眾官員曠廢了他們的職務。要時刻思念著天子是代替上天治理人民的，而眾官員所治理者，亦無非天事，如有一位官員曠其職責，而天事將就因此而廢壞，又怎可不加戒愼？

㈥法天德，以範民行。因爲天行四時有常，人當法天來正五倫，而五倫的教化，當以敦厚爲本。天的品節亦有常禮，人當法天，而制爲五禮也當有常。因此，從天子以至於庶民，皆當守此常禮，而君臣上下，尤當相接以敬，相待以恭，相與以誠，「融會流通，使民彝物則，各得其正」，如是方可無違於天理之自然。

㈦明民欲，以順民情。有國者欲得民心，卽當以民之好惡爲好惡，以民之需要爲需要。是以皐陶以爲：「上天的視聽，以我民的視聽爲視聽，上天的賞罰，以我民的賞罰爲賞罰。上天下民，要通達無間，民心之所存，也就是天理的所存。有國有家的人，又怎可不專一致此而敬愼不懈呢？」⑩

由以上七點敍述，也就不難知道皐陶是一位如何主張以德自牧、以德輔政、以德化民的大臣了。在《尚書》中的聖君賢相，如言及治國，無不以「德」爲尚。而德治的根本，在於修身，修身就是修德。所以皐陶一開始就說：「允迪厥德」。能修德，方可知人，能知人，始可安民。因爲「德」，實爲仁、智、識見、才能的總和，所以在古籍中所見，大多都是單以「德」字勉人。我們讀過〈堯典〉、〈皐陶謨〉以後，就足可以證明這一點。同時更可以使我們領悟到：「舜有天下，選於衆，舉皐陶而不仁者遠矣」⑪的話，也是出言有自，絕非空話而徒然溢美了。

七、其次我們介紹伊尹。《論語・顏淵》篇載子夏之言說：「湯有天下，選於衆，舉伊尹，不仁者遠矣。」由此可知伊尹是一位深具仁德修養的賢臣。所以「湯」舉之而有天下。是以孟子於〈萬章上〉說：「伊尹相湯，以王於天下。」又說：「伊尹耕於有莘之野，而樂堯、舜之道焉。非其義也，非其道也，祿之以天下，弗顧也。繫馬千駟，弗視也。非其義也，非其道也，一介不以與人，一介不以取諸人。」又說：「天之生此民也，使先知覺後知，使先覺覺後覺也。予，天民之先覺者也，予將以斯道覺斯民也。思天下之民，匹夫匹婦，有不被堯、舜之澤者，若己推而內之溝中。其自任以天下之重如此。」伊尹以堯、舜之道自任，其賢可知，又能「非其道弗視」，故能相「湯」而爲聖君。孔子亦頌堯、舜之道者也，而伊尹自在其頌揚之列，觀子夏之言，即可由知。

八、接著讓我們談周公。孔子對周公的仰慕，可說已經到了不可言宣的地步。究竟周公有什麼樣的表現、作爲，值得孔子對他如此的欽敬？茲列舉大端以見其概：

㈠制禮作樂，安定社稷。在《尚書》中雖無明文記載此事，然而有周一代的典章制度，多成於周公之手，應是不爭的事實。如《左氏・文公十八年・傳》：「先君周公制周禮。」《昭公二年・傳》載：韓宣子聘於魯，看了易象與魯春秋以後說：「周禮盡在魯矣。」《禮記・明堂位》說：「周公制禮作樂，頒度量，而天下服。」《尚書大傳》也說：「周公制禮作樂。」我們看了這些記載，周公的制禮作樂，應爲可信，也因而奠定了周代八百年的基業。

㈡告成王以「無逸」，乃治國之本。此篇爲周公訓誨成王之作，而其重點大要，在於使成王知稼穡的艱難，尤爲人民所依。所以全篇多用「嗚呼」發端，以期悚動其聽聞，堅忍其情性；不僅深入於耳，更要銘記於心，然後方能由無逸而不怠於政。又因成王長於深宮之中，不曾勞其筋骨，苦其心志，而竟在幼沖之年卽天子的大位，如驕怠之心一萌，那就一切不可復問了。所以周公用此爲訓，諄諄告戒，並借殷代賢王的作爲相警勉，更用文王的成就相提命，又以「敬德」方可「無愆」、「無怨」爲所盼。最後，則以「嗣王其監于茲」作結。言語之間，那種忠君、愛國、保民的情懷，眞可說是溢於言表了。

㈢由〈金縢〉可窺周公的忠藎。我們綜觀〈金縢〉全篇，可以分爲兩大部分：武王既喪以上，自成始末，此亦周公以身代死的緣起、經過與結果。主旨在發明周公忠藎不二的誠心。武王病危，天下岌岌，謀國大臣，惟見生死，不見私情，這種公而忘私、捨己爲國的偉大情操，爲國人樹立了永遠不可磨滅的風範。武王既喪以下，蓋爲史官摭拾各事，附加在〈金縢〉的後面，借〈金縢〉之名而綴述成篇。尤其是周公所作的「祝禱辭」，更是表現了他的一片純誠、忠心不二的風範，著實令人歎服。

㈣由〈立政〉可見周公建立制度的用心。此篇爲周公告戒成王用人、行政的大法，首先要建立長官制度，以有善德俊彥之士充任。其長既賢，則其舉用，當然都是賢人。賢人當政，國無不立，政無不行，而人民也就無不喜悅了。這種見解，將是治國永遠不易的法則。

㈤由慰留召公奭，以見周公之德，聖人之情。〈君奭〉篇，爲周公挽留召公奭歸隱而作。當武王崩逝時，成王尚幼，周公乃攝政當國，他立政、靖難、制禮、作樂、致太平，給周代打下了長治久安的深厚基礎。及成王長，卽行歸政，此時朝中老臣，已寥若晨星，僅周公、召公二人而已。然而召公卻欲退隱，周公有見於國家不可無老臣輔佐，於是乃以至誠之意，懇切之辭，勸召公打消去意，共襄成王。後人讀〈君奭〉，無不為周公的言切意誠所動。如呂氏說：「後世權位相軋，排之使去則有之，挽之使留，蓋亦鮮矣。」郝氏說：「竊觀周公之志，而知聖人不息之誠，未嘗衰於老年也。吾嘗為之事，不可辭之責，一息不容少懈，孟子謂周公思兼三王，坐以待旦，讀〈君奭〉，始信其然矣。」⑫也惟有讀〈君奭〉，才能體會出周公謀國之忠，慮事之遠，處事之篤。聖人之不可及，正在此處。其他如〈大誥〉、〈康誥〉、〈酒誥〉、〈梓材〉、〈洛誥〉、〈多士〉、〈多方〉等篇，無不可見周公的此種用心。孔子的「久矣不復夢見周公」之歎，蓋有以也。

四、《尚書》中的治國牧民理念，為孔子政治主張所自出

《尚書》是一部記載二帝三王之道的政書，而孔子又以祖述堯舜、憲章文武為己任，是以其所論政之言，大都不出書教的範疇。首先讓我們看看先儒對《尚書》的見解：

1.《禮記・經解》篇載孔子的話說：「疏通知遠，《書》教也。」正義說：「《書》錄帝王言，誥舉大綱，事非繁密，是疏通；上知帝皇之世，是知遠也。」孫希旦集解說：「

疏通，謂通達於政事；知遠，言能遠知帝王之事也。」合二家之言，其義即為讀《尚書》可知遠古的政事。

2. 伏生《尚書大傳》載孔子謂顏淵曰：「〈堯典〉可以觀美，〈禹貢〉可以觀事，〈咎繇（皐陶）謨〉可以觀治，〈鴻（一作洪）範〉可以觀度，六誓可以觀義，五誥可以觀仁，〈甫（呂）刑〉可以觀誡。」

3. 《莊子．天下》篇說：「《書》以道事。」

4. 《荀子．勸學》篇說：「故《書》者，政事之紀也。」

5. 《史記．太史公自序》說：「《書》記先王之事，故長於政。」又說：「《書》以道事。」

6. 李朴說：「《書》道治亂興衰之迹，故其辭顯。」

7. 朱子（熹）說：「《書》以記政事之實。」

8. 羅璧說：「《尚書》陳唐、虞三代之治。」

9. 王褘說：「帝王之政事載於《書》。」又說：「《書》以紀政事之實。」

10. 劉三吾說：「《書》以道政事。」

11. 方孝孺說：「學諸《書》，以達治亂之由，政事之序。」

12. 王守仁說：「以言紀綱政事之施，則謂之《書》。」

由以上所引（6.～12.，錄自朱彝尊《經義考．通說一．說經》）十三則言論，使我們可以確信《尚書》是一部道政事之書。是以近人徐英在其所著《論語會箋》卷二於「爲政以德」下說：「仲尼祖述堯舜，憲章文武，故凡《論語》言政者，皆《書》教也。」這見解是不錯的。因此當我們研讀《尚書》之餘，也深深覺得，孔子所有談論政事的言論、主張，多來自《尚書》。我們所持的理由是：

一、孔子周遊列國，席不暇暖，其目的不外得一政治舞臺，以宣揚其政治主張，一展其理想抱負，以期福國利民，進而恢復周代盛世的情景。故其稱曰：

1. 吾豈匏瓜也哉，焉能繫而不食。（〈陽貨〉）

2. 天下有道，丘不與易也。（〈微子〉）

3. 君子之仕也，行其義也。（〈微子〉）

4. 如有用我者，吾其為東周乎？（〈陽貨〉）案：集解引孔曰：「興周道於東方，故曰東周。」皇疏引王弼曰：「如能用我者，不擇地而興周室。」

由以上四則言論，可以看出孔子欲「行道」之意願及其爲仕之目的。

二、孔子目睹當時的爲政者，多不能以身作則，羣倫人民，故主張執政者，應先自正身始，所以他說：

5. 其身正，不令而行，其身不正，雖令不從。（〈子路〉）

6. 苟正其身矣，於從政乎何有？不能正其身，如正人何？（〈子路〉）

7. 齊景公問政於孔子。孔子對曰：「君君、臣臣、父父、子子。」（〈顏淵〉）

8. 季康子問政於孔子。孔子對曰：「政者正也。子帥以正，孰敢不正？」（〈顏淵〉）

9. 季康子問政。孔子對曰：「君子之德風，小人之德草，草上之風必偃。」（〈顏淵〉）

以上這五則言論，乃謂從政必先正身，如能正其身，方可收不令而行之效；反之，則將「雖令不從」了。

三、孔子固欲得一政治舞臺，一展其理想抱負，然而如有不合，即拂袖而去，絕不屈就。有關這方面的記載有：

10. 子禽問於子貢曰：「夫子至於是邦也，必聞其政，求之與抑與之與？」子貢曰：「夫子溫、良、恭、儉、讓以得之，夫子之求之也，其諸異乎人之求之與？」（〈學而〉）

11. 子路曰：「衛君待子而為政，子將奚先？」子曰：「必也正名乎？……名不正，則言不

順；言不順，則事不成；事不成，則禮樂不興；禮樂不興，則刑罰不中；刑罰不中，則民無所錯手足。」（〈子路〉）

12. 衛靈公問陳於孔子。孔子對曰：「俎豆之事，則嘗聞之矣；軍旅之事，未之學也。明日遂行。」（〈衛靈公〉）

13. 冉有曰：「夫子為衛君乎？」子貢曰：「諾，吾將問之。」入曰：「伯夷、叔齊何人也？」曰：「古之賢人也。」曰：「怨乎？」曰：「求仁而得仁，又何怨？」出曰：「夫子不為也。」（〈述而〉）

14. 齊景公待孔子曰：「若季氏，則吾不能，以季孟之間待之。」曰：「吾老矣，不能用也。」孔子行。（〈微子〉）

15. 齊人歸女樂，季桓子受之，三日不朝。孔子行。（〈微子〉）案：徐英云：「桓子之受女樂及不朝，夫子皆嘗諫，不聽，然後去。見韓非子。」

以上所引（10.～15.），皆足以說明孔子周遊列國，固欲尋一施爲的場所，然與其主張、理想不合，卽斷然而去，絕不戀棧的堅毅行爲。此數則言論，在表面上看來，似與《尙書》無必然關係，然而孔子乃以堯、舜、禹、湯、文、武、周公之道統爲歸，以其作爲人品爲念，孔子之行教也，正欲展現此一偉大主張，絕非外在環境誘因挫折所能動搖，是以如有不合，卽毅然而去。

四、孔子在政教方面的理念與主張，也正如回答弟子們的問孝一樣，是「因才」（地區、國情）施教的。然其歸趣，乃是以德教爲先，進而達到「足食、足兵、民信」以及「老安、少懷」的安樂之境。有關這方面的言論爲：

16. 子曰：「為政以德，譬如北辰，居其所而眾星共之。」（〈為政〉）

17. 子曰：「道之以政，齊之以刑，民免而無恥；道之以德，齊之以禮，有恥且格。」（〈為政〉）

18. 哀公問曰：「何為則民服？」孔子對曰：「舉直錯諸枉，則民服，舉枉錯諸直，則民不服。」（〈為政〉）

19. 道千乘之國，敬事而信，節用而愛人，使民以時。（〈學而〉）

20. 子張問政於孔子，何如斯可以從政矣？子曰：「尊五美，屏四惡，斯可以從政矣。」（〈堯曰〉）

21. 季康子問：「仲由、賜、求，可使從政也與？」子曰：「由也果，賜也達，求也藝，於從政乎何有？」（〈雍也〉）

22. 顏淵問為邦。子曰：「行夏之時，乘殷之輅，服周之冕，樂則韶舞。」（〈衛靈公〉）

23. 子適衛，冉有僕，子曰：「庶矣哉！」冉有曰：「既庶矣，又何加焉？」曰：「富之。」

曰：「既富矣，又何加焉？」曰：「教之。」（〈子路〉）

24. 仲弓為季氏宰，問政。子曰：「先有司，赦小過，舉賢才。」（〈子路〉）

25. 子貢問政。子曰：「足食、足兵，民信之矣。」（〈顏淵〉）

26. 丘也聞，有國有家者，不患寡而患不均，不患貧而患不安。蓋均無貧，和無寡，安無傾。夫如是，故遠人不服，則修文德以來之，既來之，則安之。（〈季氏〉）

27. 子曰：「老者安之，朋友信之，少者懷之。」（〈公冶長〉）

以上所舉（16.～27.）各條，均可見孔子的政教主張和理念，我們如能熟讀《尚書》中的〈堯典〉、〈皐陶謨〉、〈禹貢〉、〈康誥〉、〈洛誥〉、〈無逸〉、〈洪範〉、〈呂刑〉等篇，則可以領悟這些理念，無不從《尚書》中來。孔子雖說：「吾述而不作」，此乃孔子的自謙，其實這正是「作」。他綜合了所見所聞，心領神會之餘，以溫和深入的言辭，以簡明約達的文句，針對不同的質疑問難者，作懇切確當的回答，這不僅可窺孔子的博識廣通，同時更可驗孔子對書教的運用，已達精練、左右逢源的地步。假如我們能熟讀〈堯典〉、〈皐陶謨〉，就自然可以領悟孔子所說：「為政以德，譬如北辰，居其所而眾星共之」的話，眞是若合符節。也更會佩服孔子領悟能力之高，是我們後人所無法企及的。而對孔子所言「舉直錯諸枉，則民服，舉枉錯諸直，則民不服」的話，尤為歎服。這些言辭文句，在《尚書》中是找不到的，全由於孔子的意會所得、理念所及，融通之後的隨問作答。因此，我們深深體認到，我國如無孔子，而文化又如何能得以傳播？能得以發揚光大？實在是一個未知數。所以朱子（熹）說：「天不生仲尼！萬古如長夜。」[13]此眞知孔子之言。

五、《尚書》中的德目，為孔子所綜述

就時代說，《尚書》雖不是最早，然而形諸文字，可能是最早。且自孔子纂《書》以教，流傳始廣。而今所刊行的【十三經注疏】本，雖稱資料最富，然亦不過五十八篇，再除去二十五篇僞古文外，所餘眞可說是無幾了。今總括五十八篇中，舉凡我們現在所盡知的禮、樂、中、德、敬、讓、忠、孝、仁、愛、信、義、和、平等德目，在《尚書》中，均有不止一次的被使用過，茲就所及，將使用次數開列如下：

1.禮，十八次。2.樂，四次。3.中，四十七次。4.德，二百二十四次。5.敬，六十六次。6.讓，十一次。7.忠，七次。8.孝，九次。9.仁，五次。10.愛，七次。11.信，十一次。12.義，二十二次。13.和，四十三次。14.平，十九次。

以上所列，僅爲粗略的考查，而這些德目，亦可見於《論語》孔子之言，或出於七十子之口，至於其他經籍中的引述，那就更多了。我們認爲這絕不是巧合，乃是由於孔子「述而不作」

所致。因時間、篇幅所限，僅就其中的孝、中、德三項，予以論述，以見《尚書》與孔子之關係。其他各項，請俟諸異日。

一、孝：孝字在《尚書》中，雖然僅出現九次(含偽古文)，但其所言，卻深具啟發、警惕作用，孔子受其啟廸、影響，也決非偶然。茲先將所出篇章列出，然後再選其中最具影響作用者，予以闡述。

1.〈堯典〉：「克諧以孝。」2.〈太甲中〉：「奉先思孝。」案：此篇為偽古文，文句襲自《國語・楚語上》。3.〈微子之命〉：「恪慎克孝。」案：此篇為偽古文，文句襲自《左氏・僖公十二年・傳》文。4.〈康誥〉：「元惡大憝，矧惟不孝不友。」5.〈酒誥〉：「用孝養厥父母。」6.〈蔡仲之命〉：「惟忠惟孝。」案：此篇為偽古文，文句襲自《左氏・定公四年・傳》文。7.〈君陳〉：「惟爾令德孝恭。」案：此篇為偽古文，文句襲自《國語・周語下》。8.〈君陳〉：「惟孝友于兄弟。」案：此篇為偽古文，文句襲自《論語・為政》篇。9.〈文侯之命〉：「追孝于前文人。」(以上偽古文所襲文句出處，參屈萬里先生著《尚書集釋》，附編三，〈偽古文尚書襲古簡注〉為說)

在以上九則言孝的記載中，我們認為「元惡大憝，矧惟不孝不友」，最值得闡述。

首先解釋文句的含義：元，是大的意思，也作首解。憝，作惡字解。元惡大憝，即罪大惡極。矧，作亦字解，惟，作是字解。善事父母爲孝，善事兄弟爲友。這句經文的意思是說：「罪大惡極，亦即是不孝不友。」當然也可以把這句話說成「人的罪惡，沒有比不孝不友再大的了。」

其次就時代背景說，我們推本周公所以如此誥誡康叔，一方面是基於周代的傳統；一方面也是基於政治的因素。在傳統方面說，文王、武王都是孝子。就是周公本人亦不例外。根據《禮記．文王世子》篇的記載：「文王事奉他的父親王季（即季歷），每天一定問安三次：清晨一大早，就趕到寢門外向侍候他父親的小臣問道：『今天我父親還安適嗎？』等到小臣回答安適後，才敢表出喜悅的顏色。中午、晚上兩次，也是這樣。假如聞知王季的身體那裏不安適，或是飲食不正常，即引以爲憂，一定要到王季恢復正常以後，才能安心。」後來武王事奉文王，亦復如是。這裏雖然對周公無所記載，可是我們在《史記．魯周公世家》中卻可以找到答案。世家說：「周公旦者，周武王弟也。自文王在時，旦，爲子孝、篤仁，異於羣弟。」除此之外，而周公的相成王，輔周室，制禮作樂，爲周代建立了不朽的功業，不也是孝的表現？所以我們說，周公以「孝友」誥誡康叔，是基於傳統。

在政治因素方面說，此時周公剛平定武庚之亂，基於他的痛苦經驗，他深思熟慮，以爲也惟有教人民以孝，才能「民用和睦，上下無怨。」[14]因爲在上位者能孝，推而大之，必能仁民愛物，視民如子，視民如傷。在下位者能孝，推而大之，必能以「民之所好好之，民之所惡惡之。」⑮人民能孝，推而大之，必能不犯上，不悖行；既不犯上，又不悖行，當然也就不會再有反叛的事情發生了。所以我們說，周公以孝友來誥誡康叔，也是基於政治的因素。

最後，我們來談談對後世的影響：周公的偉大，不惟因他爲周代建立了不朽的功業，爲後代的大臣們，樹立了盡職盡忠的典範；更重要的是他執行並創建了適合時宜的制度（如封建、宗法）和永遠可爲法則的禮樂。因此，我們說周公爲周代文化的象徵，也不爲過。孔子是最能服膺周公的了，觀其「久矣不復夢見周公」之言，已足可想見其嚮往欽慕之情。孔子在《孝經．五刑章》中說：「五刑之屬三千，而罪莫大於不孝。」我們讀了前後二聖人的言論，實在可用「若合符節」四字來形容。因此，更可使我們領悟到孔子所講的孝道，是「其來有自」的。他綜合了過去的言論與事實，默察深思，終於悟出了孝道的偉大，而加以詳明的闡發。這就時代背景說，或許周公的重視「孝友」與孔子的爲曾子講孝道，有所不同，然就其作用說，則無二致。因爲能孝敬父母、友愛兄弟的人，則一定能恭敬長上，善與人共事，以謙和禮讓爲懷。《論語．學而》篇有子說：「其爲人也孝弟，而好犯上者，鮮矣；不好犯上，而好作亂者，未之有也；君子務本，本立而道生；孝弟也者，其爲仁之本與？」當周公之時；三監叛周，可謂犯上矣！假如犯上者能知孝友，當無此事發生。當孔子之時，「臣弑其君，子弑其父，下蒸上淫，君不君，臣不臣，父不父，子不子。」孔子懼，作《春秋》，寓褒貶，別善惡，正名定分，期望能使亂臣賊子幡然悔改。所以他說：「我志在《春秋》，而行在《孝經》。」⑯由此可知孔子也是想以孝行，來遏止「亂臣賊子」的行徑，進而化暴戾於無形，以恢復君敬、臣忠、父慈、子孝、兄友、弟恭的社會秩序。所以我們說，周公、孔子的重視、提倡孝道，其用意是一致的。周公的偉大處在此，我們所以說他是一位偉大的政治家亦在此。而孔子乃爲直接受周公影響之人，他於嚮慕周文化之餘，進而從事闡揚的工作，而今儒家思想的重視孝道，就是具體的說明。這種影響，誰能說不大！（本段參考拙著：〈試釋尚書康誥「元惡大憝，矧惟不孝不友」〉。見本書下編，拾貳之附錄一，頁八一一～八三五。）

二、中：中字在《尚書》中出現的次數，遠較孝字爲多，計有四十七次。於此亦可見先民對中道的重視。僅在〈呂刑〉篇中，就出現了十次之多。因爲「〈呂刑〉的篇旨，在明刑愼罰，在刑罰惟中，在刑期無刑。」其主要觀點，以爲「中」，可以教敬德，可以輔常法，可以使民治，可以得善政。得乎中，信守勿失，郅治之隆，必然可期。可期，卽使想用刑，也無刑可用了。於此可使我們體驗到「中」字力量的渾厚、廣遠與無窮。所謂「中」，簡單的說，就是不偏不倚，就是中準、適中、恰到好處、無過與不及的意思。我們試想，宇宙間的一切，什麼不是由於「得中」而產生的？也惟有合乎「中」，才可大可久，才歷久彌新。因此，《論語・堯曰》篇說：「堯曰：『咨！爾舜，天之歷數在爾躬，允執其中。……』舜亦以命禹。」這使我們聯想到三代的一脈相傳，乃是以「中」爲準則的。更由於孔子能深體「中」字的義蘊，所以他進一步的說：「中庸之爲德也，其至矣乎！民鮮久矣。」（〈雍也〉篇）何晏集解：「庸，常也，和中可常行之德也。」《朱子集注》：「中者，無過不及之名。程子曰：『不偏之謂中，不易之謂庸；中者，天下之正道，庸者，天下之定理，自世教衰，民不興於行，少有此德矣。』」徐英《論語會箋》於此引顧憲成的話說：「中字，夫子述前聖所傳，而加一庸字。蓋自春秋以來，二千餘年，諸雜學皆有可喜可愕處，以悚動人，而不能無弊，只是不肯庸耳。」孔子對《尚書》雖不像讀《易經》那樣「韋編三絕」，然而《尚書》經其整理、排比，並融會其內容大義，當為必然之事，也是情理之常。

又如〈洪範〉中的皇極下說：「無偏無頗，尊王之義；無有作好，尊王之道；無有作惡，尊王之路；無偏無黨，王道蕩蕩；無黨無偏，王道平平；無反無側，王道正直；會其有極，歸其有極。」所謂「皇極」，就是大中至正的法則，而無偏無頗、無偏無黨、無反無側之文，非中而何？此武王滅殷，訪諸箕子，而箕子告以治國安邦的大道。此後，周之君臣，多能信守不渝，是以有「成、康」太平盛世的出現。而當孔子編輯《尚書》之時，於此鴻文奧義，能無所悟？

我們在前文中，已明示〈呂刑〉的宗旨，在於明刑慎罰，在刑期無刑。現在我們再轉回頭看看孔子在《論語》中又怎麼表示？他說：「聽訟，吾猶人也，必也使無訟乎！」而「必也使無訟乎」，不正是「刑期無刑」嗎？魏之王肅解釋此語說：「化之在前。」《朱子集註》引范氏的話說：「聽訟者，治其本，塞其流也。正其本，清其源，則無訟矣。」而「化之在前」，自可「清其源」，使民無訟矣。道德齊禮，人民有恥且格，又何訟之有？這種主張，也就是〈呂刑〉中的

「伯夷降典，折民以刑」的意思。孔子說：「古之刑者省之，今之刑者繁之；其教，古者有禮，然後有刑；是以刑省也。今也反是，無禮而齊之以刑，是以繁也。《書》曰：『伯夷降典，折民以刑。』謂有禮然後有刑也。」（《尚書大傳》引）〈呂刑〉說：「哀矜折獄。」孔子說：「聽訟者，雖得其情，必哀矜之，死者不可復生，斷者不可復續也。」（《尚書大傳》引）我們看了這些話，是不是有若合符節的感覺？孔子對於聽訟斷獄的主張，是不是來自〈呂刑〉？而〈呂刑〉的言論，又是不是合於中道？治國能先禮後刑，行刑又能哀矜勿喜，這將是刑罰永遠不可改易的原則，也就是〈呂刑〉篇所說的中道。我們能看到這一點，當然也就相信〈呂刑〉篇的「中」字，對孔子有如何的影響了。更何況尚且不止〈呂刑〉篇的「中」字呢？由此推演，到了聖孫子思述「中庸」，盡闡「中」字的義蘊，使我們才了然於中和之德的不可須臾離。這種影響，實在太大了。所以錢大昕先生說：「中庸之義何也？天地之道，帝王之治，聖賢之學，皆不外乎中。中者，無過不及之名，堯之傳舜曰：『允執其中』，而舜亦以命禹。……子思述孔子之意而作《中庸》，與大易相表裏，其曰中也者，天下之大本，言其體也；曰君子而時中，言其用也；此堯舜以傳授之心法也。」（《潛研堂文集》）這短短的幾句話，不僅掌握了重點，同時也道出了我國文化的傳統所在，我們的看法，正是如此。（此段參拙著：〈淺談尚書呂刑篇的「中」字及其影響〉，《中央日報文史專刊》一三八期，民國七十年一月二十日）

三、德：德字在《尚書》中出現的次數，更遠超過「中」字。雖不敢說是最多，但由此亦可體悟先民對這方面修養的重視。茲略舉數則以示其端，如：

1.〈堯典〉：「克明俊德」、「否德忝帝位」、「舜讓于德弗嗣」。2.〈皐陶謨〉：「允迪厥德」、「行有九德」、「天命有德」、「迪朕德」、「羣后德讓」。3.〈禹貢〉：「祗台德先」。4.〈盤庚上〉：「予亦不敢動用非德」、「用德彰厥善」。5.〈盤庚下〉：「式敷民德」。6.〈洪範〉：「予攸好德」。7.〈康誥〉：「紹聞衣德言」、「顧乃德」。8.〈酒誥〉：「經德秉哲」、「惟助成王德顯」。9.〈梓材〉：「王惟德用」。10.〈召誥〉：「王其疾敬德」、「惟不敬厥德，乃早墜厥命」。11.〈洛誥〉：「惟公德明，光于上下」。12.〈無逸〉：「則皇自敬德」。

以上所舉這些「德」字的用意，從自身的修爲，到「天命有德」，再到「行有九德」，可說是無不以德爲先著。這使我們意識到聖賢治國，無不以德爲尚的本色。而二帝三王尤能以此爲兢兢。當我們讀了〈堯典〉、〈皐陶謨〉、〈禹貢〉以後，則更能證實此一觀點絲毫不爽。所以孔老夫子要「據於德」（〈述而〉篇），以「德之不修」爲憂，甚至於教學分科之際，亦以「德」爲首（〈先進〉篇：德行、言語、政事、文學），而對於治國行政，更是主張：「爲政以德，譬如北辰，居其所而衆星共之」（〈爲政〉篇）了。德，既然如此重要，於此，我們不妨多說幾句。茲分述如下：

1. 德，實為仁、智、識見、才能的總和。所以在古籍中所見，無不以修德有成，纔為人所仰慕的。堯、舜、禹三聖人我們不必再說，卽使他們所任用的大臣，又那一位不是有「德」的人？春秋戰國以後，王綱解紐，諸侯「惡禮樂之害己」，至此而才德始行分家。到了三國曹操用人，更是惟「才」是視，流傳至今，而「德」之一辭，反被誤認為「老實、無能」的代稱，豈不可悲！

2. 《淮南子・齊俗訓》說：「得其天性之謂德。」孫星衍解釋說：「天性，謂五常之性。」五常有兩種說法：一為仁、義、禮、智、信，一為君臣、父子、夫婦、兄弟、朋友。不管怎麼說，它都應該包括才能在內。

3. 許愼《說文解字》心部悳下說：「外得於人，內得於己也。」段注：「內得於己，謂身心所自得也。外得於人，謂惠澤使人得之也。」一個能內得於己、外得於人的人，如不具備才德，又如何能做得到？

4. 《韓詩外傳》卷五說：「德也者，包天地之大，配日月之明，立乎四時之周，臨乎陰陽之交。……至精而妙乎天地之間者德也。」這種說法，可使我們領悟到德，不僅是一種眞理，同時也是無所不宜的。聖人的法天而行，其德之大，含蘊之廣，也就可想而知了。

當我們知道了德爲一切的根本之後，那也就不難了解〈堯典〉、〈臯陶謨〉爲什麼一開始就說「克明俊德」和「允廸厥德」了。而孔子由領悟書教所作的治國化民之言，尤其使我們感念到「述而不作」的不可及。

六、結 語

最後，我們還想一提的，就是《論語‧堯曰》篇中第一章文字記載。現在先將原文抄錄下來，然後再加解析。

堯曰：「咨，爾舜！天之歷數在爾躬，允執其中。四海困窮，天祿永終。」舜亦以命禹。曰：「予小子履，敢用玄牡，敢昭告于皇皇后帝。有罪不敢赦，帝臣不蔽，簡在帝心。朕躬有罪，無以萬方，萬方有罪，罪在朕躬。」「周有大賚，善人是富。」「雖有周親，不如仁人。百姓有過，在予一人。」謹權量，審法度，修廢官，四方之政行焉。興滅國，繼絕世，擧逸民，天下之民歸心焉。所重：民、食、喪、祭。寬則得衆，信則民任焉。敏則有功，公則說。

這章書，如僅就表面文字看，確實有些費解，如分爲五段記述，文義就顯豁多了。

一、堯曰：「咨！爾舜！天之歷數在爾躬，允執其中。四海困窮，天祿永終。」

這段文字，就形式、文氣來看，有似〈堯典〉。所以有人認爲是《尚書》佚文，或是〈堯典〉的脫簡。但就內容大義來看，則爲堯讓位於舜的告語。

二、舜亦以命禹。

孔安國注：「舜亦以堯命己之辭命禹。」於此我們可想而知，這是舜讓位於禹的告辭。其形式當與堯命舜相同，只不過在這裏省略罷了。

三、湯曰：「予小子履，敢用玄牡，敢昭告于皇皇后帝：有罪不敢赦；帝臣不蔽，簡在帝心。朕躬有罪，無以萬方；萬方有罪，罪在朕躬。」

這一段文字，據《邢疏正義》，以爲是湯伐桀告天之辭。曰上的「湯」字，據《朱子集註》加。

四、武王曰：「周有大賚，善人是富；雖有周親，不如仁人。百姓有過，在予一人。」

這段文字記載，爲武王伐紂告天之辭。武王曰三字，據今人嚴靈峰考證增補。（見《論語章句新編殘篇》）

五、謹權量，審法度，修廢官，四方之政行焉。興滅國，繼絕世，舉逸民，天下之民歸心焉。所重：民、食、喪、祭，寬則得眾，信則民任焉，敏則有功，公則說。

這段文字，《邢疏正義》說：「此明二帝三王政化之法也。」

朱子集注引楊氏的話說：「《論語》之書，皆聖人微言，而其徒傳守之，以明斯道者也。故於終篇具載堯舜咨命之言，湯武誓師之意，與夫施諸政事者，以明聖學之所傳者，一於是而已。」我們認爲這話說得非常有見解。如果我們能就著孔子有關政事的言論，與《尚書》中所載聖君賢相的施政舉措相比較，也多能得到滿意的暗合。是以陳澧於其所著《東塾讀書記》卷二說：「《論語》說書者少，……孝友施於有政，書之精義也。巍巍乎舜禹之有天下也數章，及堯曰咨一章，論堯、舜、禹、湯、文、武《尚書》百篇，此提其要矣。」而今人徐英《論語會箋》卷二更加補充說：「仲尼祖述堯舜，憲章文武，故凡《論語》之言政者，皆書之教也。」我們驗諸孔子之言，與書教之義，其冥符暗合，也確能如此。

《尚書》與孔子，從以上的敘述中，我們不難看出其關係的密切。如無《尚書》史料的記載，卽使孔子想編輯、整理，也無從做起；反之，如無孔子的「疏通知遠」，亦難有「百篇尚書」的出現，而最難能可貴的，則在於孔子借《尚書》的記載，於融會貫通其理之後，而不露痕跡地、透闢而精深地闡發了其中的政治理論，勾勒出其中聖君賢相莊嚴、仁慈的畫像，以及其法天而行、教民化民的德惠舉措，作爲後代永遠效法的高標。這不僅宏揚了我國文化的傳統，同時也具體而微地表現了其政治主張，這正是孔子爲後人所不可及的地方。走筆至此，我們不禁想再一次的說：「天不生仲尼，則萬古如長夜」了。

注釋

❶ 在我國古籍中，自儒家的孔、孟、荀，以至道、墨、法各家的著述，鮮有不引用《尚書》，以闡明事理者。《尚書》大序說：「以其上古之書，謂之《尚書》。」孔穎達正義亦云。見藝文本【十三經注疏】《尚書》，頁九～一〇。

❷ 見陳壽祺《尚書大傳輯校》三。漢京本【皇清經解續編】二册，頁一一八三。

❸ 見商務印書館【人人文庫】本，錢穆，《國學概論》第一章。

❹ 參拙著〈尚書堯典大義探討爲說〉。見《孔孟學報》四三期，頁一一五～一二五。

❺ 同❹。

❻ 《尚書．禹貢》語。

❼ 見《論語．泰伯》篇。

❽ 見陳壽祺《尚書大傳輯校》二。漢京本【皇清經解續編】，頁一一七一。

❾ 見《論語．泰伯》篇。

❿ 參拙著〈尚書皐陶謨大義探討爲說〉。見《孔孟學報》四四期，頁一一六～一二二。

⓫ 見《論語．顏淵》篇。

⑫ 呂氏，爲呂祖謙。郝氏，爲郝敬。二氏語見《欽定書經傳說彙纂》卷十六引，頁二五、四六。

⑬ 見《朱子通書》第三十九注。清・孫奇逢撰《理學宗傳》卷一，頁二一。藝文本第一冊。

⑭ 《孝經》文。見〈開宗明義〉章。商務本《孝經義疏補》卷一，頁二九。

⑮ 《禮記・大學》篇文。見藝文本【十三經注疏】《禮記・大學》，頁九八七。

⑯ 《孝經注疏》序引《孝經緯》孔子云：「欲觀我褒貶諸侯之志，在《春秋》，崇人倫之行，在《孝經》。」邢疏正義：《鉤命決》云：「孔子曰：『吾志在《春秋》，行在《孝經》。』」見藝文本【十三經注疏】八冊《孝經正義》，頁三～四。

本文重要參考書目

尚書正義（十三經注疏本）　藝文印書館印行

書經集傳　蔡　沈撰　世界書局印行

尚書表注　金　履　祥撰　通志堂經解十三冊，漢京文化事業公司印行

尚書今古文注疏　孫　星　衍撰　中華書局印行

欽定書經傳說彙纂　商務印書館印行

尚書集注述疏　簡朝亮撰　鼎文書局印行
尚書正讀　曾運乾撰　洪氏出版社印行
尚書集釋　屈萬里撰　聯經出版公司印行
尚書流衍及大義探討　李振興撰　文史哲出版社印行
華夏的曙光——尚書　李振興撰　時報出版公司印行
經義考　朱彝尊撰　中華書局印行
論語正義（十三經注疏本）　藝文印書館印行
四書集註　朱熹撰　世界書局印行
論語會箋　徐英撰　正中書局印行
論語讀訓解故　程石泉撰　先知出版社印行
論語章句新編　嚴靈峰撰　水牛出版社印行
禮記集解　孫希旦撰　文史哲出版社印行
史記　司馬遷撰　藝文印書館印行
兩漢書　班固撰　藝文印書館印行
范曄撰
東塾讀書記　陳澧撰　商務印書館印行

附錄　我對孔子「信古、好古」及「祖述、憲章」的體認

孔子乃天縱大聖，且又多能❶。其道德、修養、處世、教學以及對於《易》、《書》、《詩》、《禮》、《樂》等言論，在《論語》中，均有記載。無如這些記載，皆為後學所纂輯，而纂輯的人，又都不曾歸類，以致難免使人感到分散而不知其統。筆者在這方面，並無心得可言，只是在讀《尚書》、《論語》與《中庸》的時候，偶有所感而已。現在就將一己僅有的體認，提出來就教於方家。

一、孔子的「信古」與「好古」

《論語・述而》篇：

子曰：「述而不作，信而好古，竊比於我老彭。」

子曰：「我非生而知之者，好古敏以求之者也。」

孔子這兩則言論，有自謙，也有實言。如「述而不作」，「我非生而知之者」，就是自謙。而「信古、好古、敏求」，就是實言。我們所以說孔子「述而不作」是自謙，這是因他以「述」爲作。所謂「述」，就是述古道，是博而約的融通之言。用現在的話說，就是領悟、體驗與闡發。散見於古籍中的言論，經孔子融貫之後，而再具體而微的說出，假如我們用孔子的話說，那就是「溫故而知新」了。這不是作又是什麼？孔子述古之言不一，茲僅就其言政者略舉數端予以探討，以見其融貫博約之所自。

近人徐英《論語會箋・導言六》說：「《論語》於顯言禮、樂、詩教外，凡言政者，皆書教義也。」這話是不錯的。孔子言書教，有明引、有暗衍，也有融貫。如〈爲政〉篇說：「或謂孔子曰：『子奚不爲政？』子曰：『《書》云：孝乎！惟孝，友于兄弟。』施於有政，是亦爲政，奚其爲爲政？」這是明引《書》文的例證。如〈學而〉篇說：「子曰：『巧言令色，鮮矣仁。』」〈里仁〉篇說：「子曰：『巧言令色足恭，左丘明恥之，丘亦恥之。』」〈陽貨〉篇說：「巧言令色，鮮矣仁。」這三篇所說，如與《尚書・臯陶謨》所載：「何畏乎巧言令色孔壬」對照來看，顯然可知「巧言令色」四字，是孔子暗衍於《尚書》的。所以陳澧在其所著《東塾讀書記》卷二中說：「巧言令色四字，孔子引《尚書》也，鮮矣仁三字，孔子說《尚書》也。」明引、暗衍，我們有脈絡可尋，而融貫、闡發，卻比較難於體悟，且易滋誤會，茲冒不韙之譏，略舉數端，以見孔子好古敏求之迹。

㈠〈學而〉篇

子曰：「道千乘之國，敬事而信，節用而愛人，使民以時。」

這章書，歷來講《論語》的人，均以五事爲釋，即敬事、而信、節用、愛人、使時。這五事在《尚書》中，我們很難具體的找到，它散見於不同的篇章。如〈堯典〉在記述堯的作爲時，一開始就說他「欽、明、文、思、安安」，接著就是「允恭克讓」，「欽若昊天」，「寅賓出日」，「敬致」，「欽哉」，……這一連串的欽敬表現，固然說明了堯的處理政事，既愼始又敬終，然而纂書「斷自〈堯典〉」[2]的孔子，豈能竟無所悟？就「信」字來說，而「允恭克讓」的「允」字，不就是「信」嗎？在「節用」方面，也許我們找不出相同的字眼，但在〈無逸〉篇，卻強烈地顯示出「節用」的意念。如周公戒成王當知稼穡之艱難，就是該篇的主旨之一。既知稼穡的不易，當然也就不應該浪費了。至於「愛民」一事，在《尚書》中，更是表現得淋漓盡致，如堯、舜的行政措施，大禹的治水，盤庚的遷都，周公的告戒成王、康叔，……那一件舉措，不是針對著愛民、親民而言？如說到「使時」，也有明顯的記載，而〈堯典〉中的觀象授時，是「使時」之始，而當舜命十二州牧的時候，又特別強調說：「食哉！惟時。」蔡沈《書經集傳》說：「王政以食爲首，農事以時爲先，足食之道，惟在不違農時。」所謂「不違農時」，不就是「使民以時」嗎？

(二)〈爲政〉篇

子曰：「為政以德，譬如北辰，居其所而眾星共之。」

《論語》一書，在政事方面所表現的，是以德治爲主。然二帝三王的治民措施，也無不以德治爲先。由此可以看出孔子政治主張的所自來。如〈皐陶謨〉一開始就說：「允迪厥德，謨明弼諧」。這是說：「天子誠能進修其德，那就可以收謨明輔和的功效了。」因爲能修德，就可以「明足以燭理，虛足以受善」，能燭理受善，對於大臣的所謨，自然也就可以無所不明，而其相輔，更可無事不諧了。能「謨明弼諧」，朝野上下，自然可以和氣一團，共爲國事而努力不懈。君修德於上，臣盡職於下，君臣同心協力，知無不言，行無不善，如是以爲，還怕不能「厚敍九族」而使「遠人歸附」？所以當禹向舜提出「苗頑弗卽工，帝其念哉」的時候，帝舜馬上就回答說：「迪朕德，時乃惟敍。」這大義是說：「既然苗民不卽工就敍，不服治化，這是因我德薄能鮮所致，是以惟一的方法，就是『迪朕德』了。誠能修德以化，那就一定可以收三苗惟敍的大功了。」除此之外，皐陶又提出了九德的見解，來作爲天子用人施政的標準。這九德是：「寬而栗、柔而立、愿而恭、亂而敬、擾而毅、直而溫、簡而廉、剛而塞、強而義。」其大義爲：寬大而敬謹，柔順而卓立，忠誠而有供職的才能，有治才而敬愼，馴順而果毅，正直而溫和，簡易而是非分明，剛健而篤實，強勇而好義。這九種德行，有人僅具備其一，也有人具備其二、其三，甚至全備。這就要靠天子的知人善任了。德愈大而才亦愈富，而其應負的責任，相對地也應當愈重，這一點，皐陶當然不會忽略，所以他接著又提出當行的見解說：「日宣三德，夙夜浚明有家。日嚴六德，亮采有邦。翕受敷施，九德咸事，俊乂在官，百僚師師，百工惟時，撫于五辰，庶績其凝。」這意思是說：「具備三德，每天宣著於外，且早晚如一，深明無懈，就可以爲卿大夫。具備六德，每日恭敬謹愼輔佐天子，並能處事各得其宜，就可以爲諸侯。而天子（或國君）則當綜合九德的人，普徧地予以因材器使，而使在位的官員，均爲俊乂的人才，百官又能互相師法，各善其事，就像五星的經緯於天，各循其軌則，釐然有序，在這樣的情況下，各種事功，自然也就可以順時而成了。」我們看了皐陶的這一段話，是不是能和孔老夫子所說：「爲政以德，譬如北辰，居其所而眾星共之」的話相合？不僅此也，老實說，凡是孔子言政而涉及到「德」的，均可以皐陶言「德」之理概括。

哀公問曰：「何為則民服？」孔子對曰：「舉直錯諸枉，則民服；舉枉錯諸直，則民不服。」

舉直錯枉，乃知人之事，知人在明察，明察在修德。現在就讓我們先看看〈皐陶謨〉中，皐陶與大禹的一段對話，再證以〈顏淵〉篇樊遲的問知，就可體悟孔子的答語，寓義深遠了。

皐陶曰：「都！在知人，在安民。」禹曰：「吁！咸若時，惟帝其難之。知人則哲，能官人；安民則惠，黎民懷之。能哲而惠，何憂乎驩兜？何遷乎有苗？何畏乎巧言令色孔壬？」

這意思是：皐陶（意猶未盡的）說：「噢（說到由近而可推之至遠的治平方法）！那全在於知人、安民上面。」禹馬上接著說：「是啊！不過你的論調可能高了些，因爲要全部做到這種地步，就是帝堯猶覺困難呢？能知人，那就一定明哲，明哲的人，當能因材器使，那就一定能惠愛百姓，惠愛百姓的人，人民也就一定會歸附於他。一位明哲、惠愛人民的天子在位，對比周爲惡的驩兜何足憂？又何必放逐不聽教命的有苗？當然對於那巧言令色大奸佞的共工，也就不足畏了。」

這段對話，主要在說明知人的不易。然而舉直錯枉，何以又是知人之事？請看《論語・顏淵》篇樊遲向孔子問知的一段記載：

樊遲問知。子曰：「知人。」樊遲未達。子曰：「舉直錯諸枉，能使枉者直。」樊遲退，見子夏曰：「鄉也，吾見於夫子而問知，子曰：『舉直錯諸枉，能使枉者直。』何謂也？」

子夏曰：「富哉言乎！舜有天下，選於衆，舉皐陶，不仁者遠矣。」

這段記載，等於告訴我們兩件事情：第一，孔子認爲要舉直錯枉，就必須知人，所以我們說，是知人之事。第二，孔子平時教學生，一定舉過這方面的實例，所以才能使子夏回答樊遲的時候，這樣斬釘截鐵的肯定。除此之外，在《尚書・堯典》中，記述舜卽位後的任官，尤其是：

帝曰：「皐陶，蠻夷猾夏，寇賊姦宄，汝作士，惟明克允。」

這幾句話，應該是孔子融貫「舉直錯枉」的依據，不然的話，舜又如何能「無爲而治」？（請參本文祖述、憲章節引述〈堯典〉文4釋舜「其大知也與？」之意）由此可使我們體悟到孔子回答魯哀公的話，不僅希望他能眞正做到「舉直錯枉」，使政治清明，人民順服，而根本之道，還在於修德。至於哀公究竟能體會多少，那就不是我們所能知道的了。

(三)〈顏淵〉篇

齊景公問政於孔子。孔子對曰：「君君，臣臣，父父，子子。」

這種各居其位、各守其分、各盡其職的行爲，就是一種倫理的教化。在〈堯典〉的記述中，首先是堯使舜「愼徽五典」，後來舜又命契曰：

百姓不親，五品不遜，汝作司徒，敬敷五教。

所謂五典、五教，就是五倫的教化。孟子以爲五教是：「父子有親，君臣有義，夫婦有別，長幼有序，朋友有信。」鄭氏康成則以爲是：「父義、母慈、兄友、弟恭、子孝。」不管怎麼說，而五倫之教行，自然也就可以「君君，臣臣，父父，子子」了。我們認爲孔子於齊景公之對，與〈堯典〉所載，甚能相合。

(四)〈子路〉篇

子曰：「其身正，不令而行，其身不正，雖令不從。」

子曰：「苟正其身矣，於從政乎何有？不能正其身，如正人何？」

此外，在〈顏淵〉篇中，也有一則記載：

> 季康子問政於孔子，孔子對曰：「政者正也，子帥以正，孰敢不正？」

這三章書，均以先正其身爲言，而正身在修德，其理已在本節「爲政以德，譬如北辰」下，詳爲解說。除此之外，我們認爲〈洪範〉篇解說「五事」的言論，也不可忽視。五事爲何？經文說：

> 貌曰恭，言曰從，視曰明，聽曰聰，思曰睿。

這意思是說：「容貌態度要恭敬，言語答問要順理，視察要清審，聽聞要明辨是非，思慮要深通。」一位普通的百姓，能有這樣的修養，那他一定是位好國民。可是這對治理天下的天子或治理一國的國君來說，似乎仍嫌不够，所以經文又說：

> 恭作肅，從作乂，明作哲，聰作謀，睿作聖。

大義是說：「一位天子或國君，只是態度恭敬並不够，而容貌、舉止還要莊重、嚴肅。只是言語順理還不行，而要更進一步地能把事情辦得有條不紊才可以。只是觀察清審還不够，更要有明智的抉擇。聽人言語，不僅要能辨別是非邪正，還要進一步地能够與人『好謀而成』。只是能深通某方面的事理還不够，更要進而達到無所不通的境地。」

從上述兩段經文看來，由上天所賦予每個人的「貌、言、視、聽、思」，進而到「恭、從、明、聰、睿」，更進而上達，至「肅、乂、哲、謀、聖」的境界，這就一個人的修養來說，其層次是何等明確！如就五事的修爲說，我們談容貌，就當恭敬而莊重嚴肅；這樣方能成爲一個有威儀的人。我們談言語，就當順理而能使人心服；這樣方可循理以治而不違禮。我們談視察，就當明、哲，既明且哲，處理一切事務，或待人接物，當能合乎中準。我們談聽，就當由聰而謀，既能明察是非邪正，又能無所不聞，聞而又能辨其是非，這就可以與人謀事了。我們談思，由睿而聖，思既深通，就當進而達到無所不通的地步，既能無所不通，當然也就不願再做悖禮犯義的行爲了。這五事，是自天子以至於庶人，都應該努力修爲的。誠如是，卽使不欲國家太平康樂，亦不可得。所以孔老夫子用「其身正，不令而行；其身不正，雖令不從」的話，來期勉當時的從政者。這話的含義實在太深遠了，如不好古敏求，融貫其理，又何能說出使深者見深、淺者見淺耐人尋味的話？其他言政的話雖多，要皆大都不出此範圍，卽出此範圍，亦不能超出《尚書》中所言之政理。如能熟讀《尚書》，自能體會，因此，我們也就不多贅言了。

二、孔子的「祖述」與「憲章」

《中庸》說：「仲尼祖述堯舜，憲章文武。」南宋大儒朱子《集註》說：「祖述者，遠宗其道；憲章者，近守其法。」這無異直接告訴我們，孔子是遠宗堯舜之道，近守文武之法的一位聖人。作《中庸》的子思[3]，深知其義，所以在該書中，引了不少孔子「祖述、憲章」的言論。如：

子曰：「舜其大知也與？舜好問而好察邇言，隱惡而揚善，執其兩端用其中於民，其斯以為舜乎。」

子曰：「舜其大孝也與！德為聖人，尊為天子，富有四海之內，宗廟饗之，子孫保之，故大德必得其位，……必得其壽。」

子曰：「無憂者，其惟文王乎？以王季為父，以武王為子，父作之，子述之。……武王纘大王、王季、文王之緒，……周公成文武之德。」

子曰：「武王、周公其達孝矣乎？夫孝者，善繼人之志，善述人之事者也。」

子曰：「文、武之政，布在方策，其人存，則其政舉，其人亡，則其政息。」

子曰：「吾說夏禮，杞不足徵也。吾學殷禮，有宋存焉。吾學周禮，今用之，吾從周。」

子思引述了以上的這些言論之後，於是就用歸納的語氣說：「仲尼祖述堯舜，憲章文武。」關於這方面的記載，在《論語》中，亦屢見稱述，就義理的表達說，似乎更為明確深刻。如：

〈八佾〉篇：

子曰：「周監於二代，郁郁乎文哉，吾從周。」

〈雍也〉篇：

子貢曰：「如有博施於民，而能濟眾，何如？可謂仁乎？」子曰：「何事於仁，必也聖乎！堯舜其猶病諸！」

〈述而〉篇：

子曰：「甚矣，吾衰也！久矣！吾不復夢見周公。」

〈泰伯〉篇：

子曰：「如有周公之才之美，使驕且吝，其餘不足觀也已。」

子曰：「巍巍乎，舜、禹之有天下也，而不與焉。」

子曰：「大哉堯之為君也，巍巍乎，唯天為大，唯堯則之，蕩蕩乎，民無能名焉。巍巍乎，其有成功也，煥乎其有文章。」

孔子曰：「才難，不其然乎？唐、虞之際，於斯為盛，有婦人焉，九人而已，三分天下有其二，以服事殷，周之德，其可謂至德也已矣。」案：周，《集註》引范氏曰：「周，文王也。」

子曰：「禹，吾無閒然矣，菲飲食，而致孝乎鬼神；惡衣服，而致美乎黻冕；卑宮室，而盡力乎溝洫；禹，吾無閒然矣。」

《衛靈公》篇：

子曰：「無為而治者，其舜也與？夫何為哉？恭己正南面而已矣。」

我們引述了以上的言論，證明孔子「祖述、憲章」以後，還想作進一步的探討，以見聖人的宏通博約。以下，我們卽就著《尚書》所載經文的次序，先引述其言，然後再加論述。

(一)〈堯典〉

1.曰若稽古帝堯，曰放勳。欽、明、文、思、安安，允恭克讓，光被四表，格于上下。

這段經文，僅用了二十七個字，就將堯的修爲、形像，和盤托出，使我們如見其人，如聞其聲。現在我們所以不覺得文字生動、傳神，這是由於語言的轉變所致，如果把原文寫成：

當古代的時候，有一位帝堯，名放勳；他敬事節用，就像日月一樣，照臨四方，洞察人情；治理人民，完全效法天地自然的文理，敏於通達的思考，態度寬容、溫和可親，同時又能誠心誠意地爲人民犧牲、奉獻而不懈於位，更能讓賢推德，因此，他的德澤，能廣被四海，感通上天下民。

而對原文的生動、傳神，不就馬上可以體驗了嗎？不僅如此，而堯的形像，也會立刻出現在我們的面前。孔子深明其義，所以他說：「巍巍乎！唯天爲大，唯堯則之，蕩蕩乎！民無能名焉……。」堯德如此，這又叫人民如何能名？

2.有鰥在下，曰虞舜。……岳曰：「瞽子，父頑、母嚚、象傲；克諧，以孝烝烝，乂不格姦。」

這段經文，無異告訴我們，舜的家庭環境是：他是盲人的兒子，父親做事，不循德義的常規，母親是一位口不道忠信之言的人，弟弟叫象，又傲慢不友善。可是舜處在這樣的情況下，反而能使家庭和諧，用孝來感動家人，由於舜的修身自治，才使象不致成爲一個大姦惡的人。我想，這大概就是孔老夫子爲什麼說：「舜其大孝也與」的原因了。

3.帝曰：「咨！四岳，湯湯洪水方割，蕩蕩懷山襄陵，浩浩滔天。下民其咨，有能俾乂？」

這是帝堯大嘆當時洪水爲害的話。意思是說：「四岳啊！你們看，滾滾大水，無邊無際，圍繞著大山，淹沒了丘陵，浩浩滔天，正在爲害著地方，人民無不在嘆息。」在這種情況下，堯又如何能「博施於民，而能濟眾」？所以孔老夫子說：「堯舜其猶病諸！」

4.月正元日，舜格于文祖。詢于四岳，闢四門，明四目，達四聰。

這是舜卽天子位後，廣視聽以決壅塞的措施。

5.咨十有二牧。曰：「食哉！惟時！柔遠能邇，惇德允元，而難任人，蠻夷率服。」

這是舜任命十二州牧，使治理地方的措施。要求他們不違農時，厚修一己之德，相信仁人，遠離姦惡之人。

6.舜曰：「咨！四岳，有能奮庸熙帝之載，使宅百揆，亮采惠疇。」僉曰：「伯禹作司空。」帝曰：「俞，咨禹，汝平水土，惟時懋哉。」

這是舜命禹為百揆，總司百務的措施。

7.帝曰：「棄！黎民阻飢。汝作后稷，播時百穀。」

這是舜命棄主稷官，以播百穀的措施。

8.帝曰：「契，百姓不親，五品不遜，汝作司徒，敬敷五教，在寬。」

這是舜命契為司徒，敬敷五教的措施。

9.帝曰：「皐陶，蠻夷猾夏，寇賊姦宄，汝作士，五刑有服，五服三就；五流有宅，五宅三居。惟明克允。」

這是舜命皐陶爲刑官，並以明察公允爲勉的措施。

10.帝曰：「疇若予工？」僉曰：「垂哉。」帝曰：「俞，咨垂，汝共工。」……「往哉，汝諧。」

這是舜命垂掌百工技藝，以利民用的措施。

11.帝曰：「疇若予上下草木鳥獸？」僉曰：「益哉。」帝曰：「俞，咨益。汝作朕虞。」……「往哉，汝諧。」

這是舜命益掌山澤，以蓄民財的措施。

12.帝曰：「咨，四岳！有能典朕三禮？」僉曰：「伯夷。」帝曰：「俞，咨伯。汝作秩宗，夙夜惟寅，直哉惟清。」……「往欽哉！」

這是舜命伯夷典三禮，以範民行的措施。

13.帝曰：「夔，命汝典樂，教胄子。直而溫，寬而栗，剛而無虐，簡而無傲。詩言志，歌永言，聲依永，律和聲，八音克諧，無相奪倫，神人以和。」

這是舜命夔典樂以和民志的措施。

14.帝曰：「龍，朕堲讒說殄行，震驚朕師，命汝作納言，夙夜出納朕命，惟允。」

這是舜命龍作納言，以出納王命的措施。

15.三載考績、三考、黜陟幽明，庶績咸熙。

這是舜明黜陟，以興庶績的措施。

以上這些記載（4.～15.），是描述舜即天子位後，分命任官的措施。舜的所以能垂拱而治，全在於他的任用得人；而任用得人，如非明察、大智的人，又何能「因材器使」？所以孔老夫子說：「無爲而治者，其舜也與？夫何爲哉，恭己正南面而已矣。」復由於舜詢於總理諸侯之事的四岳，聽取他的高見。然後又廣開納賢之門，明通四方的耳目。能廣納賢人，即可做到野無遺賢；能明通四方耳目，即可做到民無隱痛。野無遺賢，民無隱痛，那當然就是一片和樂的景象了。所以《中庸》引孔子的話說：「舜其大知也與？舜好問而好察邇言，隱惡而揚善，執其兩端用其中於民，其斯以爲舜乎！」❹

(二)〈皐陶謨〉

1.禹曰：「洪水滔天，浩浩懷山襄陵，下民昏墊。予乘四載，隨山栞木，曁益奏庶鮮食。予決九川，距四海，濬畎澮，距川。曁稷播，奏庶艱食、鮮食。懋遷有無化居，蒸民乃粒，萬邦作乂。」皐陶曰：「俞。師汝昌言。」

禹的這番話，可分爲兩個層次：

第一，是說在過去洪水漫天，無邊無際，圍繞著大山，淹沒了丘陵，人民正在昏迷沉溺的時候，禹以四種交通工具載行，勘察水勢，行山砍木，樹立標誌，以爲治水的依據。並與伯益向帝奏言，此時人民所食，惟殺鳥獸鮮食而已。

第二，後來疏導浚深了九州的河川，使各通於大海，然後再挖深田間的水道，使各通於河川，與后稷一方面教民及時播種，一方面向帝奏言，此時人民所食，爲穀物、鳥獸各半。又過了一段時日，根據人民的需要，使有無相通，作適時合理的調節，這樣人民才安定了下來，萬邦才得以治理。

這確實是一段非常艱辛的歷程，誠可謂爲得來不易。禹所以陳述這段往事，是想借著這種陳述，使君臣上下，相互戒勉，努力不懈，不可滿足於當前。如是，才能保持安定於無窮，實有警戒之義存於其中。這種情況，就好比一位老臣，陳述往日的成敗，借以勉勵、激發當時的君臣是一樣的。絕對不是借此誇大自己的成就、功勞。假如這樣，也就沒有什麼「昌言」可師了。

2. 禹曰：「予創若時：娶于塗山，辛壬癸甲。啟呱呱而泣，予弗子，惟荒度土功。弼成五服，至於五千，州有十二師，外薄四海，咸建五長，各廸有功。」

這段經文，是禹接著舜戒其不可私不肖子，當以天命爲重的話以後，所作的自白。大意是說：「當我（禹）從事治水剛開始不久，就娶了塗山氏的女兒。結婚剛過三宿，就奉命又去治水，後來雖屢次經過家門，從沒有進去看看，即使聽到啟呱呱的哭聲，我也沒有時間去撫育教養他，只是忙著平治水土的工作。水土平治以後，就輔佐天子規劃完成五服的地方行政區域，使國土東西南北相合，各有五千里，而且每州又劃分爲十二個師，以治理地方。九州以外，一直到達四海，每五個小國，立一首長，來護衛帝室。如此以來，由於九州、五長都能順從治化，所以也就著有功績了。」宋．林之奇《尚書全解》卷六評論這段經文說：「禹拯生民之難，思天下之溺，由己之溺，不暇顧妻子，至於沐雨櫛風，股無胈，脛無毛，而不以爲勞，其志如此，舉天下之聲色嗜好，曾何足以易此志哉！」禹的行爲功績如是，那還有什麼可說的呢？所以孔老夫子說：「禹，吾無閒然矣……。」

(三)〈康誥〉

1.惟乃丕顯考文王，克明德慎罰，不敢侮鰥寡，庸庸，祗祗，威威，顯民。用肇造我區夏，越我一二邦，以修我西土。惟時怙，冒聞于上帝，帝休。天乃大命文王，殪戎殷，誕受厥命。越厥邦厥民，惟時敘。

這段經文，是周公在其幼弟康叔就封地前，祖述文王之德，以天命棐忱相勉的話。大意是說：「其顯考文王，能顯達天德，恩加於人，明察公正，又能謹愼刑罰，不敢輕慢鰥寡無告的人；用可用的人，敬當敬的人，罰當罰的人，以此來顯示於人民。因此才創建了周室，更進而統治了西方的諸侯。這件事被上帝知道之後，非常高興，於是就以王業受命文王，使他治理人民，滅掉大殷國（案：此以武王功歸之文王），所以殷國的人民，才安定下來。」此事漢・伏生《尚書大傳》也有記載，他說：「天之命文王，非啍啍然有聲也，文王在位，而天下大服，施政而物皆聽，令則行，禁則止，動搖不逆天之道，故曰天乃大命文王。」此亦言修德動天，所以大授之以王業。《史記・周本紀》也說：「西伯陰行善，諸侯皆來決平，於是虞、芮之人，有獄不能決，乃如周，入界，耕者讓畔，民俗皆讓長。虞、芮之人未見西伯，皆慙，相謂曰：『吾所爭，周人所恥，何往爲，祇取辱耳！』遂還，俱讓而去。諸侯聞之曰：『西伯蓋受命之君。』明年，伐犬戎。明年，伐密須。明年，敗耆國。殷之祖伊聞之，懼，以告帝紂。紂曰：『不有命在天乎？是何能爲。』明年，伐邘，伐崇侯虎，而作豐邑，自岐下而徙都豐。」這些記載，都能與〈康誥〉篇周公所言相合。由此足可證明文王是一位有高尚道德修養的人。所以孔老夫子說：「三分天下有其二，以服事殷，周之德，其可謂至德也已矣。」《四書集註》引范氏的話說：「文王之德，足以代商，天與之，人歸之，而不取，所以爲至德也。」

2.元惡大憝，矧惟不孝不友。子弗祇服厥父事，大傷厥考心；于父不能字厥子，乃疾厥子。于弟弗念天顯，乃弗克恭厥兄；兄亦不念鞠子哀，大不友于弟。惟弔茲，不于我政人得罪，天惟與我民彝大泯亂。曰，乃其速由文王作罰，刑茲無赦。

這是周公告康叔對不孝不友的人，應「刑茲無赦」的話。大意是說：「罪惡之首，就是不孝不友。一個做兒子的，不能恭敬地奉行父親的志業，那就是大大地傷了父親的心。於是做父親的，不僅不能愛撫其子，甚至疾恨其子。以此推衍，於是做弟弟的，就不再顧念天理天道，不再恭敬他的兄長。做兄長的，也不顧念幼弟的可憐，一點也不友善愛護他的弟弟。人倫敗壞到這種地步，即使人民不犯法，那麼上天所給我們的法則，也會被大大地混亂了。要是如此的話，就應該用文王所制定的法律，來刑罰他們，絕不寬赦。」

這段話，可使我們體悟周代的先王們，是以孝傳家的。所以周公把「不孝不友」的人，視同元惡大憝。孔子是最能服膺周公的了，觀其「久矣不復夢見周公」之言，已足可想見其嚮往欽慕之情。就是因為如此，所以他才就著武王、周公繼志承業的事實，而大加讚美的說：「武王、周公，其達孝矣乎！夫孝者，善繼人之志，善述人之事者也。」除此之外，孔子在《孝經．五行章》中也說：「五刑之屬三千，而罪莫大於不孝。」我們讀了前後二聖人之言，實在可用「若合符節」四字來形容。因此，也使我們領悟到孔子所講的孝道，是其來有自的。

以上是我們就著《論語》、《中庸》所載孔子「祖述、憲章」的言論，所作的申述，借此不僅可窺孔子的「信古、好古」與「敏求」，同時更可見孔子的以述爲作。他那宏通博約的大智慧，確實使我們有「仰之彌高，鑽之彌堅，瞻之在前，忽焉在後，……雖欲從之，末由也已」❺的感覺。

注釋

❶《論語・子罕》篇：「子貢曰：『固天縱之將聖，又多能也。』」本文爲行文之便，稍作更動。

❷《漢書・儒林傳》：「孔子以聖德遭季世，究觀古今之篇籍，於是序《書》，則斷自〈堯典〉。」

❸唐・陸德明《經典釋文》卷一四，〈禮記音義之四・中庸第三十一〉下云：「鄭云：『以其記中和之爲用也。庸，用也。孔子之孫子思（伋）作之，以昭明聖祖之德也。』」《禮記正義》所載同。

❹見本書下篇之壹〈堯典〉。

❺見《論語・子罕》篇。

叁　《尚書》中的思想意識

一、前　言

《尚書》是我國自古流傳下來的一部寶典。因爲它是政書，所以內容包羅非常廣泛。可是在文句的結構組合上，因距離現在已有數千年，是以往往令我們每有「詰屈聱牙」之感。復因語言隨著時代不停地變遷，以致有的在語意上，也每每讓我們難以捉摸。再加上今古文家說法的各異，眞僞的辨解紛然雜陳，以及其歷代所遭遇的厄難❶，所以《尚書》家們，乃不憚煩地，各就所見，而說其文，解其語，補其闕，述其義，離離蔚蔚，洋洋大觀，其加惠後人，洵可謂爲不一而足。而獨於思想意識方面，尚少專篇論述，是以不揣淺陋，願冒不韙，試作探討。

本文所以用「思想意識」命名，竊意以爲《尚書》的各篇記載，就體例說，既有典、謨、訓、誥、誓、命的不同，而記言、記事，亦各有專屬，所以在思想的表現上，並無顯著系統可言，而在意識方面，卻有強烈地凸顯。意識是對人物、事理方面的認知、體悟，尚不能說是思想。如果把書中所有的認知與體悟，予以歸類連綴，使有系統可案，就可以看出其思想的大概了。其次，本文所探討的「思想意識」範疇，是以二十八篇古文尚書為基準，間或涉及今文或古文的政治制度，然皆以書中現有的記載為限，而不作有意的牽合。所謂「有意的牽合」，乃是強與古今文各家相關方面的說法或制度相合。可是話又要說回來，我們研究古籍，意在發揚我國固有的文化，而尤有進者，就是在固有文化中，找出有益或符合於現在社會的言論、制度，使之重新發揮它的功效與作用。所以有時也就難免順其自然地與後人言論相結合，而顯現其準確性。生活的積累，就是文化，行之有年的規範，就是制度，意識型態的表現，就是習俗，行為的雅正，就是文明，認知的提昇，就是學問，不滿現實的合理作為，就是進步……凡此種種，我先民都有非常傑出的成就。於此，我們不僅感到光榮，同時亦感到責任的重大。所以發揚我先民所遺留的固有文化，使之融入於現今的社會人羣中，是我們每一位炎黃子孫，無可旁貸的義務與責任。

二、對天的體認

如果我們現在想對「天」作解釋，用「自然」兩個字也就可以概括了。可是在古代，尤其是三代，對天的體認，並不是這樣單純。他們認為「天」就是上帝，而且是活生生、有意志的上帝，祂在冥冥的上空，監視著「天子」，使之根據人民的需要、意願，作周延、公正而適切的服務。如果「天子」不顧人民的生活疾苦，而一味地貪圖逸樂，就要受到上天的譴責，譴責仍不知悔改，上天就要施以嚴厲的懲罰，改任能爲人民服務、造福的聖哲來代替了。在《尚書》中，自始至終，對「天」的觀念，幾乎沒有兩樣。現在我們就將古人的這種看法，稍作說明如次：

一、古人對「天」的感受：古人所以對「天」有如前文的感受，簡單的說，乃因太古之時，人民對天的所知不多，對大自然的環境，所知亦極其有限。所以當他們仰望青空之際，但見白雲悠悠，往來自若；環顧四野，山青水秀，好一幅日麗風和、鳶飛魚躍的自然景觀！心中也就不自覺地感到無比的舒暢。然而有時也會一轉瞬間，狂風四起，烏雲蔽天，昏暗驟然降臨，暴雨亦隨之而至。再加上隆隆雷聲，閃閃電光，使他們驚心動魄，惶惶然不知所措，就像末日的來臨，直接威脅著他們的生命，所以對「天」也就自然地產生了一種敬畏的心情。久而久之，便形成了一種牢不可破的信仰。認爲「天」是萬能的，祂主宰著宇宙，監臨著人們的行動作爲。這兩種殊絕的現象，也就無異是對人民善惡的賞罰了。這對人類文明進化的過程說，不僅形成所謂的神權時代，而且也充分地發揮了祂的作用。

二、尚書中的「天」意：在《尚書》的記載中，凡涉及「天」字，則多可看作有意志的天。於冥冥之中，好像有一位大公無私、無時不在關愛下民、監督「天子」、施行仁政的上帝。而且祂有無上的權威，不僅賞罰分明，同時也是「惟善人是輔」。就是因爲祂如此，所以三代的聖君明王，無不取法於天，惟天是依。因此在經文中，所涉及的「天」字，也就特別多。爲立言有據，我們曾作了不十分精確的統計，茲循篇次之序，開列如下：

1.〈堯典〉二次。2.〈皐陶謨〉五次。3.〈甘誓〉一次。4.〈湯誓〉二次。5.〈盤庚〉五次。6.〈高宗肜日〉一次。7.〈西伯戡黎〉三次。8.〈微子〉一次。9.〈牧誓〉一次。10.〈洪範〉二次。11.〈金縢〉四次。12.〈大誥〉十九次。13.〈康誥〉七次。14.〈酒誥〉七次。15.〈梓材〉一次。16.〈召誥〉十三次。17.〈洛誥〉三次。18.〈多士〉十六次。19.〈無逸〉二次。20.〈君奭〉十七次。21.〈多方〉十六次。22.〈立政〉三次。23.〈顧命、康王之誥〉四次。24.〈呂刑〉十三次。25.〈文侯之命〉二次。

綜計以上各篇，在經文中，所涉及的「天」字，約有一百五十次之多，無不與我們所認定的「天」，爲有意志的看法相合。然其所顯示的意志，在程度上說，也似有深淺、強弱的不同。大致可作以下的分別：

㈠〈堯典〉、〈皐陶謨〉中的「天」，好像一位被尊敬的老人，雖不願主動地有所作爲，但下民之中的執政者，卻不敢違背祂的意旨，舉凡視聽言動，無不遵照祂的心願去做，惟恐有所不敬，冒犯了天威。如「欽若昊天」，「惟時亮天工」，「天工人其代之」，以及「天聰明，自我民聰明；天明畏，自我民明威」這些記載，無不強烈地表現了敬謹的意念。這也就是我們後人所說，堯舜的法天，取法自然的作爲。

(二)上天直接命令下民的執政者，執行天威。如〈甘誓〉：「有扈氏威侮五行，怠棄三正，天用勦絕其命。」〈湯誓〉：「有夏多罪，天命殛之。」〈牧誓〉：「今予發，惟恭行天之罰。」都強烈地表示了這種意念。

(三)天命有德的人，使之享有天下。如〈洪範〉：「天乃錫禹洪範九疇」，〈大誥〉：「天休于寧王」，「天棐忱辭」，〈康誥〉：「天乃大命文王」，〈召誥〉：「今天其命哲」，「我受天命」，〈多士〉：「惟天不畀不明厥德」，〈君奭〉：「若天棐忱」，「天壽平格」，〈多方〉：「天惟時求民主」，〈文侯之命〉：「惟時上帝，集厥命于文王」，全都不外此義。

(四)天亡不德的人，使之喪失天下。如〈西伯戡黎〉：「天既訖我殷命」，「故天棄我」，〈微子〉：「天毒降災荒殷國」，〈大誥〉：「天惟喪殷」，〈召誥〉：「皇天上帝，改厥元子茲大國殷之命」，「天既遐終大邦殷之命」，〈多士〉：「昊天大降喪于殷」，「惟天不畀不明厥德」，〈君奭〉：「天降喪于殷」，這些記載，都不外此義。

(五)歷年的久暫，全視下民的執政者，是否能服膺天命。如〈召誥〉：「我不敢知曰，有夏服天命，惟有歷年。我不敢知曰，不其延。惟不敬厥德，乃早墜厥命。我不敢知曰，有殷受天命，惟有歷年。我不敢知曰，不其延。惟不敬厥德，乃早墜厥命。」所謂「惟有歷年」，就是多歷年所。所謂「不其延」，就是短祚。這關鍵，全在是否能服膺天命而定。

(六)篇中涉及的「天」字愈多，如就情勢說，則愈爲緊急；如就態度說，則愈爲誠懇。次數最多的是〈大誥〉篇，計有十九次。這就當時的情勢說，武王崩逝不久，周公攝政，三監散播流言，謂周公將不利於成王，並乘機作亂。於天下岌岌之際，周公的東征，實出之於無奈，故以至情之言，眞誠之意，布告天下，說明天命難違的至意，希望四方的諸侯，能共同起來幫助周室，平定叛亂。

其次是〈君奭〉篇，計有十七次。當時朝中的老臣，已寥若晨星，而召公卻要退休歸隱，周公以爲朝中不可無老臣輔佐，所以他就在情急之下，以最誠摯的態度與言辭，挽留召公，請他打消去意。

第三，是〈多士〉、〈多方〉兩篇，每篇都有十六次之多。當時周朝在表面上看，是個大一統的國家，然而就內部來說，卻仍有些許的反抗行動。因此，周公以爲此時所迫切需要的，就是安反側。希望殷的御事及四方諸侯，能深明天命的不易，不要再作無謂的反抗。由於周公的言切意誠，終於收到了預期的效果。

第四，就是〈召誥〉、〈呂刑〉二篇，各出現十三次。〈召誥〉是召公奭告成王，使他知天命而敬德，治國君民，是一點也不能大意的。〈呂刑〉是周穆王時，以呂侯言於王而所作的祥刑。欲借此使衰微的王道，復興起來，進而冀收化民成俗之功。這時成、康時代，早已過去，周朝已走入下坡，在此情況下，穆王的用心，是可想而知的。

至於其他各篇，多則七次，少則一次，在這裏，我們就不再分析說明了。

㈦對「天」稱呼的改變，在經文中所指雖同，然在觀念上，卻不失爲一種進步。帝，甲骨文作帝。象架木或束木燔以祭天之形，應爲禘的初文。後由祭天，引申爲天帝之帝。到了殷代，卽成爲一般人觀念中的神明，也稱上帝，主宰風、雨、災祥及人間禍福❷。我們明白了帝義的演進之後，再轉回頭來看看在《尚書》中，這種對天的改稱，就不足爲奇了。〈堯典〉中稱堯、舜爲帝，這是史官的記述，與經文中所稱的上帝、皇帝不同。在經文中稱上帝的，商書僅於〈湯誓〉、〈盤庚下〉二見，在〈周書〉中，不但次數多，而且又有皇帝、皇天之稱。如〈大誥〉：「迪知上帝命」，〈康誥〉：「惟是怙冒聞于上帝、帝休」，〈酒誥〉：「其自時配皇天」，〈多士〉：「旻天大降喪于殷」，〈君奭〉：「格于皇天，格于上帝」，〈多方〉：「惟典神天」，〈呂刑〉：「皇帝哀矜庶戮之不辜」，「皇帝清問下民」。這種用辭上的演變，我們可以推想，在當時君王的心目中，上天的形像，似乎更爲具體而眞實。因此，凡是修德、明哲之君，無不以恭謹虔敬之心，兢兢業業地「奉天命以理下民」，以祈求長久的福祉。

㈧影響：以時代來說，現在我們仍然來談「上天、上帝」，未免有些不識時務，然而在我國的文化演進過程中，「天」對人的影響，確實不可忽視。語其大者有：

1. 皇天在上，監臨下土，凡人的一舉一動，都難逃上天的法眼。是以在冥冥之中，阻遏了人們爲非作歹的念頭。

2. 上天賞善罰惡，伸張正義。尤其是對國君來說，確具嚇阻作用。在帝王時代，皇帝集一切大權於其身，生殺予奪，均由其一人作主，權勢過大，往往難免任意而為，如無可畏之「天」，其行為即難以收斂。即使如此，而殷紂尚有「我生不有命在天」之恃，如果一無所懼，那眞不知要如何為所欲為了。

3.「皇天無親，惟德是輔」[3]。這說明上天是公正無私的，祂既「命有德，討有罪」[4]又能彰善行，這種觀念，也能深中一般知識分子之心。以之處人，當能循理而為，以之輔政，當能公忠體國，以之治民，當能重視其疾苦。為人行事，如能深體天意，那就可以無往而不善了。儒家倡導天人合一之說，想來也是受了這種觀念的影響所致吧！

4.敬天法祖美德的形成。殷、周人似有帝王死後以之配天的理念。所以他們往往於祝禱上天之餘，也附帶祈求其先祖的在天者，來保護他們。如〈君奭〉篇：「故殷禮陟配天，多歷年所。」俞樾《羣經平議》六說：「夏殷之君，生雖稱王，死則稱帝。《禮記・曲禮》篇：『措之廟，立之主曰帝。』鄭注：『同之天神。』然則殷禮陟配天者，謂殷人之禮，死則配天而稱帝也。《竹書紀年》：『凡帝王之終，皆曰陟。』此經之陟字，義與彼同。」多歷年所，即享國長久之意。其他如〈盤庚中〉篇：「予念我先神后之勞爾先。」「失于政，陳于茲，高后丕乃崇降罪疾。」「先后丕降罪疾，……自上其罰汝，汝罔能迪。」這都是殷王死後配天稱帝的證明。在〈周書〉中，亦不乏其例。如〈金縢〉篇中的祝辭：「若爾三王（太王、王季、文王）是有丕子之責于天，以旦代某（武王）之身。」〈召誥〉：「天既遐終大邦殷之命，茲殷多先哲王在天，越厥後王後民，茲服厥命。」這是周承殷帝王死後配天之證。

至於法祖德的言論，更是多得不勝枚舉，也是周公告康叔、勉成王常掛在嘴邊上的話。如〈康誥〉：「惟乃丕顯考文王，克明德愼罰，不敢侮鰥寡，庸庸、祗祗、威威、顯民。」「嗚呼！封，汝念哉，今民將祗遹乃文考，紹聞衣德言。」〈洛誥〉：「公稱，丕顯德，以予小子揚文、武烈，奉答天命。」〈立政〉：「以覲文王之耿光，以揚武王之大烈。」凡此皆有師法父祖之德，進而顯揚其功業之意。今天我們講傳統，講美德，很多在《尚書》中均可找到。

當然，有好的影響，也就難免有壞的感染。如以「天意」爲念的宿命論，就是一例。將一切的失敗、不如意，均歸之於「天命」。如此一來，就無形中瓦解了一個人的意志和奮鬥進取的決心。同時凡事均祈之於天，求其降福消災，只要「天命」所歸，似乎可以不勞而獲，不作而成，所欲卽得。是以有人坐失天下空遺恨，有人等閒白頭一無成。凡此，均爲「此天之亡我，非戰之罪也」[5]的心態在作祟，其又何尤！

三、明德的修為

《尚書》中的聖君賢相，無不具有高尚的道德修爲，以及以德化民的理念。這種明德的修爲，以德化民的理念，就二十八篇古文尚書而言，除有關桀、紂的淫逸暴虐而被討伐的篇章外，在其餘的記載中，很少不是秉持著以德爲化民理念的。這就全部《尙書》說，自始至終，一體貫連，可說已經形成了「思想體系」。現在就容我們依據篇次的記載，引經文略作說明。

一、〈堯典〉：首先我們來看堯的修爲。〈堯典〉劈頭就說：「曰若稽古，帝堯曰放勳，欽明文思安安，允恭克讓，光被四表，格于上下。」這意思是說：當上古的時候，有一位帝堯，名放勳。他敬事節用，就像日月一樣，照臨四方，洞察人情，治理人民，完全效法天地自然的文理，敏於通達的思考，態度寬容，溫和可親，同時又能誠心誠意地爲人民犧牲、奉獻而不懈於位，更能讓賢推德，因此他的德澤，能廣被四海感通上天下民。

一位帝王，有德若是，還不能導國家於正途，得到人民的擁護、愛戴？是以經文接著又說：「克明俊德，以親九族，九族既睦，平章百姓。百姓昭明，協和萬邦，黎民於變時雍。」這種由修身而親民，由近及遠，逐次推展的爲政措施，顯然爲儒家所承。而《禮記．大學》篇所說：「明德、親民、修身、齊家、治國、平天下」的主張，不就是這段文字的說明？經文中的「克明俊德」，就是修身，「親九族」，就是親民，「協和萬邦」，就是平天下，「黎民於變時雍」，即堯平天下之後的和睦太平景象。以德化民，古代的帝堯，早已爲我們後人樹立了美好的風範。

舜承堯治，其德亦足以與堯媲美。在經文中，首先我們發現，舜是生長在一個「父頑、母嚚、弟傲」的家庭中。由於他能「以孝烝烝，乂不格姦」，終能感動家人，使「克諧」親睦。這絕不是一個平常人容易做到的。由此也就可以看出舜的修爲了。後經屢次的試驗，終於得到堯的激賞，所以才將帝位禪讓於他。

堯是如何來試驗舜的？首先讓舜推行五倫之教，結果是沒有人不順從。使遍歷百官之事，結果是莫不秩然有序。使負責導迎四方朝覲的諸侯，結果是各方的諸侯，無不具有美德。又使舜處在大自然的惡劣環境中，雖經不尋常的烈風雷雨之變，而舜仍能鎮靜如常，安然而處，且無所迷惘。經文所載：「愼徽五典，五典克從，納于百揆，百揆時敍，賓于四門，四門穆穆，納于大麓，烈風雷雨弗迷。」就是指此而言。由於舜具備了常人無法企及的大德，又能知人善任，所以他卽位後，才能獲致「不下席而天下治」的美譽。因此，堯、舜以德化民的修爲，也就成爲後世有國有家的人，永遠仰慕效法而又難以企及的高標了[6]。

二、〈皐陶謨〉：本篇主旨，就是在強調、闡發以德化民的重要。而以德化民的根本則在修身。修身就是修德。所以本篇一開始，皐陶就說：「允迪厥德，謨明弼諧。」這與〈堯典〉中的「克明俊德，以親九族」的見解是一致的。這是說：「天子誠能進修其德，那就可以收到謀明輔和的功效。」因爲能修德，就可以「明足以燭理，虛足以受善。」[7]能燭理受善，對於大臣的所謀，自然也就可以無所不明，而其相輔，更可以無事不諧了。能「謀明弼諧」，朝野上下，自然可以和氣一團，共爲國事而努力不懈。君修德於上，臣盡職於下，君臣同心協力，知無不言，行無不善，如是以爲，還不能「厚敍九族」而使「遠人歸附」嗎？

皐陶不僅重視天子的修德，而於大臣、官吏的任用，亦無不以德爲量才任使的標準。所以他提出了九德的建言。他說：「寬而栗，柔而立，愿而恭，亂而敬，擾而毅，直而溫，簡而廉，剛而塞，彊而義。彰厥有常吉哉！」這九德的大義是：「寬大而敬謹，柔順而卓立，忠誠而有供職的才能，有治才而敬愼，馴順而果毅，正直而溫和，簡易而是非分明，剛健而篤實，彊勇而好義。因此，我主張天子要表彰、任用以上九種有美德的人。」至於九德何以爲德，前賢已爲我們作了說明：

1.金履祥《尚書表注》上說：「九德凡十八字，而合為九德者，上九字其資質，下九字則進修。亦有德性之全美者。寬者易弛，寬而堅栗則為德。柔者易弱，柔而桌立則為德。謹厚曰愿，愿者易同流合汙而不莊，愿而嚴恭則為德。治亂曰亂，亂者恃有治亂解紛之才則易忽，亂而敬謹則為德。擾者馴熟而易耎，擾而剛毅則為德。直者徑行而易訐，直而溫和則為德。簡者多率略，簡而有廉隅則為德。剛者多無蓄，剛而塞實則為德。彊者恃勇而不審宜，故以彊而義為德也。」

2.簡朝亮《尚書集注述疏》卷二說：「蓋有其上者性之美，而有其下者學之純。朱子謂其變化氣質者也。」又說：「萬世人才，未有不繇（由）九德者也。人雖有才，而不繇九德，非人才也。〈立政〉曰：『迪知忱恂于九德之行。』萬世人才，九德盡之矣。」

金、簡二氏已盡言其義，我們仍欲一提者，此九德乃九種不同的修爲，非每人皆可全至，有具一德者，有二德者，亦有具三德、四德，甚至全德者。德愈大其所能擔負之責任亦愈大，下文的具備三德的人，可以任用爲大夫，具備六德的人，可以任用爲諸侯，就是明證。而僅具一德的人，亦可任用爲適合的工作，也是理所當然的。這是皋陶「因才器使，以德爲先」的用人主張。果能如此，當然也就可以達到野無遺才，而上無廢事的境界了[8]。

在〈皋陶謨〉中，言及禹德修爲的有二處，大意是說：當「洪水滔天，懷山襄陵」的時候，禹排除了一切的艱困，「隨山刊木」，「決九川距四海，濬畎澮距川」，使人民得以安居。最令人感動的是，他結婚後，僅在家住了四天，就又奉命從事治水的工作了。後來即使經過家門，甚至聽到自己兒子呱呱的哭聲，也沒有走進家門去看一看，孟子說禹八年于外，三過其門而不入，就是指此而言。這種公而忘私、國而忘家的情操，如果沒有深厚的道德修爲，我們敢予斷言，是絕對做不到的。因禹的修爲，多半表現在事功方面，是以於此僅作簡略的說明。

至於湯放桀、武王伐紂，這是順天應民的作爲，也可以說是明德修爲的具體表現。若不得民望，又如何能「東面而征西夷怨，南面而征北狄怨」？如何能「徯我后，后來其蘇」[9]？如何能「以至仁伐至不仁」？如何能「若崩厥角稽首」[10]呢？因此，就行動言，我們說是伐暴安良，解人民於倒懸。但修德，卻爲行動的先決條件，這應是無可置疑的。

三、〈洪範〉：此篇所言，固爲建國君民的大則大法，然而我們要探討的，乃其中的「五事」。所謂「五事」，指的是：貌、言、視、聽、思。此爲人君治理人民所必需具備的修爲。孔子說：「其身正，不令而行，其身不正，雖令不從。」[11]孟子也說：「其身正，而天下歸之。」[12]於此可見正身修養的重要。這種正己而後正人的見解，卽爲「五事」的主旨所在。所謂貌，就是形貌、容儀，是指一個人的全體而言。言，就是言辭，說話的內容。視，就是觀察力，也可以說是眼光。僞孔傳釋爲「觀正」，套句現在的話說，就是正確的看法。聽，就是聽人言而能明辨是非曲直，因此僞孔傳釋爲「察是非」。思，就是心所慮的意思。孔穎達正義說：「思者，心慮所行，使行得中也。」此五事，就一般人來說，是每一個人都具備的，也可以說是與生俱來的。我們試想，誰無容貌？誰不會說話？誰又不會視、聽、思呢？只不過如就在位治民的人來說，尤其是所謂的「天子」，那情景就有些不同了。因此，經文又分兩個層次加以說明。經文說：

1. 貌曰恭，言曰從，視曰明，聽曰聰，思曰睿。

這意思是說：容貌態度要恭敬，言語答問要順理，視察要清審，聽聞要明辨是非，思慮要深通。一個普通人，能有這樣的修養，已經難能可貴了，可是對治國君民的「天子」來說，仍然似有不足。所以經文又說：

2. 恭作肅，從作乂，明作哲，聰作謀，睿作聖。

這大義是說：一位天子只是態度恭敬並不够，而容貌、舉止，還要莊重嚴肅。只是言語順理還不行，而要更進一步的能把事情辦得有條不紊才可以。只是觀察清審還不够，更要有明智的抉擇。聽人言語，不僅要能辨別是非邪正，還要進一步的能與人「好謀而成」。只是能深通某方面的事理還不够，更要進而達到無所不通的境地。

以上所言一個人的修爲，從上天所賦與的貌、言、視、聽、思，進而到恭、從、明、聰、睿，更進而上達至肅、乂、哲、謀、聖的境界，這就個人的修養說，其層次又是何等明確！如就五事的修爲說，我們談容貌，就當恭敬而莊重嚴肅，這樣方能成爲一個有威儀的人。我們談言語，就當順理而能使人心服，這樣方可循理以治而不違禮。我們談視察，就當明哲，既明且哲，處理一切事務，或待人接物，當能合乎中準。我們談聽聞，就當由聽而謀，既能明察是非邪正，又能無所不聞，聞而又能辨其是非，這就可以與人謀事了。我們談思，就當由睿而聖，思既深通，就當進而達到無所不通的地步，既能無所不通，當然也就不願再做悖禮犯義的行爲了。如果天子能具此修養，而又本此修養化民成俗，則國家達到太平康樂之境，自不是什麼難事[13]。

四、〈召誥〉：此篇爲召公奉成王命營建洛邑之時，對成王所作的告辭。內容主旨，爲勉勵成王在處理日常行政方面，千萬要小心謹慎，一點也大意不得。要體恤上下，要時刻以前代興亡自惕，尤其當知民險之可畏。是以不惟要愼始，而且更要敬終。其最殷切盼望的，就是要成王能「疾敬德」。近人王國維先生說：「周自大王以後，世載其德，自西土邦君，御事小子，皆克用文王教，至於庶民，亦聰聽祖考之彝訓，是殷、周之興亡，乃有德與無德之興亡。故克殷之後，尤兢兢以德治爲務。……欲知周之所以王，必於是乎觀之矣。」⑭這種深刻融通之言，正是我們要說的。

五、周公之德：周公相成王，攝行政當國，營建成周，制禮作樂，爲周室打下堅厚的基礎。如果不具有大德的修爲，是難能有此作爲的。他的言論、行爲，散見於《尙書‧周書》的篇章中，這些言論、作爲，也就是他「明德修爲」的總表現。茲略述其要如次：

㈠在〈金縢〉篇中，充分地顯露出他的忠藎。當武王染病臥病之時，他默察當前情勢，深切體會到武王身繫周室之安危，如有不測，則天下大勢，實不可復問。所以他決心要替武王去死。這種爲兄弟之情、君臣之義，爲先王繼志述事之心，爲社稷蒼生之愛，可說於此盡表無遺。這種只知有公不知有私，捨己爲國的偉大情操，爲國人樹立了永遠不可磨滅的風範。

㈡在〈大誥〉篇中，他所表現的那種堅定不移的東征決心（當時百官多反對東征），以及保土、光大祖業，完成先王未竟之志的理念，在在顯示了他的明察和不畏流言中傷的忠義勇氣。他雖在誥文中，以「卜」爲終始，然而一則是由於那是一個「卜」的時代，以「卜」決疑，最能安定天下人心。再則是借「卜」來表明天命的不可違悖⑮。

㈢在〈康誥〉篇中，他勉康叔，除以文王「克明德愼罰，不敢侮鰥寡，庸庸、祗祗、威威、顯民，用肇造我區夏」外，還以「必求殷之賢人、君子、長者，問其先殷所以興所以亡，而務愛民」⑯是視。在〈酒誥〉中，他以紂之嗜酒，化民於惡俗，因以大亂喪德，招致亡國是警。在〈梓材〉篇中，勉康叔繼承先王之志，以德治化殷民於和悅。此亦猶美材之爲器，既治其素質，尤當加以彩色，使美上加美。這種期勉，用意在使康叔承前王之業，以和悅殷民，是顯而易見的⑰。

㈣在〈洛誥〉篇中，以經文記載說，固爲成王、周公相互對答之辭，然於言談之間，充分流露出周公謀國的忠藎及成王依重、信賴的篤誠。而君臣團結無間之情，洋溢於字裏行間之義，於此不僅可窺周公之德，同時亦可見一代經國之文⑱。

㈤在〈多士〉、〈多方〉篇中，他以誠摯之心，無限包容之德，勸誡殷之御事及諸侯，天命絕不可違，朝代興亡，乃歷史律則，不要再作無謂的反抗。並以明德愼罰，作爲施政的準則，以及絕對合理地保障他們生命財產的安全。此告一出，多士、多方，無不咸服，之後，亦未見周公再作這方面的誥辭⑲。

㈥在〈無逸〉篇中，他告誡成王，不可安於逸樂，以致荒廢了政事。當知稼穡之艱難，小民之所依。以明確、透闢的言辭，以慈祥、關愛的神態，敍說商代三位帝王（中宗、高宗、祖甲）的無逸乃逸，故能享國長久，當以之爲鑑。又以當朝的祖先，自太王、王季的謙抑敬畏開始，到文王的「卑服」、「康功」、「田功」、「徽柔懿恭」、「懷保小民」、「惠愛鰥寡」、「以庶邦惟正之供」相提撕，使成王知所依據、反省、自惕，進而效法而力行。言語之間，那種忠君、愛國、保民的情懷，眞可說是溢於言表了⑳。

㈦在〈君奭〉篇中，他挽留召公繼續在朝中輔政，並以國家興亡相責勉。又以創業不易、守成尤難，表明一己的處事方針。更以文、武的所以有成，亦無不仰賴大臣的輔佐相告。最後，以前王（武王）顧命相召，以一己之至誠相感，以無窮希望相勸，以光明遠景相勉，終使召公打消去意。呂祖謙說：「後世權位相軋，排之使去，則有之，挽之使留，蓋亦鮮矣。大臣之秉心公，則深恐無助，私則惟恐不專也。」㉑於此亦可以洞見周公之德、聖人之情了㉒。

㈧在〈立政〉篇中，他以國家強盛永世之道，端賴任用賢才以立正長相告。因爲「其長既賢，則其所舉用，無不賢者矣。」㉓而全篇大旨，則不外以人立政，建立長官制度，以作永久用人施政的法則。所以此篇一開始，他就提出了常伯、常任、準人、綴衣、虎賁，作爲立政的綱領。然後又語重心長地以「知恤」作爲用人的淨化劑。通篇所言，多能循著這兩方面立論，在有意無意間，給我們後人的啟示，在在都能顯現出周公眞誠坦蕩、憂國憂民的偉大情懷，以及他那明灼敏銳透視事理的眼神。最後，猶念念不忘敬愼於刑獄之政，以「用中刑」相期勉。其一生憂勞，盡瘁國事，惟恐上無以對列祖列宗，下無以對子孫黎民，實在可以說是一位至德的聖人㉔。

㈨影響：在周、召二公盡心竭力地策劃、輔政下，從靖難、平夷、安反，到制禮、作樂、營成周，使天下大定，這不僅爲周室打下了堅固深厚的基礎，同時也發揚了文、武的德業，完成了他「繼志述事」的心願。孟子說他「思兼三王，以施四事，其有不合者，仰而思之，夜以繼日，幸而得之，坐以待旦。」㉕證以前述周公之德，孟子所言，絕非溢美。俗云：「用功深者，而收效遠，積德厚者，而惠人眾。」又說：「一分耕耘，一分收穫。」這種修爲，到了成、康之世，即大放異彩。天下昇平，一片安樂，乃至「刑措四十餘年不用」，這絕不是倖致的。如就周公的德行說，他也爲輔宰大臣，樹立了不可動搖的典型，永遠爲後人景仰、效法的最高標準。

四、治民的理念

以民爲本，柔遠能邇，應是《尚書》中的治民理念。以言治民，當以修德爲先，也是《尚書》中所最爲強調的。這從前項（明德的修爲）的闡述中，不難看出。既有良好的「明德修爲」，若以之治民，自然也就能「以民爲本」，使「遠近安居順從」了。現在就請容我們敘說從頭：

一、在前文（三、）中，我們已就著〈堯典〉，將堯的「克明俊德，以親九族」，到「協和萬邦，黎民於變時雍」，以及舜承堯化，即位後，首先「詢四岳、闢四門、明四目、達四聰」，廣徵民意，探求民隱，使野無遺賢，作了說明。現在我們要進一步的提示舜如何安民。他特別指示州牧，要注重民食，使遠近的人民，都能安居順服。經文所載：「食哉惟時，柔遠能邇」，就是指此而言。他在派任官職方面，首先使禹「宅百揆」，擔任度百事、總百官的工作。依次則以棄任「后稷」之官，掌管農業，「播時百穀」。以「契作司徒，敬敷五教」。使皋陶掌理獄訟之事，務必「惟明克允」。使垂任百工之官，使益掌山澤之官，使伯夷典三禮，命夔典樂，教冑子，命龍作納言，以出入王命。他所任命的這些官員，均爲一時之選，是以舜能「不下堂而天下治」。

二、在〈皋陶謨〉中所表現的治民理念，是「在知人，在安民。」因爲「知人則哲，能官人。」「安民則惠，黎民懷之」。要安民，就要兢兢業業地「無曠庶官」，因爲「天工、人其代之」。在「代天工」的時候，尤當注意到「天聰明，自我民聰明；天明畏，自我民明威」的治民境界，孟子所引古〈泰誓〉：「天視自我民視，天聽自我民聽」的話，也就是這個意思。

三、在〈禹貢〉中，雖未明言如何治民，然而「禹敷土、隨山刊木，奠高山大川」，治平洪水，劃分九州，使地平天成，使人民安居樂業，並且使國土擴展到「東漸于海，西被于流沙，朔南暨聲教，訖于四海。」這種大功，誰又能與之相比？這難道不是治民、安民的工作？《左氏．襄公四年．傳》說：「芒芒禹跡，畫爲九州。」僅此一語，已將禹的畢生功業，和盤托出，再也沒有什麼言辭能比這形容得更透闢了。我們試想，在茫茫無際的大地上，都遍布著禹的足跡，他治平洪水之後，將此茫茫大地，劃分九州，使人民安居，這種辛勞，這種功績，還有什麼能與之比擬？

四、在〈商書〉中，我們所看到的，首先是湯的伐暴安民(見〈湯誓〉)，解除人民的疾苦。其次是盤庚的爲安民而遷都。他在遷都的前後，不憚煩地一再向人民、官員說明遷都的理由，從這些說明中，可以充分顯露出其治民的理念。茲摘錄數則如次：

1. 先王有服，恪謹天命，茲猶不常寧，……不常厥邑，于今五邦。今不承于古，罔知天之斷命，矧曰其克從先王之烈？若顛木之有由蘖，天其永我命于茲新邑，紹復先王之大業，厎綏四方。

此段經文，主要在說明，遷都不僅是「承于古」，而且非如此，則是自絕天命，更談不上「紹復先王之大業」，安定四方（天下）了。

2. 若網在綱，有條不紊；若農服田力穡，乃亦有秋。汝克黜乃心，施實德於民，至于婚友；丕乃敢大言，汝有積德，乃不畏戎毒于遠邇；惰農自安，不昏作勞，不服田畝，越其罔有黍稷。

這段經文，是用的比喻法，以綱喻君，以網喻臣；以服田喻勞苦，以有秋喻樂利。這是勉大臣要盡爲臣之道，當上奉國君，下惠人民，積德守常，國家、個人，方有前途，事業可言。捨此不爲，則將自毀前程，終無所獲。

3.嗚呼！古我前后，罔不惟民之承，保后胥感，鮮以不浮於天時。

大意是說：「昔我先王，無不以民是拯，以民之憂爲憂。因此，人民亦保安其君，憂君之憂。君民和洽，同命一心。在此情況下，雖有天時的災害，人力也就很少有不能克服的了。」

4.盤庚旣遷，奠厥攸居，乃正厥位，綏爰有眾。

大意是說：「盤庚遷都新邑以後，首先安定人民居住的里宅，其次才去從事正宗廟、朝廷的大位。」其以民爲先之意，顯然可見。

5.嗚呼！邦伯、師長，百執事之人，尚皆隱哉。予其懋簡相爾，念敬我眾。

大意是說：「各位州伯、公卿以及百執事們，希望大家都能體恤人民的痛苦，我也勉力地從各方面來檢閱並察看你們的政績。希望能敬謹地以我眾民的福祉是念。」這種勉以體民隱，以人民的福祉是念的用心，不就是治民的理念嗎？

6.無總于貨寶，生生自庸。式敷民德，永肩一心。

這是勉官員治民的方法。意思是說：「不可聚歛財貨寶物，惟當助民營生。能如是，就能有很好的功績表現。對人民，要敬謹地布施恩德，要永遠地一心一德。」這種用心，誠可謂爲以民始以民終了。

五、在〈周書〉中，我們所看到的是：

㈠爲〈牧誓〉：大家都知道，〈牧誓〉，是武王伐紂，在牧野誓師之辭。這場戰爭，也可以說是一次「以至仁伐至不仁」[26]的戰爭。除暴安良，爲聖君責無旁貸，是以人民之迎王師，「若崩厥角稽首」[27]。人民既如此渴望武王治理，其以仁治民的理念，是顯而易見的。

㈡爲〈洪範〉：周武王滅殷之後，有感於治國常法的極待建立，以作化民成俗的依據，所以才訪問殷國的遺臣箕子。於是箕子就爲武王陳述了這篇建國君民的大則大法。

〈洪範〉篇的主要內容爲九疇。我們所要特別加以說明的，是其中的八政與皇極。所謂八政，包括：食、貨、祀、司空、司徒、司寇、賓、師八項。宋．蔡沈《書經集傳》說：「食者，民之所急，貨者，民之所資，故食爲之首而貨次之，食貨所以養生也。祭祀所以報本也。司空掌水土，所以安其居也。司徒掌教，所以成其性也。司寇掌禁，所以治其姦也。賓者，禮諸侯遠人，所以往來交際也。師者，除殘禁暴也。兵非聖人之得已，故居末也。」由此我們可以了解，除非不談治民，如談治民，八政是不可或缺的。所謂皇極，就是大中至正之道。宋・楊時說：「書，以一言蔽之曰：『中』而已矣。……夫所謂中者，豈執一之謂哉，亦貴乎時中也。時中者，當其可之謂也。」[28]由此可知〈洪範〉也是以「中」爲中心的。此中心點，就是皇極。唐・孔穎達《尚書正義》釋皇極說：「皇，大，釋詁文。極之爲中，常訓也。凡所立事，王者所行，皆是無得過與不及，常用大中之道也。《詩》云：『莫匪爾極』，周禮以民爲極。《論語》：『允執其中』，皆謂大中也。」國君如能以大中至正之道教民，那麼，其一切措施，自然就會以人民的需要爲需要，以人民的疾苦爲疾苦，時時以人民爲懷，處處爲民設想，使人民中心悅而誠服了。

到了南宋的朱子（熹），則以「皇者，君之稱也。極者，至極之義，標準之名，常在物之中央，四方望之以取正也」[29]爲解。其高足蔡沈承其說而復加申述謂：「人君當盡人倫之至，語父子，則極其親，而天下之爲父子者，於此取則焉。語夫婦，則極其別，而天下之爲夫婦者，於此取則焉。語兄弟，則極其愛，而天下之爲兄弟者，於此取則焉。以至一事一物之接，一言一動之發，無不極其義理之當然，而無一毫過不及之差，則極建矣。」[30]這見解，清儒多能贊同。

㈢爲〈康誥〉、〈酒誥〉、〈梓材〉。因三篇同序，皆誥康叔，是以一併敘述。在此三篇中，有關治民的理念爲：

1.首先囑告康叔到東方殷地之後，要先訪求殷先哲王聖明政教的遺規，探殷民隱，順殷民俗，作爲治理殷民的依據。經文中所載：「往敷求于殷先哲王，用保乂民。汝丕遠惟商耇成人，宅心知訓，別求聞由古先哲王，用康保民。」就是此義。

2.告以治國當如疾病在身，一時一刻均不可怠忽。是以經文說：「小子封，恫瘝乃身，敬哉！」

3.如有人民不服從治理，或是干犯法紀，這又當如何處理？周公則告以要：「敬明乃罰。人有小罪非眚，乃惟終；自作不典，式爾，有厥罪小，乃不可不殺。乃有大罪非終，乃惟眚災，適爾，既道極厥辜，時乃不可殺。……若保赤子，惟民康乂。」這是說：治理殷民，在刑罰方面，要特別謹愼明察，有人雖犯了小罪，但卻是有意的，並且想著終生犯下去。對這種自己有意的犯法，雖是小罪，也不可不殺。如有人犯了大罪，並不想再犯，而且又是偶然的罪過，雖然已判了極刑，因其非有意的犯罪，這種犯人，仍可不殺。……最重要的是教導人民，就像保養嬰兒一樣，諒其無知，不要讓他入罪，如是人民就能安於治理了。這種治民理念，又是多麼地寬厚而仁慈！

4.酒，可以亂德，亦可亂性。習染一深，不僅敗事，抑且壞身。紂之亡國，實爲明鑑。酒之當禁，確無可議。然欲化民成俗，禁酒豈非治民應有的理念？經文所言：「古人有言曰：『人，無於水監，當於民監。』今惟殷墜厥命。我其可不大監，撫于時。」不就是強調禁酒的重要？

5.治理國家，最重要的，就是情通上下，君民和洽。其次就是要事先詳作規劃，以立綱紀。同時更要修明典章制度，使其燦然可觀，政事方可有成。經文中所言：「王曰：『封！以厥庶民暨厥臣，達大家，以厥臣達王，惟（與）邦君。』……若稽田，既勤敷菑，惟其陳修，爲厥疆畎。若作室家，既勤垣墉，惟其塗墍茨。若作梓材，既勤樸斲，惟其塗丹雘。」就是此義的喻義引申。

㈣爲〈召誥〉：此篇在表面上看，固爲召公告戒成王。然其中所寓之治民理念則爲：

1.要思念民險之可畏，當以和樂爲先。如經文中所說：「嗚呼！有王雖小，元子哉。其丕能諴于小民，今休。王不敢後，用顧畏于民碞。」即爲此義。治民當以使人民的生活和樂爲先，其次，就是要時刻思念著敬畏於民險。爲政者，如能以此爲念，也就自然可以全心全意地投入了。

2.治民不當以刑罰收施政之功，當以德化之。經文說：「其惟王勿以小民淫用非彝，亦敢殄戮；用乂民，若有功。其惟王位在德先，小民乃惟刑。」就是此義。所以爲政者，應當立於道德的首位，使小民效法，始可收久遠的效果。

㈤爲〈洛誥〉：此篇在文字的記述上看，多爲周公與成王互相報答之辭。然其主旨，則在「表揚周公謀國之忠誠和成王倚重周公之至意。君臣開誠，團結無間，庶殷聞言，反側潛消，信經國之大文也。」[31]既爲「經國之大文」，而又「君臣開誠，團結無間」自然也就無異於治民之理念了。而周公允成王留守洛邑後的施政理念，則爲：「予旦以多子越御事，篤前人成烈，答其師，作周孚先。考朕昭子刑，乃單文祖德。」這意思是說：「我旦卽與衆卿大夫以及辦理事務的官員們，來盡力地治理先王的成業，以答謝衆民，而且治理政事，要以信實爲先務，以爲我周民的表率。以成我明君（成王）爲國人儀法的對象，並且盡力地發揚你文祖的盛德善行。」這種一心爲國爲民、發揚祖先盛德的治國理念，正可看出周公的忠藎。

(六)爲〈多士〉、〈多方〉兩篇：因此二篇，皆周公假成王命告殷之御事及四方諸侯之語，是以一併敍述。其大旨是說：

1.以天命無親，善人是輔的道理，反覆不厭其詳地諄諄告誡，期盼多方、多士們，能切己體悟，不要再作反抗不聽命的舉動。

2.以朝代興亡爲歷史的律則相告，期能幡然曉解，明悟其理，順從周朝的治理，不要再有「爾乃迪屢不靜」之事發生。

3.以明德愼罰，作爲施政理民的準則。

4.提出聖狂惟在一念間的勸勉，是以人不可不常思於善。

5.以敬與和相期許，希望從此消弭過去一切忌恨、仇視、不安的心情，全部代之以敬謹與和順，則自可守分守己，爲其所當爲。這種情理兼顧的治民理念，終於獲得了殷人及四方諸侯的信服。

(七)為〈無逸〉：此篇乃周公訓誨成王所作，而其重點大要，則在使成王知稼穡的艱難，尤為人民之所依。就一國之君說，逸樂，尤其是淫泆，是所當切戒的。自古以來，凡是有國有家者，從沒有不以勤奮而興盛，也沒有不以貪圖逸樂而敗亡的。又因成王長於深宮之中，不曾勞其筋骨，苦其心志，竟在幼沖之年而卽天子的大位，如驕怠之心一萌，那麼一切就不可復問了。周公之作無逸以戒，其「時義」又是如何地深遠啊！本無逸精神以治民，那就一定能够恤民力、知民隱、消民怨、得民心，而獲人民的擁戴了。

(八)為〈立政〉：此篇為周公致政後，對成王在置官用人方面，所作的告誡。主旨在闡述國家強盛永世之道，端賴任用賢才以立正長。這也就是經文中所說「惟正是乂」的意思。因為「其長既賢，則其所舉用，無不賢者矣。」㉜經文中所特別強調者，卽在「知恤」。所謂知恤，就是知道時刻以得人為憂慮。僅此理念，其以民為本之意，也就自然顯現了出來。為政如不以得人為慮，不能建立長官制度，又如何言為政？

(九)〈顧命〉、〈康王之誥〉：在此篇中，所表現的治民理念，除成王一生以敬謹治國理民外，其次就是「柔遠能邇」這句遺命了。經文中的「甲子，王乃洮、頮水，相被冕服，憑玉几。」就是他一生敬謹的說明。他臨死的前一天，接見大臣，尚且如此的不苟，其餘的作為，也就可想而知了。其次，則是他告命大臣，輔佐嗣子，當為善政，使遠近俱安，並思念使人人能自治於威儀，千萬不可使太子釗（康王），沉溺於非法。經文中所說：「爾尚明時朕言，用敬保元子釗，弘濟于艱難。柔遠能邇，安勸小大庶邦。思夫人自亂于威儀，爾無以釗冒貢于非幾。」即爲此義。後來康王敬遵遺命，而成就了所謂的「成、康之際，天下安寧，刑錯四十餘年不用」㉝的盛世。周、召的告戒，〈無逸〉的訓勉，〈立政〉的實施，在此都一一地顯示了豐碩的成果，這能說不是治民理念的導因嗎？

(十)爲〈呂刑〉：刑罰與治民，有不可分割的關係。以堯、舜之聖，尚有「象以典刑，流宥五刑，鞭作官刑，扑作教刑，金作贖刑，眚災肆赦，怙終賊刑」之設。以周公之賢，亦有「明刑慎罰」之告（見〈康誥〉）。逮及穆王，念及刑罰的不可無，致有「祥刑」的提出，以期做到「慎刑明罰」，「輕重諸罰有權」，「刑罰世輕世重」，以及「咸庶中正」的境地。果能如此，那麼治民的工作，可說已經成功了大半。所以刑罰的善爲運用，公正無私，這在治民的理念上說，佔有舉足輕重的地位。

(十一)爲〈文侯之命〉：平王東遷，周家從此一蹶不振，這就時代說，已將進入春秋。就事論理，已無政績可言。然平王告晉文侯，卻仍以「柔遠能邇，惠康小民，無荒寧」相命，是以於治民的理念上來說，尚能符合傳統。

(十二)爲〈秦誓〉：秦穆公雖然算不上什麼明君，但他由於「崤之戰」㉞能深悔己過，終於悟出了何者爲君子，何者爲小人。福國利民，端賴君子，禍國賊民，亦惟小人。經文所說：「昧昧我思之，如有一介臣，斷斷猗無他技，其心休休焉，其如有容焉。人之有技，若己有之，人之彥聖，其心好之，不啻如自其口出，是能容之，以保我子孫黎民，亦職有利哉。人之有技，冒疾以惡之，人之彥聖，而違之俾不達，是不能容，以不能保我子孫黎民，亦曰殆哉。」卽爲此義。這段經文，對後世卻起了決定性的影響，而《禮記》中的〈大學〉篇，引之以爲治國之道，就是很好的證明。

以上我們就著《尚書》中的記載，或言其意向，或就經文，說明其旨趣之餘，我們發現，自〈堯典〉以至〈秦誓〉，在治民方面，無不是抱持著以民爲本，柔遠能邇的理念，無形中，凝聚爲一股有力的思想意識。這種思想意識，在我國一歷數千年的專制政體下，也無不奉爲圭臬。於此，也就可見其影響的深遠了。

五、刑罰的期許

我們都知道，刑法乃人民的保障，它可使犯罪的人，得其應得的懲罰，也可使守分的人，得其當得的安樂。社會的承平，人民的向善，端以大中至正的刑罰是賴。不論其時代如何進步，工商業如何發達，科學如何文明，而刑罰一失其公正，則人民卽無所措手足了。所以自古以來，卽有「刑以輔政」之諺。

在《尚書》中，言及刑罰的記載，雖然不多，然其理念、期許，卻無二致。那就是「刑期無刑」。茲依篇次之序，先開列經文，然後再加敍說。

一、〈堯典〉：在此篇中，涉及「刑」的言論，計有三則：

1.象以典刑，流宥五刑，鞭作官刑，扑作教刑，金作贖刑，眚災肆赦，怙終賊刑。欽哉！惟刑之恤哉。

2.帝曰：「皐陶，蠻夷猾夏，寇賊姦宄，汝作士，五刑有服，五服三就。五流有宅，五宅三居。惟明克允。」

3.流共工于幽州，放驩兜于崇山，竄三苗于三危，殛鯀于羽山，四罪而天下咸服。

我們根據這三條的記載，卽不難看出，當堯、舜之時，就已具有刑罰的條目。所謂「象以典刑」，就是法有常刑。這種常刑，卽墨、劓、剕、宮、大辟五種刑罰。這五種刑罰，在執行起來，也有分別。有的照五刑的實刑處理，卽《國語．魯語》臧文仲所說：「大刑用甲兵，其次用斧鉞；中刑用刀鋸，其次用窄鑽；薄刑用鞭扑，以威民也」的方法。至於行刑的地點，則有三種處所，卽大刑「陳之原野」，小者「致之市、朝」，這就是經文所說的「五刑有服，五服三就」。有的則以流放的方式，表示寬宥。既爲流放，當然也就是在服刑。流放也並不是漫無標準，而是根據罪行的大小，來決定遠近的。據鄭氏康成的說法，是自九州之外，至於四海，三分其地，遠近若周之夷服、鎭服、藩服之地（夷服、鎭服、藩服之稱，見《周禮．夏官．職方氏》）。也有人說爲：大罪四竄，次九州之外，次中國之外的。這就是經文所說的「五流有宅，五宅三居」。至於刑罰的條目，大致可分之爲九：卽墨一、劓二、剕三、宮四、大辟五、流宥六、鞭七、扑八、金九。至於無心的過失，則赦免其罪。若怙惡不悛，不知悔改，那就要加以刑罰了。但不管那一等刑罰，都要欽敬、都要體恤、都要「惟明克允」。

二、〈康誥〉：在此篇中，我們看到的刑罰，多爲原則性的。然其「明刑愼罰」之義，卻爲〈呂刑〉篇所承襲，茲就所載，摘述如次：

1. 敬明乃罰，人有小罪非眚，乃惟終，自作不典，式爾，有厥罪小，乃不可不殺。乃有大罪非終，乃惟眚災，適爾，既道極厥辜，時乃不可殺。

這意思是說，罪雖小，但卻是有心的，並且終生不改，像這種情形，卽使罪小，也不可不刑其罪。反之，罪雖大，乃爲無心之過，事後又能輸情服罪，痛改前非，像這種情形，卽使是大罪，也不可刑其罪。這種「刑故無小，宥過無大」的明刑之意，也就是〈堯典〉：「眚災肆赦，怙終賊刑」的立法精神。這種精神，將永爲用刑的鵠的。這也就是〈呂刑〉篇中所說：「上刑適輕下服，下刑適重上服，輕重諸罰有權，刑罰世輕世重」之意。

2.要囚，服念五六日，至于旬時，丕蔽要囚。

所謂「要囚」即今言繫獄之意，也就是關入牢中。所謂「服念」，即考慮、深思之意。經文乃謂：「要囚禁一個人，往往要考慮五六天，乃至十天三月，才能決定是否要將某人繫獄」。這種舉措，一方面當然是表示「愼刑」，同時判人之罪、繫人之獄，還必須要有確鑿的證據，而證據的獲得，一方面來自供辭，另一方面，那就要靠偵察了。這種詳察罪證，再與法條相互參證的斷案行爲，也就是〈呂刑〉中「五辭簡孚，正于五刑」，「惟察惟法，其審克之」以及「哀敬折獄，明啟刑書胥占，咸庶中正」的斷案精神。

3.師茲殷罰有倫。……凡民自得罪，寇攘姦宄，殺人于貨，暋不畏死，罔弗憝。……元惡大憝，矧惟不孝不友，……乃其速由文王作罰，刑茲無赦。

所謂「師茲殷罰有倫」，就是要師法殷代刑法合理的部分。這一方面是由於治殷民，用殷法，容易收效，同時也可看出周公的胸襟，絕沒有獨以爲是，唯我獨尊的意念。凡是好的、合理的，不僅要保存，而且還要師法。至於殺人取貨，不孝不友之罪，周公認爲都應「殺勿赦」，而且要趕快動用文王所作的刑罰，來殺勿赦。這種刑罰，就是〈呂刑〉、〈堯典〉中的「大辟」

了。

4. 不率大戛，矧惟卜庶子訓人，惟厥正人，越小臣、諸節，乃別播敷，造民大譽，弗念弗庸，瘝厥君，時乃引惡，……汝乃其速由茲義率殺。

這是針對政府中的官員，所作的處罰。意思是說：「那些往往不遵循國家大法的，就是掌管教化的官員、庶子、訓人，以及行政長官和那些內小臣，或是持節出使的使臣。他們往往另外傳布政令，討好大眾，在民間造成自己的美名，不顧國家的體系制度，不行用天子的教令，使其君深以爲痛。有這種行爲的人，就是大壞蛋，……對這種人，就應該速用合宜的刑法殺掉他們。」類似這種情節，在〈堯典〉中，只作「流放的處置」。而周公所以主張用重典，可能是因爲他們都是政府的官員，應嚴格遵守法令，一旦犯法，即加重其罰，以儆效尤所作的權宜之計吧！

三、〈呂刑〉：此篇主旨，爲明刑愼罰，刑期無刑。從〈堯典〉、〈康誥〉，以至〈呂刑〉，在刑罰的理念上，是一貫的。而〈呂刑〉篇，更進而要求達到「大中至正」的標準。如經文中所載：

1. 士制百姓于刑之中，以教祗德。

2. 故乃明于刑之中，率乂于棐彝。
3. 觀于五刑之中。
4. 惟良折獄，罔不在中。
5. 明啟刑書胥占，咸庶中正。

所謂「中」，就是大中至正，不偏不依，大公無私的意思。聽訟斷獄，咸能如是，那還不能服天下人之心，使之順從嗎㉟？「刑以輔政」，是不容置疑的。

六、占卜的應用及其他

卜以決疑，古人多用以趨吉避凶。殷人信鬼，是以占卜之事特多。而今所發現的甲骨文字，多爲卜辭，卽爲一證。在《尚書》中，亦不乏其例。如：盤庚的遷都用卜，周公在〈金縢〉篇中的祈禱用卜，〈大誥〉東征用卜，營洛邑用卜，凡有重大的舉措造作，無不用卜。在〈洪範〉篇中，更有設立卜筮官署的記載，專門掌管卜筮的工作。於此也就可以想見古人對占卜的重視了。

其他如孝友的記載，也不可輕忽。在《尚書》中雖僅言及四次（〈堯典〉、〈康誥〉、〈酒誥〉、〈文侯之命〉），但對後世而言，卻有決定性的影響。像〈堯典〉中所載舜的大孝，由於他的「以孝烝烝」，故能感動頑父、嚚母、傲弟，使家庭和睦。而堯的所以將帝位禪讓給他，克盡孝友之道，應為因素之一。其次是〈康誥〉中的記載，周公告訴康叔，凡「不孝不友」的人，就是「元惡大憝」。對這種人，要處以殺無赦的極刑。我們認為孔子的提倡孝道，多少會受其啟示與影響。因為孔老夫子曾在《孝經．五刑章》中說：「五刑之屬三千，而罪莫大於不孝。」話雖不同，就其義蘊言，卻沒有什麼兩樣。

再者，即《尚書》中所含蘊的教育思想。記載雖然不多，卻也能凸顯其重要性。如〈堯典〉：一則說：「愼徽五典，五典克從。」所謂五典，即五品之常法，亦即五倫的教化。孟子釋為：「君臣有義，父子有親，夫婦有別，長幼有序，朋友有信。」[36]再則說：「帝（舜）曰：『契，百姓不親，五品不遜，汝作司徒，敬敷五教，在寬。』」三則說：「帝（舜）曰：『夔，命汝典樂，教胄子。直而溫，寬而栗，剛而無虐，簡而無傲。」所謂典樂，就是掌管樂教，負責教導國子。所要達到的目標是：正直而表情溫和，寬大而敬謹戰栗，剛毅而不虐害，簡約而無傲慢。這是教人最基本的道德修養。以上三則（實則為二則），所言雖然簡約，而就其內涵來說，卻極合於實際生活的迫切需要。我們試想，在教育上，若能達此目標，那麼暴戾、紛爭、欺詐、人慾橫流之行，就自然可以消除了。

最後，想附帶一提的是：在〈堯典〉中所涉及的「觀象授時」。記載的文字雖然不多，可是在時代的論證上，卻佔著非常重要的地位。經近人董作賓先生的考證，應該是確切不誤的[37]。由於觀象授時的確定，這可使我們想像到，當堯舜時代，很可能已經是各部落定居下來，從事開墾、農、牧、漁兼有的時代。因爲有此需要，所以才有此作爲。天文學家高平子先生說：「我們先民爲什麼對於天象曆數，有這樣濃厚的興趣呢？第一是中國民族在黃河流域，很早就建立起一種農業社會。而對於季節來臨的預推，是農業社會最迫切的要求。第二是中國傳統的宗教觀念裏，宇宙的最高統治者——不論其名爲『上帝』（多見於《詩經》），爲『眞宰』（見於《莊子》），爲『天』（各古籍普遍應用）——和有形的蒼蒼者天，是一而二，二而一者也。因此觀象敬天，成爲天子的一件政治上和宗教上的雙重任務。」[38]由於這些考證和記載，使我們敢於確信，〈堯典〉所載，爲堯、舜時事。

七、結語

《尚書》，就性質說，它是一部「政書」，所以包羅非常廣泛。舉凡內聖外王之理，建國君民之則，乃至天文、地理、教育、經濟、官制、刑律等，無不含蘊其中。復因它是我國開國以來，聖聖相傳的智慧積累，一文物、一制度、一風尚，無不是從我們民族的生活需要中所產生。因此，它也非常實用而有價值。如除其中的「二帝三王之道」，可作爲永久的建國指導原則外，而今我們放眼學術之林，凡是與我國固有文化有關連的，也都會涉及到它。如研究歷史的人說：

「六經皆史」，研究地理的人說：「《尙書・禹貢》，爲地理之祖」，研究政治的人說：「《尙書》爲政治史之嚆矢」，研究教育的人說：「《尙書》舜命契爲司徒，教以人倫」，研究經學的人說：「《尙書》爲六經之一」，研究文學的人說：「《尙書》爲散文之始」，研究天文的人說：「《尙書》已有觀象授時之言」，研究經濟的人說：「賦稅在〈禹貢〉中，已有綦詳之載」，研究工程的人說：「大禹爲工程師之祖」，……凡此所舉，都有事實的記載，僅此也就可以看出它的價值了。更何況它還包含了「二帝三王之道」，爲宋人言心、言理、言性的所自出[39]？近人熊十力先於其所著《原儒》中說：「《書》者，萬事之寶藏，後人爲實事求是之學，必資乎是。」[40]所言極是。

可是如就思想層面說，儘管書中包羅的「素材」很多，然卻很少能首尾貫連，自成系統，這當然是由於各篇的著成時代不同所致。好在「二帝三王」，對「天」的觀點是相同的，而修德、治民的理念，也是相同的，卜以決疑的信仰也沒有多大差異，所以我們卽就著以上的共同點，作了自以爲是的繫聯與闡述，想借此，將《尙書》中的思想意識，顯現出來。假如我們要更進一步，將《尙書》中的「素材」都予以明顯化，大約可以得到下列具體的看法：

一、天下爲公的大同理念：如〈堯典〉中所載，堯舜的禪讓，就是此一理念。而《禮記・禮運》篇所說：「大道之行也，天下爲公，選賢與能，講信修睦，……。」不就是此一思想意識的闡發？

二、民主思想的啓示：如〈皐陶謨〉中所載：「天聰明，自我民聰明；天明畏，自我民明威。」《孟子・萬章上》引〈泰誓〉說：「天視自我民視，天聽自我民聽。」既然上天以人民的視聽爲視聽，以人民的賞罰爲賞罰，一切施政舉措，完全依照民意而爲，這當然可以視爲民主。

三、修德愼刑的賢明措施：這種實際作爲的講求，《尙書》中的聖君賢輔，無不如此。堯、舜、禹，固不需再說，他如商湯、周文王、武王，乃至伯益、伊尹、周公、召公、成王、康王，皆能如此。

四、仁民愛物的政治主張：能修德愼刑，自然能仁民愛物，這可說是必然的結果。如堯的法天，舜的官人，禹的治水，無不是此一主張的具體表現。

五、忠君愛國的典型建立：以堯爲君，而舜、禹卽爲典型。以湯爲君，而伊尹卽爲典型。以武王爲君，而周公卽爲典型。而尤以周公的表現，最爲感人。如〈金縢〉篇中的祝辭，〈康誥〉、〈酒誥〉、〈梓材〉中的告康叔，〈無逸〉、〈立政〉篇中的告成王，無不強烈地展示了他的此一理念。

六、君權法典的確立：如〈洪範〉中的九疇，簡直就無異於今世所謂的君主立憲。而尤其是皇極的建立，明確地勾勒出一位賢君應具有的作爲形像。這種制度價値之大、影響之深，實在難以計量。

七、明暴政必亡之理：所謂暴政，就是在上位的人，不顧人民的疾苦，縱慾而爲。一味地横征暴斂，貪圖淫逸安樂；或是大興土木，廣征民夫，從事勞苦的工作；或發動戰爭，不惜民命，或倒行逆施，違俗背理，廣招民怨。……凡此均屬暴政。在《尚書》中，有關這方面的記載，如〈甘誓〉，爲夏君啟討伐叛逆有扈的誓辭。〈湯誓〉，以夏桀無道，暴虐人民，商湯爲了弔民伐罪，所以才出兵征伐的誓辭。〈牧誓〉，因紂「迷於酒色，不復畏天念祖，以至忠直逆耳，讒人倖進」，竟使國家紀綱敗壞，民不聊生。武王爲解民於倒懸，救民於水火，於是率諸侯大舉撻伐的誓辭。〈費誓〉，當時由於淮夷、徐戎的不服治化，並起作亂，魯君爲屏藩周室，所以率師討伐的誓辭㊶。其結果，暴虐違逆者，無不敗亡。似此，儘管已成爲歷史律則，亦爲任人皆知之事，然首揭其理，彰其事者，卻爲《尚書》。

八、所載聖君賢輔之嘉言懿行，可永爲後世惕勉之則：如〈堯典〉中舜、禹的作爲，〈皋陶謨〉中，皋陶、禹、伯益，相互陳謨於帝舜前的言論，周公的告康叔、成王，所涉及的修德、察人、用人、治國理民之道，無不詳審而深具哲理意味。這些道理，往大處說，可以治國平天下，往小處說，亦足以修身、成聖成賢。只要我們願意去注意、去研究，隨處都可發現這種嘉言美行的。

九、可明上古的政治制度：如九州、王畿的疆界區分，官守、職掌，賦稅征收，刑罰施行等，在《尚書》中，都有記載。而〈洪範〉一篇，記載尤詳。

十、可窺上古的禮制：如祭天、祭山川、巡狩、朝覲、以及曆法的釐訂等，無不畢載。

以上所及，在理念作爲上有的通貫全書，稍加串連，即有系統可循，形成了思想意識。有的卻散落在單篇單章中，僅能看作零星的「素材」。可是就對後世影響來說，卻非常之大。於此，我們僅作了索引式的介紹，難免有語焉不詳之失。好在我們已依《尚書》的篇次，作了大義探討，不審之處，只好有勞讀者參閱了。

注釋

❶ 古文尚書之厄有七：「秦之火一也，漢博士抑古文二也，馬、鄭不注古文逸篇三也，魏晉之有僞古文四也，唐正義不用馬、鄭用僞孔五也，天寶之改字六也，宋開寶之改釋文七也。」見段玉裁，《古文尚書撰異．序》，漢京本【皇清經解】五册，頁三〇八五。

❷ 有關帝之解釋，請見《甲骨文字典》，頁七（四川辭書出版社印行，徐中舒主編）。

❸ 《春秋左氏．僖公五年．傳》，引《尚書．周書》語。此爲逸書文，僞古文採入〈蔡仲之命〉。見楊伯峻，《春秋左傳注》，源流出版社，頁三〇九。

❹ 引〈皐陶謨〉語。見曾運乾，《尚書正讀》，頁三八。洪氏本。

❺ 項羽語。見《史記．項羽本紀》。明倫本，頁三三四。

❻ 有關堯、舜以德化民之事的敍述，見本書下編之壹〈堯典〉。

❼ 見《欽定書經傳說彙纂》卷三，引王氏樵語。

❽ 有關臯陶與禹在帝舜之前談話記實部分闡述，見本書下編之貳〈臯陶謨〉。

❾ 見《孟子・梁惠王下》。

❿ 見《孟子・盡心下》。

⓫ 見《論語・子路》篇。

⓬ 見《孟子・離婁上》。

⓭ 有關〈洪範〉五事之闡述，見本書下編之玖〈洪範〉。

⓮ 見《觀堂集林》卷一〇，〈殷周制度論〉。河洛本，頁四七九～四八〇。又，有關〈召誥〉篇的闡述，見本書下編之拾參〈召誥〉。

⓯ 有關〈大誥〉篇的闡述，見本書下編之拾壹〈大誥〉。

⓰ 司馬遷語。見《史記・衞世家》。

⓱ 有關〈康誥〉、〈酒誥〉、〈梓材〉三篇的部分闡述，見本書下編之拾貳〈康誥〉、〈酒誥〉、〈梓材〉。

⓲ 有關〈洛誥〉篇的部分闡述，見本書下編之拾肆〈洛誥〉。

⓳ 有關〈多士〉、〈多方〉二篇的部分闡述，見本書下編之拾伍〈多士〉、拾捌〈多方〉。

⓴ 有關〈無逸〉篇的部分闡述，見本書下編之拾陸〈無逸〉。

㉑ 見《欽定書經傳說彙纂》卷一六引。

㉒ 有關〈君奭〉篇的部分闡述，見本書下編之拾柒〈君奭〉。

㉓ 見蔡沈《書經集傳》卷五於〈立政〉下引吳氏語。世界本，頁一一五。

㉔ 有關〈立政〉篇的部分闡述，見本書下編之拾玖〈立政〉。

㉕ 見《孟子・離婁下》。

㉖ 孟子語。見〈盡心下〉。

㉗ 同㉖。

㉘ 見《欽定書經傳說彙纂綱領》一引。【四庫全書】珍本八集一册。

㉙ 見胡渭《洪範正論・皇極下》引朱子語。

㉚ 蔡沈語。見《書經集傳》卷四。世界本，頁七五。

㉛ 周秉鈞語。見其所著《尚書易解洛誥解題》，頁二〇九（岳麓書社出版）。

㉜ 同㉓。

㉝ 司馬遷語。見《史記・周本紀》。

㉞ 書序云：「秦穆公伐鄭，晉襄公帥師敗諸崤，還歸，作〈秦誓〉。」至於「崤之戰」的前因後果，請參《左氏・僖公三十二年・傳。》

㉟ 有關〈堯典〉、〈康誥〉、〈呂刑〉三篇中的刑罰部分闡述，見本書下編之貳壹〈呂刑〉。

㊱ 見《孟子・滕文公上》。

㊲ 見董作賓先生著，〈堯典天文曆法新證〉，《清華學報》新一卷二期，頁三七～三八。

㊳ 見高平子先生著，《學曆叢論・中國授時制度略論》節，頁一五七，及《曆法約說》上篇，頁一八七。

見本書下編之壹〈堯典〉。

㊴ 此段說明《尚書》價值之文字，參拙著《華夏的曙光——尚書》「致讀者書爲說」，頁二四～二五（時報出版公司）。

㊵ 見《原儒》上卷，〈原學統〉第二，頁八（明倫出版社印行）。

㊶ 有關〈甘誓〉、〈湯誓〉、〈牧誓〉、〈費誓〉的部分闡述，見本書下編之肆「五誓」。

肆　《尚書》文體的商榷

今傳【十三經注疏】中的僞古文尚書大序說：「先君孔子，生於周末，覩史籍之煩文，懼覽之者不一，遂乃定禮樂，明舊章，……討論墳典，……芟夷煩亂，翦截浮辭，舉其宏綱，撮其機要，足以垂世立教，典、謨、訓、誥、誓、命之文，凡百篇。」這裏所說的「典、謨、訓、誥、誓、命之文」，是我們在古籍中，最早見到的《尚書》文體分類。唐代研究《尚書》的學者，都以爲東晉‧梅賾所上的古文尚書，就是漢代孔安國所傳在孔壁中發現的古文尚書，所以也就認爲今傳僞古文尚書最前面的一篇大序，是孔安國的作品。其實孔安國並沒有「承詔作傳」（大序語），我們即使翻徧《史記》、兩漢書，也找不到這樣的記載。孔安國既然沒有爲孔壁古文尚書作傳，那麼是否作大序，當然也就不言可喻了。因此後人以爲孔安國「又依文體分爲典、謨、訓、誥、誓、命六類」或「孔安國氏分典、謨、訓、誥、誓、命六體」的說法，是不確的。應該說爲魏晉間人僞託孔安國所作。

據今所見，首先承襲僞孔序六體說法的是陸德明，他是唐代的經學家，一向被國學界所重視的《經典釋文》，就是他著的。他在該書序錄中說：「《書》者，本王之號令，右史所記，孔子刪錄，斷自唐、虞，下訖秦穆，典、謨、訓、誥、誓、命之文，凡百篇。」這分明是承襲大序的說法。他又在該書卷三〈尚書音義上・六體下〉，分別注明正若干篇，攝若干篇。所謂「正」，就是《尚書》中原以某字名篇的，如「誥」體中的〈召誥〉，〈大誥〉等爲「正」，而不以「誥」名篇，其實爲「誥」體的，如〈盤庚〉、〈多方〉、〈多士〉等爲攝。其次是孔穎達，他除承襲此六體外，又增加貢、歌、征、範四體，共十類。他說：

書體為例有十：〈堯典〉、〈舜典〉二篇，典也。〈大禹謨〉、〈皐陶謨〉二篇，謨也。〈禹貢〉一篇，貢也。〈五子之歌〉一篇，歌也。〈甘誓〉、〈泰誓〉三篇、〈湯誓〉、〈牧誓〉、〈費誓〉、〈秦誓〉八篇，誓也。〈仲虺之誥〉、〈湯誥〉、〈大誥〉、〈康誥〉、〈酒誥〉、〈召誥〉、〈洛誥〉、〈康王之誥〉八篇，誥也。〈伊訓〉一篇，訓也。〈說命〉三篇、〈微子之命〉、〈蔡仲之命〉、〈顧命〉、〈畢命〉、〈冏命〉、〈文侯之命〉九篇，命也。〈胤征〉一篇，征也。〈洪範〉一篇，範也。此各隨事而言。〈益稷〉，亦謨也，因其人稱言以別之。其〈太甲〉、〈咸有一德〉、〈伊尹訓道王〉，亦訓之類。〈盤庚〉，亦誥也，故王肅云：「不言誥何也？取其徙而立功，非但錄其誥。」〈高宗肜日〉與訓序連文，亦訓辭可知也。〈西伯戡黎〉云：「祖伊恐，奔告于受」，亦誥也。

〈武成〉云：「識其政事」，亦誥也。〈旅獒〉戒王，亦訓也。〈金縢〉自為一體，祝亦誥辭也。〈梓材〉、〈酒誥〉分出，亦誥也。〈多士〉以王命誥，自然誥也。〈無逸〉戒王，亦訓也。〈君奭〉、〈周公誥召公〉，亦誥也。〈多方〉、〈周官〉，上誥於下，亦誥也。〈君陳〉、〈君牙〉與〈畢命〉之類，亦命也。〈呂刑〉陳刑告王，亦誥也。書篇之名，因事而立，既無體例，隨便為文。（〈堯典疏〉）

孔穎達的話，最值得注意的，是「此各隨事而言，……書篇之名，因事而立，既無體例，隨便爲文」數語。他一方面把《尚書》中的篇名，各予歸類；一方面又說明《尚書》中的篇名，本不足重視；其所以有篇名，也只不過是「因事而立」，「隨便爲文」罷了。要歸類的話，可以十類概括。這種立意，非常正確。然而他畢竟還是分了類，這種分類，是否適當？宋人鄭樵，在他所著的《六經奧論》中，就有所說明。他說：

典、謨、訓、誥、誓、命，孔安國以為書之六體。由今觀之，有一篇備數篇之體；如〈大禹謨〉（案：此篇偽）曰：「禹乃會羣后誓師。」則是謨亦有誓也。〈說命〉（案：此篇偽）曰：「王庸作書以誥。」則是命亦有誥也。以至〈益稷〉（案：此篇偽孔自〈皋陶謨〉分出）、〈洪範〉，本謨而不言謨；〈旅獒〉（案：此篇偽）、〈無逸〉，本訓而不言訓，〈盤庚〉、〈梓材〉，本誥而不言誥；〈胤征〉（案：此篇僞）不言誓，〈君陳〉、〈君牙〉（案：此二篇僞）不言命。大抵五十八篇之中，聖人取予之意，各有所主，有取於治亂興廢之所由者，如典、謨、訓、誥、〈湯誓〉之類是也。有世不得以為治，而有取其言以傳遠者，如〈五子之歌〉（案：此篇僞）、〈君牙〉、〈冏命〉（案：此篇僞）是也。有取其事者，〈胤征〉是也。有取其意者，〈呂刑〉是也。有特記其時者，〈文侯之命〉是也。有以示戒勸者，〈費誓〉、〈秦誓〉是也。與三百篇之美刺，二百四十二年之褒貶，無以異也。

鄭樵對於僞大序六體的說法，尙且認爲無此必要，而於孔穎達的十分法，當然也就不會同意了。到了元代，董鼎、陳櫟二儒出，他們一返僞大序的說法，認爲六體已可盡括《尙書》中的體類。董鼎在他所著《書傳輯錄纂注》中說：

陸德明以六體分正攝，蓋以典、謨、訓、誥、誓、命名篇者為正，不以名篇而在六體之類者為攝。然古之為書者，隨時書事，因事成言，取辭之達意而已，豈如後之作文者，求必合體制也？孔氏以體言，大概已畢，雖不以六字名篇，合其類則是亦正也，何以攝為？

陳櫟在他所著《書集傳纂疏》中也說：

> 書體有六，典、謨、訓、誥、誓、命是也。今篇名元有此六者，固不待言矣，其無此六字，如〈太甲〉、〈咸有一德〉、〈旅獒〉、〈無逸〉、〈立政〉，訓體也。〈盤庚〉、〈西伯戡黎〉、〈微子〉、〈多士〉、〈多方〉、〈君奭〉、〈周官〉，誥體也。〈胤征〉，誓體也。〈君陳〉、〈君牙〉、〈呂刑〉，命體也。雖其間不無簡編之殘斷、字語之舛訛，然上自堯、舜之盛，下逮東周之初，二千餘年之事，猶賴此可考焉。

董、陳二氏的話，固然均以六體爲已足，不需再行立體分類，只要就著「隨時書事，因事成言，取辭之達意」的篇目，加以歸類派入六體之中就可以了。既以六體爲已足，那就應該將《尚書》中所有的篇目，都有所歸屬才對。可是他們說來說去，就不曾涉及〈禹貢〉，究竟應屬於何類何體，這能不說是百密的一疏嗎？於此，近人吳康先生，在其所著《尚書大綱》中，卻表示了他的高見。他說：

> 《尚書》體例，孔氏正義論之詳矣。僞大序典、謨、訓、誥、誓、命之文云云，自是行文略語則然，言此六者而其他可知，非謂《書》之體例止於六也。後儒不明此義，實僞序以爲經，而言體惟六，而於其篇名無此六字者，則輾轉傅會而內入於此六者之中，抑一何可笑也？且〈禹貢〉一篇，於六者皆不入，則置而不言，可謂知類乎？（案：僞大序原文如

易為典謨訓誥誓命……之文云云，則無事矣。此亦可見標點符號之不可少也。）顧予以正義所論，為類則無遺矣，而不免失之煩瑣，今依伏生二十八篇之目，約而歸之，可得左列三類：

㈠典謨：〈堯典〉、〈皐陶謨〉、〈洪範〉（謨）屬之。

㈡貢：〈禹貢〉。

㈢訓誥誓命歌：〈五子之歌〉、〈允征〉（誓）、〈典寶〉（訓？）、〈湯誥〉、〈咸有一德〉（訓）、〈伊訓〉、〈肆命〉（訓）、〈原命〉、〈武成〉（誥）、〈旅獒〉（訓）、〈畢命〉。

凡右所列，略盡其義。典謨者，晚世之紀傳也；貢者，晚世之志也；訓誥誓命者，晚世之詔令書奏也；歌者，晚世之辭賦也。今為更易名號而條其類如左：

㈠紀傳：典謨及舊無所歸類之〈金縢〉屬之。

㈡志：貢屬之。

㈢文彙：訓誥誓命歌屬之。

吳氏的話，確有不可易者，如「非謂《書》之體例止於六也。……且〈禹貢〉一篇，於六者皆不入，則置而不言，可謂知類乎」之言，不能不說是一種創見。然而繼之則又以晚世所演進的文體，來範圍《尚書》的文體爲三類，也不能算是「知類」，因爲「文彙」一辭，實可包羅一切文體，不僅訓誥誓命歌，纔能算是文，而典謨，又何嘗不是文？不僅是文，而且是千古的至文。同時這樣分類，不但不明確，反而會失去《尚書》原有的風格。而今我們如果爲《尚書》「更易名號」，那麼典謨訓誥誓命深入人心的含義，後人就很難體會了，起碼也會大打折扣。依吳氏之意，《尚書》的體例，尚不止六類，這種見解是對的，無如我們沿用既久，似乎用不著大肆更張，僅就其中稍加變易也就可以了。如就孔氏穎達的說法分爲十類，誠然「不免失之煩瑣」，然而應如何變動，方能盡包伏生所傳二十九篇的體類？愚意以爲只要將現有六類中的訓誥二體合一，另外再將「貢體」加入即可。因爲訓誥二體，就《尚書》篇目內容來說，其差別很難分辨。在古代，君臣上下在言辭上，似乎不太講求形式，所以在訓誥方面，有的上對下，也有的下對上，不像後世臣對君稱奏疏，君對臣稱詔命，分辨得清清楚楚，不可混淆。如〈西伯戡黎〉，就是臣下誥君之辭；〈召誥〉，是同事相誥之辭；〈多士〉，爲君誥臣下之辭；〈無逸〉，爲臣下訓王之辭。再就字義上說，二字可說無異，實在說起來，訓戒與誥戒，應爲一事。可是後人以爲書既有此分類，不可不加區別，於是就說「二體很相似，大抵誥是事先戒勉，訓則已成之事，勸令改革者」。既然「很相似」，那又何必強行分類？其他特殊的篇目，尚有〈金縢〉、〈洪範〉、〈胤征〉、〈歌〉、〈禹貢〉等。就是因爲特殊，所以孔穎達才把它們各分一類，使之獨立。然而我們細察其內容，〈金縢〉乃周公爲武王祈禱之祝辭，歷來說《尚書》者，均把它歸入誥體。〈洪範〉乃箕子為武王陳述治國的大法，當然是謨。〈胤征〉乃胤侯承仲康之命以伐無道，自應歸入誓體。這是「因事而立，隨事而言」名篇的絕無異議者。至於〈五子之歌〉，就體裁言，則有類於《詩經》中的國風。《詩》大序說：「風，風也，上以風化下，下以風刺上」，而〈五子之歌〉的內容，為太康失國，其弟五人，述大禹之遺訓，以資警戒，正為下以風刺上，自可歸入訓體。至於〈禹貢〉一篇，確實很特殊，前述六類，無任何一體與之相似或相近。它的內容，可分成四個層次說明：第一，記述九州的疆界；第二，記述名山；第三，記述大川；第四，記述定賦封國。因其特殊，所以使之獨立，併前述五類合而為六。如此分類，也不過是「隨事立言」與「因便為文」而已。既可免「煩瑣」之弊，亦可不破六體的傳統分類，同時仍可保持古代文體的樸實面貌，不使人再有「訓」「誥」到底有何不同之疑，而貢體也取得了應有的地位，不再游離不定，無所歸屬了。

最後，所不憚煩言者，就是《尚書》的文體，流衍到後世，是否有變化？換句話說，它對後世的影響，又是怎樣的？關於這一點，歷代論文的學者專家，多以為「文體」源於五經。例如北齊．顏之推，在他的〈顏氏家訓〉文章篇中，就有這樣的記載：「夫文章者，原出五經，詔、命、策、檄，生於《書》者也。」南朝梁．劉勰在他的《文心雕龍．宗經》篇中也說：「詔、策、章、奏，則《書》發其原。」自此以後，這種說法，似乎成了定論。到了清代的曾國藩，更在《經史百家雜鈔》中，將文體分為三門十一類，尤其難得的，他竟保留了《尚書》中「典」的名稱。而姚姬傳（鼐）氏，每論文體，亦多喜上溯其源，他對奏議類的看法是：「奏議類者，蓋唐、虞、三代聖賢陳說其君之辭，《尚書》具之矣。」對書說類的看法是：「書說類者，昔周公之告召公，有〈君奭〉之篇，春秋之世，列國士大夫，或面相告語，或爲書相遺，其義一也。」對於詔令類的看法是：「詔令類者，原於《尚書》之誓、誥。」我們前面說過，唐、虞三代的文體，具有樸實的面貌，約略分之，本不足以盡其情，而後世之論文體者，卻每喜追述其起源，來證明他的說法，是有根據的，這也就是我們爲什麼要提出這個問題來商榷的用意了。

伍　古文尚書辨僞述略

《尚書》中有僞注、僞篇，這個意念，在很早就有了。如西漢時東海張霸造百兩尚書，當時即被識破。這是《尚書》最早的僞書，其次如東漢時代的馬融，即指出今文尚書中的〈太誓〉，就有可疑。所以他說：「〈泰誓〉後得。」（書大序正義引）到了唐代的孔穎達，在尚書大序正義中，始正式提出「僞書」這一名稱，認爲張霸於鄭注以外，僞造尚書二十四篇，而稱爲「僞書」二十四篇，這是把古文逸書十六篇析爲二十四篇，以爲是張霸僞造的（〈堯典〉第一虞書下正義）。

宋代正式提出懷疑僞古文尚書的，是徽宗時代的吳棫（字才老），著有《書裨傳》十二卷（已佚）。陳振孫《書錄解題》記載其書的綱要爲：首卷爲舉要，依次爲總說，書序、君辨、臣辨、考異、訓詁、差牙、孔傳八篇，並稱其考據詳博。明・梅鷟《尚書考異》稱引其要說：「伏生傳於既髦之時，而安國爲隸古，又特定其所知者。而一篇之中，一簡之內，其不可知者，蓋不無矣。乃欲以是書求作書之本意，與夫本末先後之義，其亦可謂難矣。而安國所增多之書（指僞古文二十五篇），今書目具在，皆文從字順，非若伏生之書，詰屈聱牙，至有不可讀者。夫四代之書，作者不一，乃至二人之手而定爲二體乎？其亦難言之矣。」這是從文體上比較所發現的疑慮。按理，伏生所傳之今文尙書應該易讀，安國所傳的古文尙書難讀，然情況恰恰相反，這就不能不使人產生懷疑了。吳氏之疑，是有理由的，是正確的。

又蔡沈《書經集傳》於〈泰誓〉篇上大題目下引吳氏疑〈泰誓〉的話說：「湯、武皆以兵受命，然湯之辭裕，武王之辭迫；湯之數桀也恭，武之數紂也傲；學者不能無憾。疑其書之晚出，或非盡當時之本文也。」這是就著湯、武在說話上的口氣，懷疑〈泰誓〉不是原來的本子。

其次是朱子（熹）。就懷疑僞古文這件事來說，他是影響後世最大的一位學者。他受了吳棫的影響，因此他自己也提出對古文尙書本文、書序、以及孔傳的懷疑辨解意見。這些相關言論，多載在他的語類卷七一～八〇、卷一二五及其文集中，前後總計不下四十多處，稱得上是一位辨疑大家。他對古文尙書本文的懷疑，如：「漢儒以伏生之書爲今文，而謂安國之書爲古文。以今考之，則今文多艱澀，而古文反平易。或者以今文自伏生女子口授晁錯時失之，則先秦古書所引之文，皆已如此，恐其未必然也。……然伏生背文暗誦，乃偏得其所難，而安國考定於科斗古書錯亂磨滅之餘，反專得其所易，則又有不可曉者。」又：「孔壁所出《尙書》如〈禹謨〉、〈五子之歌〉、〈胤征〉、〈泰誓〉、〈武成〉、〈冏命〉、〈微子之命〉、〈蔡仲之命〉、〈君牙〉

等篇皆平易，伏生所傳皆難讀，如何伏生偏記得難底？至于易底全不記得？此不可曉。」又說：「某嘗疑孔安國書是假書。……況孔書是東晉方出，前此諸儒皆不曾見，可疑之甚。」

朱子這種從文句上的難易，以及東晉以前不見此書，在歷史上找疑點的見解，是非常有力的說法。在懷疑孔安國傳時他又說：「尚書孔安國傳，此恐是魏、晉間人所作，托安國爲名。」又說：「漢儒訓釋文字，……有疑則缺，今此卻盡釋之，豈有千百年前人說底話，收拾于灰燼屋壁中與口傳之餘，更無一字訛舛，理會不得？」以理衡之，這些見解，均確然可從，難予置喙。至於朱子對《尚書》大小序的辨疑，留在大小序辨中再加引述，於此暫予從略。

再次，就是宋代的陳振孫。著有《尚書說》一書，經義考引元人袁桷的話說：「書有今文、古文，陳振孫掇拾援據，確然明白。」陳氏辨僞孔古文時說：「考之〈儒林傳〉，安國以古文授都尉朝，弟子相承，……至東都則賈逵，……逵傳父業，雖曰遠有源流，然而兩漢名儒，皆未嘗實見孔氏古文也。豈惟兩漢，魏、晉猶然，凡杜征南以前所注經傳有援〈大禹謨〉、〈五子之歌〉、〈胤征〉諸篇，皆曰逸書，其援〈泰誓〉則云今〈泰誓〉無此文。蓋伏生書無〈泰誓〉，實爲僞書也。」這見解也非常正確。

到了元代，言古文尚書僞的人，一爲趙孟頫，一爲吳澄，茲將二人見解簡述如下：

趙孟頫，著有《書今古文集注》。他在書中自序說：「詩、書、禮、樂、春秋，西漢以來，諸儒復古、殷勤收拾，而作僞者出焉。學者不察，尊僞爲眞，俾得並行以售其欺，書之古文是已。嗟夫！書之爲書，二帝三王之道，於是乎存，不幸而至於亡，於不幸之中，幸而有存者，忍使僞亂其間耶！又幸而覺其僞，忍無述焉以明之，使天下後世常受欺耶？余故分今古文而爲之集注焉。」孟頫本爲一藝術家，書畫冠絕古今，然而竟能以銳眼看穿「古文」之僞，眞可說是難能可貴了。他是分別注解今古文尚書的第一人。

吳澄，著有《書纂言》四卷。注《尚書》的人，僅言伏生所傳二十九篇，而捨棄東晉・梅賾所上二十五篇僞古文不講的，自先生始。他在書中首先將今文與古文的篇目分開，在今文目錄後說：「今考傳記所引古書，見於二十五篇之內者，如鄭玄、趙岐、韋昭、王肅、杜預，皆指爲逸書，則是此二十五篇，漢魏晉初諸儒，曾未之見也。故今特出伏氏二十八篇如舊，爲漢儒所傳確然可信。而晉世晚出之書，則別見于後。」又在古文（僞孔傳）目錄後說：「伏氏書既與梅賾所增二增混淆，誰復能辨？竊嘗讀之，伏氏書雖難盡通，然辭義古奧，其爲上古之書無疑，梅賾所增二十五篇，體製如出一手，采集補掇，雖無一字無所本，而迂緩卑弱，殊不類先漢以前之文。夫千年古書，最晚乃出，而字畫略無脫誤，文勢略無齟齬，不亦大可疑乎？……而因及其所可疑，非澄之私言也，聞之先儒云耳。」這段言論，眞是說得痛快淋漓，既合情又合理，所以《四庫全書總目提要》說：「古文尚書，自貞觀敕作正義以後，終唐世無異說，宋・吳棫作《書裨傳》，始稍稍掊擊，《朱子語錄》亦疑其僞，然言性、言心、言學之語，宋人據以立教者，其端皆發自古文，故亦無肯輕議者，其考定今文古文，自陳振孫《尚書說》始，其分編今古文，自趙孟頫《書今古文集注》始，其專釋今文，則自澄此書始。」

此例一開，有如黃河大江，一瀉不可阻遏。也啟發了明代的梅鷟，清代的閻若璩、惠棟諸儒，對二十五篇追根究柢的堅定意志，而終於揭開了作僞者的假面具。澄清了混淆紛紜的言論，令人有一種撥雲見日的感覺，他們的辛勞，總算得到了無尙的安慰。茲依次敍述如後：

梅鷟字致齋，旌德（今安徽省旌德縣）人。明武宗正德舉人，官國子監助教，著有《讀書譜》四卷和《尙書考翼》一卷。他在《讀書譜》自序中說：「伏生傳經二十有八篇，……是聖經之正也。若乃孔壁所藏，高祖過魯祀孔子時，不言古文，惠帝除挾書令時不言古文，文帝求能治《尙書》時不言古文，雖景帝時，亦無一人言孔氏有古文者。至孝武世，延七八十年間，聖孫孔安國者，專治古文，謂以今文讀之，因以起其家。延及東晉，有高士曰皇甫謐者，見安國書摧棄，人不省惜，造書二十五篇大序及傳，冒充安國古文……梅賾遂獻上而施行焉。人遂信其爲眞安國書，前此諸儒如王肅、杜預、晉初人；鄭冲、何晏、韋昭、三國人；鄭玄、趙岐、馬融、班固、後漢人；劉向、歆、張霸、前漢人；皆未見。不曰逸書，則曰今亡，史（記）漢（書）所載，絕無二十五篇影響，其曰鄭冲、蘇愉，皆誣之耳。……朱子曰：『古文東晉時出，前此諸儒，皆未之見。』豈不痛切而明快哉！……隋唐以來千餘年，除吳先生《纂言》之外，曾無一人爲聖經之忠臣義士者，豈不痛哉！」梅氏以痛快激情之言，指出了二十五篇爲僞書，但卻認爲此二十五篇爲皇甫謐所僞造，誠未免有千慮一失之憾。四庫總目就曾指出這是因爲依據孔穎達引《晉書》的話「其文未明，未可據爲謐作之證」。其次如爲謐僞造，謐曾作《帝王世紀》，「往往載孔氏二十五篇之文，至其稱五子爲五觀，且與梅氏相剌謬，然則謐所據之古文，又安可盡信乎?」又如《帝王世紀》：「有苗氏負固不服，禹請征之，舜曰：『我德不厚，行武非道也，吾前教由未也。乃修教三年，執干戚而舞之，有苗請服。』其說本《韓非子》，與〈大禹謨〉不合。」（惠棟《古文尚書考》，辨梅氏增多古文之謬十五條）據此，我們認爲謐僞造二十五篇之說，不能成立。其他所言，則確能冠絕一時。

在梅氏之前，所有辨孔傳爲僞書的人，其言論多停滯在文字難易的區分上面（如朱子、吳棫均是），至梅氏，則進而運用搜集證據的方法，來從事辨僞的舉發。要而言之，約可分爲兩方面敍述：

一、**屬於文獻方面的證據**：他揭開了二十五篇僞古文，均爲雜取先秦典籍中的語句而成。他說：「《尚書》惟今文傳自伏生口誦者爲眞古文，出孔壁者盡後儒僞作。大抵依約諸經、論、孟中語，並竊其字句而緣飾之。」所以他在《尚書考翼》中，不惜費時費力地搜討證據，並且列舉實例，借明其言之不虛。茲節錄其數例如後：

〈大禹謨〉中的「克艱」二句，取自《論語》；「不矜不伐」，取自《老子》；「滿招損」等句，取自《易》；「人心、道心」等句，取自《荀子》引《道經》；「有苗格」，仿自〈堯典〉。〈益稷〉中的「賡歌」及〈五子之歌〉中的「忸怩」等句，均取自《孟子》。〈胤征〉中的「火炎崐岡」等句，取自《三國志》。〈仲虺之誥〉中的「慙德、口實」等句，皆取自《左傳》。〈湯誥〉中的「降衷」句，取自《國語》。

除此以外，在二十五篇其他各篇中，就其文句，也都尋覓出其剽竊的出處或改易的痕迹，以證明古文尚書，確實是僞造。案：近人屈萬里先生著《尚書集釋》，書後附有「僞古文尚書襲古簡注」，就其中文句的出處、所根據的古籍言，頗有出入，這大概是「前修未密，後出轉精」的緣故吧！

二、屬於史實方面的證據：如瀍水原出穀城縣，晉代始省穀城入河南，而孔傳竟注今河南城。又如積石山在西南羌中，漢昭帝時始置金城郡，事在孔安國身後，而孔傳竟注：「積石山在金城西南。」凡此，均足以作爲斷定孔傳之僞的鐵證。

這兩種搜證研究的方法，不僅得到了四庫全書總目的肯定，同時也給清代的閻氏若璩、惠氏棟在科學的考辨上，導啟了先路，因而在《尚書》的研究上，有了出色、不凡的成就。而稍早於閻氏亦曾與之爲友並助其著《古文尚書疏證》者，爲顧炎武先生（見梁啟超《中國近三百年學術史・六、顧亭林》章）。顧氏於古文尚書之僞，也提出了他的見解：

顧氏謂：「管子曰：『黃帝得六相。』《宋書・百官志》曰：『殷湯以伊尹為右相，仲虺為左相。』然其名不見於經。惟《書・說命》有『爰立作相』之文」（《日知錄》卷二五相條）。顧氏又謂：「靈臺之詩曰：『虡業維樅。』傳曰：『業，大版也，所以飾栒為縣也。』故借為敬謹之義，……借為事業之義。然三代詩書之文，並無此義，而『業廣惟勤』一語，乃出於梅賾所上之古文尚書（案：語出〈周官〉篇）。」

以上二則，為清・惠棟《古文尚書考》引以證古文尚書之僞。顧氏又謂：「商之德澤深矣，尺地莫非其有也，一民莫非其臣也，武王伐紂，乃曰：『獨夫受，洪惟作威，乃汝世讎。』曰：『肆予小子，誕以爾眾士，殄殲乃讎。』（〈泰誓下〉）何至于此！紂之不善，亦止其身，乃至並其先世而讎之，豈非〈泰誓〉之文，出於魏、晉間人之僞撰者邪？」（《日知錄》卷二「泰誓」條（此則為清人崔述《古文尚書辨僞》引以為證。

此外與閻氏同時而成書早於閻氏者的姚際恒（字立方），著《九經通論》一百七十卷，遍疑羣經，其中《古文尚書通論》十卷，精義特多，閻氏見後，譽為「多超人之見」。並錄其文，散置在自著的疏證相關條下，而把姚氏所言尤有關聯者，集錄在一起，作為疏證的一百二十一條。惜姚氏書已佚，閻氏所錄，無意中卻作了姚書的保存者。

再者，就是馮景，字山公，著有《解舂集》二十卷，收入【皇清經解】二百零五卷（今漢京本十二册，頁八〇三一）。二人常有書信往還，討論古文尚書事。

再其次即爲朱彝尊，著有《尚書古文辨》一卷，專辨僞古文，亦有精闢見解。收入【百部叢書】《學海類編》中。因其文字不多，另將原文附在本文後，以供參考。

閻若璩，字百詩，山西太原人。幼口吃，性頗頓，讀書過千百遍不能熟。冬夜讀書，寒甚，漏四下，堅坐沈思，心忽開，自是穎悟絕人。是歲補學官弟子，一時名士如李太虛、方爾止、王于一、杜于皇輩，皆折輩行與交。年二十，讀《尚書》至古文二十五篇，即疑其僞，沈潛三十餘年，盡得其癥結所在，作《古文尚書疏證》八卷，自此而古文尚書之僞，於焉定讞。

閻氏所處的康熙時代，若以尚書學來說，可說是宋學與清學的交接時期。在此以前，則尚是宋學餘波盪漾時期，即使是閻氏本人亦仍遵信宋學。他曾說：「天不生宋儒，仲尼如長夜。」然而自《古文尚書疏證》完成後，而清學時期，即行肇端。我們在前文中一再提及，從宋代的吳棫、朱子（熹）開始，經元代的吳澄、明代的梅鷟等學者的努力，直至清初長達五、六百年之久，對僞古文尚書的辨疑運動，已經到了成熟階段，閻氏以深厚的學養和殫精銳思的鑽研，而這一艱難的歷史任務，也就在他的努力下，終於開花結果地圓滿完成了。茲擇其精要言論，節錄如下：

一、在文獻方面的證據：

㈠根據《漢書．藝文志》以及〈楚元王傳〉的記載，均謂孔壁所出古文尚書爲十六篇，梅賾

所獻增多爲二十五篇，此篇數之不合。（疏證一）

㈡馬、鄭所注，乃據杜林本古文，其所多十六篇篇名具在，其中〈九共〉篇爲九篇，故亦爲二十四篇，而僞孔本二十五篇中，〈無汨作〉、〈九共〉、〈典寶〉等篇，此篇名之不合。（疏證三）

㈢古文〈武成〉篇，亡於建武之際，劉歆校書時，其篇固在，故作《三統曆》引〈武成〉八十二字，其文句與今傳僞孔〈武成〉文句完全不同。（疏證五）

㈣《三統曆》引古文〈伊訓〉篇文：「惟太甲元年十有二月乙丑朔，伊尹祀于先王，誕資有牧方明。」今安國傳無「誕資有牧方明」一語。鄭康成注書序、〈典寶〉引〈伊訓〉曰：「載孚在亳。」又曰：「征是三朡。」今安國傳亦無之。（疏證六）案：鄭康成注書序、〈典寶〉引〈伊訓〉中的「引」字，疑應在〈典寶〉上，而爲「引〈典寶〉、〈伊訓〉」。

㈤馬融疑〈泰誓〉後得，所舉五則逸文，梅賾所獻〈泰誓〉，悉舉收入，而馬氏未舉者，如《墨子・尚同》篇所引：「小人見奸巧，乃聞不言也，發罪鈞」三句，僞孔本即未採用。（疏證七）

㈥文有承譌踵謬，歷千載莫覺其非，而一旦道破，令人失笑者。古文〈大禹謨〉：「皋陶邁種德，德乃降」二句是也。孔安國傳此二句曰：「邁行、種布、降下也。」言皋陶布行其德，下洽於民也。……然《左傳》莊公八年、夏，師及齊師圍郕，郕降於齊師，仲慶父請伐齊師。公

〈魯莊公〉曰：「不可。我實不德，齊師何罪，罪我之由。〈夏書〉曰：『皋陶邁種德。』德乃降（音ㄒㄧㄤˊ）。姑修德以待時乎？杜預注：『皋陶邁種德』一句曰〈夏書〉，逸書也。」注德乃降一句曰：「言苟有德，乃爲人所降服也。」此可顯見僞孔注之疏失。將魯莊公之釋語，誤採入經文。（疏證九）

(七)書有今古文，此自西漢時始然，孟子時固無有也。無有則同一百篇而已矣。何孟子引今文尙書，由今校之，辭既相符，義亦脗合，及其引古文尙書，若〈泰誓上〉、〈泰誓中〉、〈武成〉，辭既不同而句讀隨異，義亦不同，而甚至違反？（疏證一四）

(八)由古文傳授系統，知鄭玄所注之古文，亦淵源於孔安國，而梅賾所獻古文尙書，就篇數、篇名之離合存亡言，皆絕不與西漢同。（疏證一七）

(九)孔傳本〈泰誓中〉「雖有周親，不如仁人」二句注與《論語．堯曰》篇相同之二句，同爲孔安國所注，相校之下何以不同？知孔傳本必非眞古文。（疏證一九）案：〈泰誓中〉孔傳：「周，至也。言紂至親雖多，不如周家之少仁人。」《論語》孔注：「親而不賢、不忠，則誅之，管、蔡是也。仁人，謂箕子、微子，來則用之。」

(十)〈大禹謨〉：「人心惟危，道心惟微，……」十六字四句，本爲《荀子．解蔽》篇引《道經》語。先秦子書，被引入經書，遂亦爲經，其例甚多。如《荀子．禮論》篇：「今自三年之喪何也，至古今之所一也」一段，載入《禮記》，名曰「三年問」，是又即以《荀子》爲經之證也。

（疏證三一、三二）

二、在史實方面的證據：

㈠在曆法上指出〈胤征〉所載仲康即位日食之變與曆法不合。〈畢命〉載：「六月庚午朏」，依唐一行《大衍曆》據《竹書紀年》推算，此月無庚午。惟邵雍《皇極經世》此月有庚午。此是據晉世資料所致。又〈殷本紀〉所載〈湯誥〉與曆法合。而僞古文〈湯誥〉與之不合。（疏證八一～八四）

㈡在地理上，閻氏沿用了明．梅鷟所舉金城、河南二地在孔安國身後二證（疏證八七～八八），又補充濟瀆枯而復通在王莽後，孟津移河南在漢靈帝後，僞古文皆用遠在孔安國以後之事。〈武成〉之華山，乃《山海經》及《水經注》門水所出之陽華山，而誤以爲太華山（案：陽華山，在今陝西省雒南縣東北。又名華陽山。太華山，在今陝西省華陰縣南，即西嶽。），又以僞〈武成〉誤認商郊、牧野爲二地。此外尚涉及〈禹貢〉地理方面的考訂。（疏證八五～九六）

凡此，均爲最有力的證據，足以判定孔傳本的爲後人所僞造。此外，如疏證九七～一一二（卷七），則揭發僞孔本各篇文句次第及敍述上的矛盾。疏證一一三～一二八（卷八），則多引前賢自吳棫、朱子、馬驌、郝敬、鄭瑗、王充耘、焦竑、華峙、姚際恒等學者疑古文尚書之言，然後再加申說。有同其意者，有不同其意者，然皆足以補其對古文尚書辨僞之證。

閻氏著《尚書古文疏證》，所以能有如此的成就，其毅力、才智，固爲主要關鍵，然其能掌握要點，亦爲因素之一。他在疏證一一三條最後結語中說：「天下事、由根柢而之枝節也易，由枝節而之根柢也難。竊以考據之學亦爾。予之辨僞古文，喫緊在孔壁原有眞古文爲〈舜典〉、〈汩作〉、〈九共〉等二十四篇，非張霸僞撰，孔安國以下，馬、鄭以上，傳習盡在於是（案：於是，乃指與伏生所傳相同之二十八篇古文。此二十四篇絕無師說，馬融已言之詳矣。），〈大禹謨〉、〈五子之歌〉等二十五篇，則晚出魏、晉間假託安國之名者，此根柢也。得此根柢在手，然後以攻二十五篇，其文理之疏脫，依傍之分明，節節皆迎刃而解矣。不然，僅以子史諸書，仰攻聖經，人豈有信之哉！曾寄與黃太冲（案：即黃宗羲）讀一過，歎曰：『原來當兩漢時，安國之《尚書》，雖不立學官（平帝時暫立，旋廢），未嘗不私自流通，逮永嘉之亂而亡，梅賾上僞書，冒以安國之名，則是梅賾始僞，顧後人併以疑漢之安國，其可乎？可以解史傳連環之結矣。』」於此可窺閻氏治學的所以有成就，乃緣其方法之得當，所見眞切，並借黃宗羲之言，將僞孔傳之作者，歸之梅賾。

《四庫全書總目提要》卷一二評論說：「古文尚書較今文多十六篇，晉魏以來，絕無師說，故左氏所引，杜預皆注曰逸書。東晉之初，其書始出，乃增多二十五篇，初猶與今文並立，自陸德明據以作釋文，孔穎達據以作正義，遂與伏生二十九篇混合爲一。唐以來，……未言古文之僞，自吳棫始有異議，朱子亦稍稍疑之，吳澄諸人本朱子之說，相繼抉摘，其僞益彰，然亦未能條分縷析，以抉其罅漏，明・梅鷟始參考諸書，證其剽剟，而見聞較狹，蒐采未周，至若璩乃引經據古，一一陳其矛盾之故，古文之僞乃大明。所列一百二十八條，毛奇齡作《古文尚書寃詞》，百計相軋，終不能以強辭奪正理，則有據之言，先立於不可敗也。……其中偶爾未核者，如據正義所載，鄭玄書序注，謂馬鄭所傳與孔傳篇目不符，其說最確。至謂馬鄭注本亡於永嘉之亂，則殊不然。考二家之本，隋志尙皆著錄，稱所注凡二十九篇，《經典釋文》備引之，亦止二十九篇，蓋其無師說者十六篇，止得二十九篇，與伏生數合，非別有一本注孔氏書也。若璩誤以鄭逸者，即爲所注之逸篇，不免千慮之一失。又《史記》、《漢書》但有安國上古文尙書之說，並無受詔作傳之事，此僞本鑿空之顯證，亦辨僞本者至要之肯綮，乃置而未言，亦稍疏略。……然反復釐剔以祛千古之大疑，考證之學，則固未之或先矣。」這評論是確當的，同時也深切地說出了閻氏在考證上不凡的成就。

最後，讓我們再來看看惠棟他在辨僞方面所作的貢獻。惠棟字定宇，江蘇吳縣人。於諸經熟洽貫串，尤邃於易。爲學獨尊於漢，廣泛搜集，閎肆淵博，乃其治學特點，爲清代吳派的創始人。在尙書學方面，著有《古文尙書考》二卷，以其資料充實，無形中提供了無可辯駁的僞古文證據，故能極擅盛名。他在所著《古文尙書考》前言中說：「孔安國古文五十八篇，漢世未嘗亡也。三十四篇與伏生同，二十四篇增多之數，篇名具在，劉歆造《三統曆》，班固作《律曆志》，鄭康成注尙書序，皆得引之，特以當時未立於學官，故賈逵、馬融等，雖傳孔學，不傳逸篇。融作書序亦云：『逸十六篇，絕無師說。』蓋漢重家法，習《尙書》者，皆以二十九篇爲備，于時雖有孔壁之文，亦止謂之逸書，無傳之者。然其書已入中秘，是以劉向校古文，得錄其篇，箸于《別錄》。至東京時，惟亡〈武成〉一篇，而〈藝文志〉所載五十七篇而已。其所逸十六篇，當時學者，咸能案其篇目，舉其遺文，雖無章句訓詁之學，翕然皆知爲孔氏之逸書也。或曰：『古文出于晉世，若兩漢先嘗備具，何以書傳所引〈太甲〉、〈說命〉諸篇，漢儒羣目爲逸書歟？』曰：今世所謂古文者，乃梅賾之書，非壁中之文也。賾采摭傳記作爲古文，以紿後世，後世儒者，靡然信從，於是東晉之古文出，而西漢之古文亡矣。孔氏之書，不特文與梅氏絕異，而其篇次亦殊。愚既備箸其目，復爲條其說于左方，以與識古君子共證焉。」

在這段文字中，不僅清楚地說明了孔安國古文五十八篇的來龍去脈，同時也明白地指出僞古文是由梅賾所僞造。緊接著他就列出孔氏古文尚書五十八篇篇目，及鄭氏康成所述古文逸書二十四篇篇目，以辨孔穎達「以孔氏十六篇爲張霸所造僞書」，並列舉四點以證其非。然後就是「辨正義四條」，「證孔氏逸書九條」。又列舉「梅氏增多古文二十五篇篇目」，「辨梅氏增多古文之謬十五條」，「辨尚書分篇之謬」，最後附閻氏若璩《尚書古文疏證》精要之舉證，進入正文後，即按僞古文二十五篇，依次就其內容文字，一一陳其出處，使其作僞之迹，無可遁形，徹底顯現在讀者面前。如果說僞古文尚書由閻氏若璩定讞，而惠氏棟，則可說是使此定讞的罪證，更加明確、更加周延的完成者。（《古文尚書考》，見【皇清經解】卷三五一。漢京本第五冊，頁三〇六一）

三○至偽造古文尚書的人，究竟是誰，說法雖多，然迄今尚無定論，只好俟諸異日了。

本文參考書目

史記　司馬遷撰
兩漢書　班固撰　范曄撰
偽古文尚書（十三經注疏本）
皇清經解正續編（漢京本）
四庫全書總目提要（藝文本）
書經集傳　蔡沈撰
尚書集釋　屈萬里撰
尚書學史　劉起釪撰
經義考　朱彝尊撰
尚書流衍及大義探討　李振興撰

附朱彝尊《尚書古文辨》——藝文【百部叢書】本

尚書古文辨

清　秀水朱彝尊錫鬯撰

尚書古文出孔子壁中安國孔子後悉得其書考伏生所傳二十九篇得多十六篇以授都尉朝倪寬于時司馬遷亦從安國問故班固謂遷書載堯典禹貢洪範微子金縢諸篇多古文說攷諸史記于五帝本紀載堯典舜典文于夏本紀載禹貢臯陶謨益稷甘誓文于殷本紀載湯誓高宗彤日西伯戡黎文于周本紀載牧誓甫刑文于魯周公世家載金縢無逸費誓文于燕召公世

家載君奭文于宋微子世家載微子洪範文凡此皆從安國問故而傳之者乃孔壁之眞古文也然其所載不出二十九篇外惟湯誥載其文百三十字泰誓載其文九十七字良由十六篇未奉詔旨立博士設弟子安國不敢私授諸人故自膠州庸生而下至于桑欽所習者仍二十九篇而已東漢之初扶風杜林得漆書于西州以授徐巡衞宏于是賈逵作訓馬融作傳鄭康成注解餘若尹敏孫期丁鴻劉祐張楷孔喬周磐類從漆書之學初不本于安國而孔穎達正義謬稱孔所傳者賈逵

馬融等皆是又言鄭意師祖孔學而賤夏侯歐陽等由穎達不察見古故字即以爲安國所傳亦牾疏甚矣漆書古文雖不詳其篇數而馬鄭所注實依是書陸氏釋文采馬氏注甚多然惟今文暨小序有注亦無一語及增多篇文是賈馬鄭諸家未覩孔氏古文者也後漢書孔僖傳自安國以下世傳古文尚書連叢子亦載孔大夫與僖子季彥問答大夫曰今朝廷以下四海以內皆爲章句內學而君獨治古義盍固已乎季彥答曰先聖遺訓壁出古文臨淮傳義可謂妙矣而不在科策之例

世人固莫識其奇賴吾家世世獨修之若是則壁中之書僖家具存矣獨怪肅宗幸魯遇孔氏子孫備其恩禮僖家既有臨淮傳義其時上無挾書之律下無偶語之禁何不于講論之頃一進之至尊上之東觀乃祕不以示人乎竊意僖家古義亦無異博士所傳之篇目是僖亦未覩孔氏增多之古文也趙岐注孟子高誘注呂覽杜預注左傳遇孔氏增多篇內文皆曰逸書惟許慎說文序謂易稱孟氏書孔氏詩毛氏夫以賈馬鄭諸儒均未之見許氏何由獨得之其撰五經異義于舜典禋于

六宗一云六宗者上不謂天下不謂地旁不謂四方居中恍惚助陰陽變化此歐陽生大小夏侯氏說也一云古尚書說六宗者謂天宗三地宗三天宗日月北辰也地宗岱山河海也日月爲陰陽宗北辰爲星宗岱山爲山宗河海爲水宗所謂古尚書說者賈逵之說本之漆書者也使許氏稱孔氏書則四時寒暑日月星水旱之氣亦必舉之矣乃僅述歐陽夏侯賈氏之說則愼實未見孔氏古文者也譙周五經然否論援古文書說以證成王冠期攷今孔傳無之則周亦未見孔氏古文者也

正義謂王肅注書始似竊見孔傳故注亂其紀綱爲夏太康時然攷陸氏釋文所引王注不一並無及于增多篇內隻字則肅亦未見孔氏古文者也正義又云古文尚書鄭冲所授冲在高貴鄉公時業拜司空高貴鄉公講尚書冲執經親授與鄭小同俱被賜使得孔氏增多之書何難上進其後官至太傅祿比郡公几杖安車備極榮遇其與孔邕曹羲荀顗何晏共集論語訓注奏之于朝何獨孔書止以授蘇愉祕而不進又論語解雖列何晏之名冲實主之若孔書既得則或謂孔子章引書

即應證以君陳之句不當復用包咸之訓謂孝乎惟孝美大孝之辭矣竊疑沖亦未見孔氏古文者也正義又引晉書皇甫謐從姑子外弟梁柳得古文尚書故作帝王世紀往往載孔傳五十八篇之書夫士安既得五十八篇之書篤信之宜于世紀均用其說乃孔傳謂堯年十六即位七十載求禪試舜三載自正月上日至堯崩二十八載堯死壽一百一十七歲而世紀則云堯年百一十八歲孔傳謂舜三十始見試用歷試二年攝位二十八年即位五十年升遐南方巡狩死于蒼梧之野而

葬焉壽一百十二歲而世紀則云舜年八十一即眞八十三而薦禹九十五而使禹攝政攝五年有苗民叛南征崩于鳴條年百歲孔傳釋文命謂外布文德教命而世紀則云足文履己故名文命字高密孔傳釋伯禹謂禹代鯀爲崇伯而世紀則云堯封爲夏伯故謂之伯禹孔傳釋呂刑云呂侯爲天子司寇而世紀則云呂侯爲相所述多不相符竊疑謐亦未見孔氏古文者也然則增多十六篇自漢迄西晉蔑有見者一旦東晉之初出文五十九篇俱出而并得孔氏受詔所作之傳學者有

不踊躍稱快者乎于焉諸儒或說大義或成義疏或釋音義越唐及汴宋莫敢輕加擬議南渡以後新安朱子始疑之伸其說者吳棫趙汝談陳振孫諸家猶未甚也迨元之吳澄明之趙汸梅鷟鄭瑗歸有光羅敦仁則攻之不遺餘力矣蓋自徐邈注尚書逸篇三卷晉人因而綴輯若拾遺秉滯穗以作飯集雞頭狐腋以爲裘于大義無乖而遺言足取似可以無攻也論其大略傳文之可疑者安國嘗注論語矣堯曰篇予小子履十句注云是伐桀告天之文墨子引湯誓若此而傳以釋湯誥在

克夏之後雖有周親二句注云親而不賢則誅之管蔡是也仁人謂箕子微子來則用之而傳則云紂至親雖多不如周家之多仁人傳注出自一人之手而異其辭何與史記殷本紀殷之太師少師持其祭器奔周周本紀紂殺比干囚箕子太師疵少師彊抱其樂器奔周宋世家微子數諫紂紂弗聽及去未能自決乃問于太師少師太師少師勸微子去遂行則今文微子篇所云父師少師自有其人史遷受書于安國其說必本于安國也乃今孔傳云父師太師三公箕子也少師孤卿比干

也夫三仁皆殷王子父師若係箕子殷人尚質其語兄之子必呼其名惟出于疵之口故稱微子曰王子也班氏古今人表亦書太師疵少師彊姓名流傳有自而僞托孔傳者不知也至于賄肅愼之命注云東海駒驪扶餘馯貊之屬武王克商皆通道焉攷周書王會篇北有稷愼東則濊良而已此時未必卽有駒驪扶餘之名且駒驪主朱蒙以漢元帝建昭二年始建國號載東國史略安國承詔作書傳時恐駒驪扶餘尚未通于上國況武王克商之日乎序文之可疑者三墳言大道五典言

常道遯辭易窮分之無可分也讚易道以黜入索述職方以除九邱無稽勿聽刺之無可刺也古文之存于今者惟岣嶁禹碑奇古難識其諸擅山石岐陽獵碣以及夏殷周鼎鐘彝鬲敦卣盤匜之屬並不作科斗文何獨孔壁所藏書獨用之殆不過張皇其辭以欺惑後世焉爾又言以所聞伏生之書攷論文義定其可知者此金華王柏所云古文之書初無補于今文反賴今文而成書者已且如司馬氏問故于安國載入史記諸篇字句多別今四十九篇中凡今文所有悉與伏生所授無異

辭則作序者初不見孔壁古文僅增多二十五篇而已且班固漢志劉歆移太常博士書荀悅漢紀顏師古注漢書增多祇十六篇而安國承詔爲五十九篇作傳若是則諸家所云翻不足信也史記孔子世家稱安國爲今皇帝博士至臨淮太守早卒自序有云予述黃帝以來至太初而訖又云卒述陶唐以來至于麟止是安國之卒本在太初以前若巫蠱事發乃征和二年距安國之沒當已久矣漢紀孝成帝三年劉向典校經傳考集異同于古文尙書云武帝時孔安國家獻之則知安國

已沒而其家獻之漢書文選鋟本流傳偶脫去家字爾若班氏云遭巫蠱倉卒之難未及施行乃史家追述古文所以不列學官之故而序言會國有巫蠱事經籍道息乃出自安國口中不亦刺繆甚乎自高齋十學士登之文選後之學者遂不敢非是不可以不辨

案：朱氏參考各家，深思冥索，所言最爲當理，有憑有據，簡明切要，辨語洵不可敗。

陸　《尚書》大、小序辨疑

談到《尚書》所載資料的豐富與完整，恐怕要數今傳【十三經注疏】中的《尙書正義》了。這部書，爲唐代孔穎達奉敕所撰，前有僞託孔安國所作的一篇序言，通常被稱爲「大序」，又把自東漢以來，馬融、鄭玄所注而輯爲一篇的所謂「百篇書序」，分別冠在各篇的前端，因此也就有人稱之爲「小序」了。關於大、小序的眞僞，以及作序的時代，洵可謂爲言人人殊，難有定說，玆所辨者，雖知不免有「狗尾續貂」之譏，然仍欲一吐所見之言，藉此就教於方家。

一、大　序

大序的可疑有二：

一、假如我們撇開僞不僞這個問題不談，僅就文章而論，大序可以稱得上是一篇好文章。無論是其行文的語氣、用字的技巧、遣辭的得法、表義的明晰，以及其段落的結構、全文的布局，乃至起承轉合的運用等，都已到達相當精微熟練的程度，決非西漢人的文章所有。這一點，南宋大儒朱子（熹），最爲明察，所以他說：

1. 大序不是孔安國作，只怕是撰《孔叢子》底人作。文字軟善，西漢文字則麤（粗）大。
2. 漢文章重厚有力量，今大序格致極輕，疑是晉、宋間文章，況孔書至東晉方出，前此諸儒，皆不曾見，可疑之甚。
3. 安國序，亦非西漢文章，向來語人，人多不解，惟陳同父聞之不疑，要是渠識得文字體製意度耳。
4. 今觀序文，亦不類漢文章，漢時文章粗，魏晉間文字細。
5. 孔傳並序，皆不類西京文字氣象，……蓋其言多切表裏，而訓詁亦多出於小《爾雅》也。

（以上所引並見《朱子語類》卷七八。）

就大序所表現的氣象、格致、軟善、細微、多切表裏言，朱子的話，非常中肯，所見也非常眞切，我們願意舉雙手贊同。因爲一個人的背景、環境、所受的教育，乃至思想、觀念，是很難跳脫那個時代的，我們只要拿西漢文章，與魏、晉文章一比，馬上就可看出它們的不同，假如我們拿魏、晉文章，和唐、宋文章相較，也可以馬上分辨出它們的差異，所以我們說朱子的話，非常中肯可信。

二、大序乃以第一人稱方式行文，換句話說，也就是孔安國用自己的口氣，說出作傳的理由和見解。因此，要證明大序之僞，最簡明有力的方式，就是用「以子之矛，攻子之盾」的辦法。

㈠大序說：「承詔爲五十九篇作傳」。這句話，簡直就是「鑿空蹈虛」毫不足信。也正由於它的不足信，反而給我們留下了致疑的根據。「承詔」，乃何等大事！爲什麼《史記》、《漢書》竟然沒有片言隻字的記載？更何況著《史記》的司馬遷，曾問故於孔安國，如其師承詔作傳，當爲何等光榮之事，然而何以竟無一言提及？確實「可疑之甚」。

㈡大序又說：「會國有巫蠱事，經籍道息。」考巫蠱之事，起於漢武帝征和元年十一月，至次年七月太子自殺，才算結束，這已是武帝的晚年了。假如這時孔安國還健在的話，或有作序的可能，問題是此時孔安國已經不在人間很久了。又何能知有巫蠱之事？我們都知道，司馬遷嘗從安國問故（見《漢書．儒林傳》），然而太史公在〈孔子世家〉中卻說：「安國爲今皇帝（武帝）博士，至臨淮太守，早卒。」在〈自序〉中又說：「余述歷黃帝以來，至太初而訖。」是安國之死，決不能超過太初乃可斷言。考太初爲武帝第七次改元的年號，太初元年，爲西元前一〇四年。征和爲武帝第十次改元的年號。征和元年，爲西元前九十二年。卽便安國在太初四年死（案：太初共計四年），到征和元年，也已有九年了。一個死去九年的人，又何能以自己的語氣，來述說九年後所發生的巫蠱之事？僅此一點，就足可以使《尚書》大序之僞定讞了，更何需他求？至於作大序的時代，我們贊同朱子的說法，應該是晉、宋間人所作。

二、小序

關於小序的作者及時代問題，說法比較紛歧，茲僅就顯著爲人所知者，論析如次：

一、爲孔子所作：首先說小序爲孔子所作者是班固。他在《漢書・藝文志》中說：「《易》曰：『河出圖，洛出書，聖人則之。』故書之所起遠矣，至孔子纂焉，上斷於堯，下訖於秦，凡百篇，而爲之序，言其作意。」在〈儒林傳〉中又說：「孔子曰：『周監於二代，郁郁乎文哉！吾從周。』於是敍書，則斷〈堯典〉。」之後的馬融、鄭玄、王肅諸儒，無不以此說爲是。然而我們有以下幾個理由，可以推翻這種見解。

第一，首先否認此種說法的是朱子。他說：「小序斷不是孔子作，只是周、秦間低手人作。」其所持的理由是：「〈堯典〉一篇，自說堯一代爲治之次序，至讓于舜方止，今卻說是讓于舜後方作。〈舜典〉亦是見一代政事之終始，卻說歷試諸難，是爲受讓時作也。至後諸篇皆然。」（《朱子語類》卷七八）這是說，小序所言，與〈堯典〉、〈舜典〉的內容不符，甚至還有乖背違理的地方。爲使朱子的話，得到充分的證明，現在就再作進一步的探討：

〈堯典〉序說：「昔在帝堯，聰明文思，光宅天下，將遜于位，讓于虞舜，作〈堯典〉。」

就序意言，作〈堯典〉的時間，是在讓於舜後當時。可是〈堯典〉一開始卽言：「曰若稽古帝堯。」這不很顯然地是後人在述說古代的口氣嗎？因此我們認爲朱子所指責「今卻說是讓于舜後方作」的話是對的。〈舜典〉序說：「虞舜側微，堯聞之聰明，將使嗣位，歷試諸難，作〈舜典〉。」簡朝亮評論此序說：「序言側微，卽經言側陋也。堯聞之者，豈惟聰明乎？何不以孝德言乎？況孟子引放勳乃徂落，明稱〈堯典〉，而歷試諸難，明在放勳徂落之前，何得爲〈舜典〉乎？此其作僞之迹，顯然矣。」（《尚書集注述疏》）而最可笑的是〈舜典〉一開始，也是來上一句「曰若稽古帝舜」，有這種乖謬的記載存在其間，又怎能不使朱子說：「小序斷不是孔子作」呢？又如〈典寶〉序說：「夏師敗績，湯遂從之，遂伐三朡，俘厥寶玉，誼伯、仲伯作〈典寶〉。」程廷祚《晚書訂疑》評論說：「案桀自鳴條奔三朡，湯師追之，而桀復奔南巢，序云俘厥寶玉，蓋桀載寶以行，而爲湯師所獲，因獻俘以爲亡國之戒可矣，書名〈典寶〉，則重之辭也，豈聖王而重寶玉乎？可謂名實不相符矣。」再如〈周書・無逸〉、〈立政〉篇的序文，均說「周公作〈無逸〉，作〈立政〉。」然而如一察看內容，就馬上可以發現這兩篇都有「周公曰」的記載。周公，聖人也，應有謙德，如爲其所作，又怎能自稱爲公？這種爲後人稱述的迹象，不很顯然？至於朱子所說小序「只是周、秦間低手人作。」也可找出充分的證明。顧炎武先生《日知錄》卷二引益都孫寶侗仲愚的話說：「書序爲後人僞作，逸書之名，亦多不典。至如《左氏傳・定公四年》，祝陀告萇弘，其言魯也，曰命以〈伯禽〉，而封於少皞之虛。其言衛也，曰命以〈康誥〉，而封於殷虛。其言晉也，曰命以〈唐誥〉，而封於夏虛。是則〈伯禽之命〉、〈康誥〉、〈唐誥〉，周書之三篇，而孔子所必錄也。今獨〈康誥〉存而二書亡，爲書序者，不知其篇名，而不列於百篇之內，疏漏顯然。是則不但書序可疑，並百篇之名，亦未可信矣。」顧氏緊接著以稱許的口吻說：「其解命以伯禽爲書名「伯禽之命」，尤爲切當。」類此情形者尚多，茲不一一備舉。總之，小序所以有如許漏洞、破綻，全是由於僞作書序的人，不夠博約明察。復因古時書籍，磨滅散亡的又多，而作僞序的人，又未能掌握全局，洞悉事理，難免百密一疏，以致留人以口實。朱子以「低手人」相譏，誠不爲過。

第二，就小序說，不僅言作意，同時也舉篇名。可是在孔子之時，《尚書》的篇名，還沒有產生，作序又何從說起？不錯，孔子以書教弟子，也是事實（見《史記・孔子世家》），可是當他引用「書」文的時候，總是說「書曰」如何、如何，而絕無提及「書」的篇名的。在《論語》中曾有兩次引用書文，一在〈爲政〉篇，一在〈憲問〉篇，但均未提到篇名。假如此時已有篇名，以循循善誘的孔子，決不可能不明指篇名而僅言書曰，故意的來打啞謎，折騰學生。必待《孟子》、《荀子》、《國語》、《國策》、《左傳》這些著作出現以後，不僅引「書」文言篇名，而且次數也遠較《論語》爲多（詳情請參許錟輝撰《先秦典籍引尚書考》）。由這一事實，使我們可以領悟《尚書》篇名的出現，當在孔子之後、孟子之前的一百年間。

第三，近人唐文治《尚書大義》引其門人陳氏柱的話說：「書序（小序）既非孔子所作，將爲何人作耶？蓋孔子以後，周、秦之間，傳《尚書》者之所爲也。太史公知之，故嘗用其說而不言孔子作書序。其三代世表云：『孔子次《春秋》，序《尚書》。』〈孔子世家〉云：『追蹤三代之禮，序書傳。』崔述以爲史文之序，當讀作次序之序，非序跋之序，是也。班志以爲伏生古文既有序，遂誤會《史記》序字以爲孔子序書，故云孔子序書，明其作意，此馬、鄭之所本也。」此說考覈明確，足以羽翼朱子。

二、爲劉歆所僞造：主張這種說法的人爲康有爲。他說：「《尚書》古文經四十六卷，二十九卷外，並得多十六篇計之，尚缺一卷，必合序數之乃足。然則序與十六篇同出無疑。歐陽大小夏侯皆不言序，後漢古文大行，注《尚書》者，遂皆注序，則序出於歆之僞古文明矣。」（見《新學僞經考》卷一三）

康氏的話，恐怕不能成立。理由是遠在唐代的孔穎達，就已經否認了。他說：「此序鄭玄、馬融、王肅並云孔子作。……鄭知孔子作者，依緯文而知也。」（《尚書・堯典》小序下正義）考緯文的起源甚古，其說法亦不一致，然而最保守的說法應該是「起於鄒衍，而讖緯的造作，則昉於方士。而緯書的配經，則緣漢武帝崇儒術而行方士。」（見呂凱撰《鄭玄之讖緯學》第一章第一節）《後漢書・張衡傳》也說：「劉向父子，領校秘書，閱定九流，亦無讖錄。成、哀之後，乃始聞之。」

當然，緯書的荒誕不足信，是任人皆知情的事，所以小序絕不是孔子作，前文已加明辨。然而緯書「昉於方士，而緯書的配經，則緣漢武帝崇儒術而行方士。」且「劉向父子，亦無讖錄」，這些記載，說得又是何等清楚？因此，我們說小序不是劉歆偽造。況且劉歆〈移書太常博士〉說：「其古文舊書，皆有徵驗，外內相應，豈苟而已哉！」既有「徵驗，外內相應」，他又豈敢偽造？更何況當時與其一同校書的，尚有一位丞相史尹咸（〈楚元王傳〉），他又如何上下其手？在五經博士眾目睽睽之下，如其作偽，難道不會被人發現？有了這些客觀的條件，足以使我們相信，古文不是劉歆偽造，小序也不是他無中生有。康氏所說小序為劉歆偽作的話，雖不可信，然而所言「後漢古文大行，序與十六篇同出無疑」的話，確實不誣。就是因為小序與十六篇古文同出，司馬遷「問故」於孔安國，所以才能據以作《史記》。由這一點也可證明，小序不是劉歆偽作。或謂康氏所以言小序為劉歆偽造者，那是由於書序抄襲《史記》，並非《史記》采擇書序。關於這種說法的不能成立，黎建寰撰《尚書周書考釋》在「書序之作成時代」節中，已予具駁，茲不復贅。

至於小序作成的時代，朱子以為是在周、秦之間。話雖不錯，不過我們卻嫌這個範圍太大了。於此，我們認為今人屈萬里先生的見解，甚為可取。他說：「至於書序著成的時代，大抵不能早於戰國末葉。蓋毛詩之序，其著成時代，不得前乎毛公，周易序卦之著成，亦不能前乎戰國晚年。書序蓋亦此種風氣下之產物，觀乎〈湯征〉及〈太甲〉兩序，皆襲孟子為說，則其著成時代，不得上至戰國中葉，可以斷言。」（《尚書釋義・敍論》二）

最後，仍要不憚煩言者，那就是我們既然揭發了書序的僞託，以及其僞託的時代，就應該表示一點對它的看法，看看它對後世是否有什麼影響。如有價值可言的話，也應該談談它的價值。根據梁啟超先生的說法，不辨僞，則有下列結果：

甲：史蹟方面：1.進化系統紊亂。2.社會背景混淆。3.事實是非倒置。4.由事實影響於道德及政治。

乙：思想方面：1.時代思想紊亂。2.學術源流混淆。3.個人主張矛盾。4.學者枉費精神。

丙：文學方面：1.時代思想紊亂，進化源流混淆。2.個人價值矛盾，學者枉費精神（見古書之眞僞及其年代）。我們的斷斷於此，也就是這個道理。

其次，我們認爲，百篇尚書的盛傳，乃由序而起：大家都知道，古文尚書，不止百篇。這只要一查先秦典籍引「書」的篇名，就可以了然（許錟輝的《先秦典籍引尚書考》，在這方面，給我們作了一個很好的整理工作。）。就是到了司馬遷引書序作《史記》的時候，所涉及《書》的篇名，也間有超出百篇以外的。如〈殷本紀〉說：「巫咸治王家有成，作〈咸艾〉，作〈太戊〉。」而〈太戊〉一篇，卽不在百篇之內。同時更由於書序不僅「言其作意」，亦且「言其篇名」，而漢繼秦火之後，禁書之令既解，而獻書之路遂開。至成帝時，而「秘中」則已藏有百篇書序，然而卻無百篇之文以應，是以成帝下召徵書，致有張霸百兩尚書之僞造。我們只要看看兩漢著述的記載，就可知道百篇尚書的盛傳了。

1. 緯書《璇璣鈐》說：「孔子求書，得黃帝玄孫帝魁之書，訖於秦穆公，凡三千二百四十篇，斷遠取近，定其可為世法者百二十篇，以百二篇為《尚書》，十八篇為《中候》。」（《尚書・大序・正義》引）

2. 《漢書・藝文志》說：「孔子纂《書》，上斷於堯，下訖於秦，凡百篇。」

3. 《漢書・儒林傳》說：「世所傳百兩篇者，出東萊張霸，分析合二十九篇以為數十，又采《左氏傳》、書敍為作首尾，凡百二篇。」

4. 揚雄《法言・問神》篇說：「古之談《書》者序以百，而〈酒誥〉之篇俄空焉，今亡矣夫。」

5. 王充《論衡・正說》篇說：「說《尚書》者，言本百兩篇者妄也。蓋《尚書》本百篇，至孝景帝時，魯共王壞孔子教授堂以為殿，得百篇尚書。」

以上所引五則言論，雖不盡可信，然而由此卻可見當時盛傳《尚書》百篇之說。後由於賈逵作訓，馬融作傳，鄭玄作注，古文尚書之說，於焉大備。而其間的功、過、得、失，也似可由此看出。

臨了，我們不能不提者，就是書序雖僞，然而往往卻可借以考書篇之名以及分合的情狀。小序有助於篇名的考查，固不需再加說明，就大序而言，亦有如是的功用。就《尚書》文體言，向來說《尚書》者，均以典、謨、誓、命、訓、誥六體爲言，雖有唐．孔穎達的擴充爲十體（除六體外，又增貢、歌、征、範四體），然而後人採其說的，並不多見，大家仍舊沿用六體的說法。其他如大序說：「伏生又以〈舜典〉合於〈堯典〉，〈益稷〉合於〈皐陶謨〉，〈盤庚〉三篇合爲一，〈康王之誥〉，合於〈顧命〉，復出此篇並序，凡五十九篇。」凡此，皆可使我們了然於伏生所傳今文尚書篇名分合的情狀，其中除〈康王之誥〉合於〈顧命〉爲一篇不確外（見王先謙著《孔傳參正序例》），其餘均正確無誤。程廷祚《晚書訂疑》二「書序」節說：「案序於經，不足輕重，而二十八篇之外，羣逸書賴以垂其篇名，若爲稽古之一助，然前而百兩之淺陋，後而二十五篇之補綴，又莫不由之而起，嗚呼！秦火以後，聖經之得喪安危，豈人所能爲哉！」話雖然說得很簡約，卻道出了書序的功過得失。

柒 《尚書》〈康誥〉、〈酒誥〉、〈梓材〉中的「王若曰」考辨

三篇的作成時代，及「王若曰」的「王」，是武王？成王？抑爲周公？是向來尚書家們，言人人殊，爭議不休，而迄無定論的一個老問題。筆者久爲所困，早欲理此亂絲，因涉獵不廣，見聞有限，終不敢貿然下筆。然而胸中的塊壘，卻因此日益加重，爲釋此重負，是以不揣淺陋，將拙見提出來，向方家就教。

本文欲釐清的問題有三：即1.此三篇誥命作成的時代。2.對「益封」康叔之說的商榷。3.「王若曰」的「王」之考辨❶。茲分述如次：

一、三篇誥命作成的時代

㈠ 主張武王誥命康叔者

一、首先言三篇誥命爲武王告康叔者爲宋人胡宏❷。他在所著《皇王大紀》中說：「十有一年一月，王自周征商，二月甲子，商王紂自焚死，……封紂子武庚於殷，封叔鮮於管，叔度於蔡，叔處於霍，以監殷，是爲三監。以殷餘民封康叔於朝歌，國號衛。……康叔之國，王訓之，作〈康誥〉、〈酒誥〉、〈梓材〉。周書有敍，傳失之矣。」❸

二、其次爲朱子（熹）。他說：

1. 如〈康誥〉、〈酒誥〉二篇，必定武王時書。人只被作洛事在前惑之。如武王稱寡兄，朕其弟，卻甚正。〈梓材〉一篇，又不知何處錄得來。

2. 〈康誥〉第述文王，不曾說及武王。只有乃寡兄是說武王，又是自稱之詞。然則〈康誥〉是武王誥康叔明矣。又曾見吳才老〈辨梓材〉一篇云：「後半截不是〈梓材〉，緣其中多是勉君，乃臣告君之詞。」❹

3. 〈康誥〉三篇，此是武王書無疑。其中分明說：「王若曰：『孟侯，朕其弟，小子封。』」豈有周公方以成王之命命康叔，而遽述己意而告之乎？五峯（案：卽胡宏）、吳才老皆說是武王書。

4. 〈康誥〉、〈酒誥〉，是武王命康叔之詞，非成王也。故五峯編此書於《皇王大紀》不屬成王，而載於武王紀也。

5. 如朕弟、寡兄，是武王自告康叔之辭無疑。蓋武王，周公、康叔同叫作兄，豈應周公對康叔一家人說話，安得叫武王作寡兄以告其弟乎？蓋寡者，是向人稱我家、我國長上之辭也。只被其中有「作新大邑于周」數句，遂牽引得序來作成王時書，不知此是脫簡。……要之，此三篇斷然是武王時書。若是成王，不應所引多文王而不及武王，且如今人才說太祖，便須及太宗也[5]。

6. 又朱子答李堯卿說：「〈康誥〉小序，以為成王封康叔之書，今考其詞，康叔為弟，而自稱寡兄，又多述文王之德，而無一字及武王者，計乃是武王時書，而序者失之。」[6]

三、此後，蔡沈著《書經集傳》，即承襲朱子之說。而元代的金履祥，亦以〈康誥〉爲武王告康叔之書。他在《通鑑前編》中說：「諸弟以次受封，封康叔于殷東，作〈康誥〉。」金氏自案：「東王（案：疑爲土字之訛）云者，武王克商，分紂都朝歌以東而封康叔。」[7]又於《尚書表注》中說：「〈康誥〉，武王封康叔之書。書小序誤。」又云：「武王母弟，自周公外，惟康叔爲賢，武王克殷，分其故地朝歌以東封康叔，其西北爲武庚地。及武庚叛，成王、周公征之，遷其民，以其故地遺民益封康叔爲衛君，蓋地相比近。《漢書》言：『周公善康叔不從管、蔡之亂是也。』」[8]

四、清末．簡朝亮《尚書集注述疏》，復據朱、蔡之意，又引胡宏、吳棫之言以成其說。簡氏認爲此三篇乃武王誥康叔之書，並繼金履祥之後，提出益封的見解。他說：「後康叔宇殷，則益衛之封也。宇者，言乎其封域也。」又說：「蓋衛者，武王封之，此〈康誥〉也。邶、鄘者，其武王有益之與？其成王有益之與？武王有益之。」⑨

五、其他如宋・王柏《書疑》，元・吳澄《書纂言》，陳師凱《書蔡傳旁通》，陳櫟《書集傳纂疏》，清・閻若璩《尚書古文疏證》（五上第六十七），《戴東原全集・經考》（卷二）等各家，及近人屈萬里先生《尚書集釋》（僅以〈康誥〉篇爲武王時書），亦皆主張〈康誥〉三篇，爲武王封康叔之誥。朱子就經文以析其義，在表面上看，理正詞切，是以博得許多尚書家的贊同。然而我們則認爲有舉證不足之嫌，最起碼沒有將當時武王克殷之實情提出來，與其所言相配合，以服人之心。至於胡宏與金履祥所說武王封康叔於朝歌，國號衛，封康叔於殷東，作〈康誥〉。這種說法，與史實所載不符，封康叔於衛，乃周公平亂以後之事，既稱康叔，其原封地，當然在康，同時康應爲國名，而殷東是否卽爲康地？康地之所在，爲漢人所不知，而朝歌是否就是康地？而胡氏、金氏何以僅說其地而不舉其證？是以我們認爲二氏所言，未免有武斷之嫌。

㈡ 主張周公奉成王命以誥康叔者

一、《左氏・定公四年・傳》說：「昔武王克商，成王定之，選建明德，以蕃屏周。故周公相成王，以尹天下。……分康叔殷民七族，……命以〈康誥〉，而封於殷虛。」

二、《尚書》小序說：「成王既伐管叔、蔡叔，以殷餘民封康叔，作〈康誥〉、〈酒誥〉、〈梓材〉。」

三、《史記・衛康叔世家》說：「武王既崩，成王少，周公旦代成王治，當國，管叔、蔡叔疑周公，乃與武庚祿父作亂，周公旦以成王命興師伐殷，殺武庚祿父、管叔，放蔡叔，以武庚殷餘民封康叔爲衛君，居河、淇間故商墟。周公懼康叔齒少，乃申告康叔曰：『必求殷之賢人君子長者，問其先殷所以興，所以亡，而務愛民。』告以紂所以亡者，以淫於酒，酒之失，婦人是用，故紂之亂自此始。爲〈梓材〉，示君子可法則。故謂之〈康誥〉、〈酒誥〉、〈梓材〉以命之。」在《史記》中言及此事者，尚有〈周本紀〉、〈魯周公世家〉等處，所載皆與衛世家相合。

四、僞孔傳於小序下注說：「以三監之民，國康叔爲衛侯。周公懲其數叛，故使賢母弟主之。」孔穎達正義說：「既伐叛人三監之管叔、蔡叔等，以殷餘民國康叔爲衛侯，周公以王命戒之，作〈康誥〉、〈酒誥〉、〈梓材〉三篇之書也。」

五、宋人研讀《尚書》，認爲〈康誥〉三篇爲周公誥康叔之書者有：蘇軾（《東坡書傳》）、林之奇（《尚書全解》）、時瀾（《增修東萊書說》）、黃度（《尚書說》）、王柏（《書疑》）、陳大猷（《書集傳或問》）、胡士行（《尚書詳解》）、薛季宣（《書古文訓》）等。元人則有：王天與（《尚書纂傳》）、董鼎（《書蔡氏傳輯錄纂注》）、朱祖義（《尚書句解》）等。到了清代，尚書家如江聲（《尚書集注音疏》。案：僅以〈康誥〉爲周公誥康叔）、王鳴盛（《尚書後案》）、孫星衍（《尚書今古文注疏》）、陳喬樅（《今文尚書經說考》）、魏源（《書古微》）、劉逢祿（《尚書今古文集解》）、吳汝綸（《尚書故》。以〈康誥〉爲武王書，〈酒誥〉、〈梓材〉爲成王書）、皮錫瑞（《今文尚書考證》）、王先謙（《尚書孔傳參正》）等，亦均以〈康誥〉三篇，爲周公誥康叔之書。民國以來的尚書家，主張這種見解的，則有曾運乾（《尚書正讀》）、周秉鈞（《尚書易解》）、吳闓生（《尚書大義》）等家。以上所舉各家，所以主張〈康誥〉三篇爲周公稱成王命以誥康叔者，以有確鑿的史實爲據⑩，當然有其一定的可信度。惟自宋以降，各家所言，多就字面爲說，是以給人的感覺，難免有強行說理之嫌。

㈢〈康誥〉三篇的綜合論述

由前文所述，依㈠項所引資料，可知三篇的作成時代，爲武王之時。據㈡項所引資料，可了解三篇的作者，爲周公奉成王命，重封康叔時的誥語，茲綜合論述於後：

一、朱子自吳棫《書裨傳》、胡宏《皇王大紀》得到啟示後，而直接向經文中找證據，在〈康誥〉中，他所據以立說的是「王若曰：『孟侯，朕其弟，小子封』」，以及「寡兄」的自稱。這在誥命中的語氣上說，此篇爲武王之書，任誰也無法反駁。難怪朱子一再肯定地表示：「此三篇斷然是武王時書。」但事實的發展，往往有令人意想不到者。就史書所載，當時武王伐紂滅殷後，在紂都確有分封之舉。如：

1.《逸周書·作雒解》說：「武王克殷，乃立王子祿父，俾守商祀，建管叔于東，建蔡叔、霍叔于殷，俾監殷臣。」又同書〈克殷解〉說：「立王子武庚，命管叔相。」注：「為三監，監殷人。」⑪

2.《禮記·樂記》說：「武王克殷，反商（鄭注：反商，當為及字之誤也。及商，謂至紂都也。），未及下車，而封黃帝之後於薊，封帝堯之後於祝，封帝舜之後於陳。下車而封夏后氏之後於杞，投殷之後於宋。……」⑫

3.《史記·周本紀》說：「封商紂祿父殷之餘民。武王追思先聖王，乃褒封神農之後於焦，黃帝之後於祝，帝堯之後於薊，帝舜之後於陳，大禹之後於杞。於是封功臣謀士，而師尚父為首封。封尚父於營丘，曰齊。封弟周公旦於曲阜，曰魯。封召公奭於燕。封弟叔鮮於管，弟叔度於蔡。餘各以次受封。」⑬

4.《漢書·地理志》說：「河內本殷之舊都，周既滅殷，分其畿內為三國，詩風邶、庸、衛國是也。鄁，以封紂子武庚；庸，管叔尹之；衛，蔡叔尹之，以監殷民，謂之三監。」師古注：「自紂城而北謂之邶，南謂之庸，東謂之衛。」⑭

5.鄭氏康成於〈邶、鄘、衛詩譜〉說：「邶、鄘、衛，商紂畿內方千里之地。周武王伐紂，以其京師封紂子武庚為殷後，乃三分其地置三監，使管叔、蔡叔、霍叔尹而教之。自紂城而北，謂之邶，南謂之鄘，東謂之衛。」⑮

6. 閻若璩於其所著《尚書古文疏證．五上》謂武王在紂都行分封之事說：「武王往三十一日，回亦三十一日，共六十二日，仍餘五十七日在商。熊（朋來）氏徒見今武成所載，反商政至大賚數事，以為旬日可了，不知〈樂記〉：『未及下車而封黃帝之後於薊，封帝堯之後於祝，封帝舜之後於陳。下車而封夏后氏之後於杞，投殷之後於宋。』正《論語》：『興滅國，繼絕世』者。蓋或有子孫而無爵土，或有爵土而無子孫，武王須求訪其後，以來擇地以封之，此豈可旬日可了？《孟子》：『滅國者五十』，與紂共為亂政者五十國，須及在商遣兵四出翦滅，以遂救民取殘之志也。亦豈可旬日可了？故五十七日，人以為久，吾以為速，人以為疑，吾以為決。仁山前編（案：卽指元．金履祥所撰《通鑑前編》），繫封康叔于殷東於是歲三月內，曰：〈康誥〉云：『在茲東土』。〈酒誥〉云：『肇國在西土』。又云：『我西土棐徂』。則此時，武王似未來自商以前也。蓋武王克商，留處三月而後反，封康叔意在此時與最合。則〈康誥〉、〈酒誥〉兩篇，並作于在商日。惜乎儒生所見，於古人既不能設身處地揣度事機，又不能參考往籍補經之殘闕，而反以後代君臣所饒為者，上疑三代，過矣夫！」⑯戴東原於其經考中，亦用此文，表示同意閻氏的見解⑰。

以上所引資料，雖詳略不一，但大體上，卻可反應一個相同的問題，那就是當周武王滅紂之後，曾在殷都封賜諸侯，應是不爭的事實。既加封賜，當有所誥命，或期勉的言辭。即使是再簡單，亦當如〈堯典〉所載，舜即位後任命官員的告白⑱。然而可惜的是，當時武王的誥命，我們現在所能看到的，恐怕只有這些了。但是我們不禁要問，何以只有這三篇，而其他的誥語爲什麼全都不見了呢？我們認爲有兩種可能：

第一，當武王滅殷之後，所面臨的急切問題，就是安定民心，使殷遺民衷心歸順。所以他就以其「丕顯考文王，克明德愼罰，不敢侮鰥寡，庸庸、祗祗、威威、顯民，用肇造我區夏」⑲的治國態度與用心，來勗勉各受封諸侯。又鑑於殷紂的嗜酒成性，人民深染其習，以致亡國的慘痛事實，不得不提出這個問題，讓他們時刻惕厲，並嚴加戒除，根本就沒有其他誥命之類的話。

第二，當周公奉成王命，平定三監之後，重封康叔時，即就著當時武王策封諸兄弟的誥命，針對康叔，再加申述，也就是重申前令，一則以康叔此時「齒少」，一則欲以此加重其責任心，務期使之體其義而切其行，如是，方可與王室「永享休命」。

二、我們作這樣的推論，所持的理由是：

㈠前賢都把注意焦點，放在誥文中的「王若曰：『孟侯，朕其弟，小子封。』」，以及「乃寡兄勖」上。認爲這絕對是武王誥康叔的語氣。我們也有這種看法。不過卻很少人提出句首的「孟侯」稱謂，作事理上的探究。當然「孟侯」的解釋不一⑳，但總以諸侯之長，方伯連率爲釋較宜。以此爲義，如用於武王封康叔之時，就有不適宜之嫌了。我們就前文所引各家之見，武王是「以次封」其諸兄弟的。即使康叔被封於康地或朝歌，而諸侯之長的「孟侯」也輪不到他。按理，應當是管叔、或是蔡叔、或是周公旦，也有可能是呂尙，在那時的情勢之下，說什麼也不會輪到康叔。而現在的這個「孟侯」，分明是指康叔，這就等於明白地告訴我們，是周公攝政時，封康叔所加上去的。因此時，周公平定了三監，重封康叔，讓他治理三監的疆域，故以「孟侯」稱之。至於此下的誥文，應是周公的援用。援引武王的誥語，當然是武王的口氣。

㈡除此之外，我們仍可以在誥文中找出疑點，證明〈康誥〉，乃出自周公之口。如：

1.「不率大戛，矧惟外庶子訓人，惟厥正人，越小臣，諸節；乃別播敷，造民大譽；弗念弗庸，瘝厥君。時乃引惡，惟朕憝。已！汝乃其速由茲義率殺。」

這意思是說：「往往不遵循國家大法的人，就是掌管教化的官員（庶子、訓人），與行政長官，以及那些內小臣、持節出使的官員們。他們每每另外傳布政令，討好大眾，在民間造成美名，不顧慮國家的體系制度，不行用天子的教令，使其君深以爲痛，就像疾病在身一樣，有這種行爲的人，就是大壞蛋，也是我深惡痛絕的。噫！（對這種人）你就應該速用合宜的刑法殺掉他們。」

這一段誥語，無異對陽奉陰違、不守法令、自作威福的官員，所下的深惡痛絕的指令。三監的叛周，正是如此，這也是當時武王所始料不及的。是以周公才針對當前所面臨的實情，誥命康叔。就文氣文義來看，不似武王之言，此其一。

2.其次是：「亦惟君惟長，不能厥家人，越厥小臣外正；惟威惟虐，大放王命；乃非德用乂。」

這意思是說：「即使是諸侯，如不能善於教化其家人，與其內小臣以及外官之長，祇知擅作威福，恣行暴虐，並且違逆天子的命令，這樣就不是用德惠可以治理，非征討不可了。」

這段誥語，在表面上看，固爲對諸侯而言，然以周公當時的心情來說，誥語尤爲深切而富意味。這不正是針對三監叛周所發的言論嗎？所以我們認爲〈康誥〉等篇，乃周公引述武王之誥，而依情節有所增減，此段誥語，即可作一有力的證明，此其二。

3.再其次是：「予惟不可不監，告汝德之說，于罰之行。今惟民不靜，未戾厥心，迪屢未同，爽惟天其罰殛我，我其不怨。惟厥罪在大，亦無在多，矧曰其尚顯聞于天。」

大意是說：「我以爲治國，不可以不觀察古今施政的得失，所以要告訴你明德愼罰的道理。現在殷民尙未安靜，其嚮往殷國的心情，也還沒有定下來，雖然經過了屢次的開導，但仍未能作我大周的新民，與我朝合作。在這種情形下，就是上天將要誅罰我，我也不會有什麼怨恨。……」

這段誥文，所表現的尤其明顯。所謂「現在殷民尙未安靜，其嚮往殷國之情，也還沒有定下來，雖然經過屢次的開導，但仍未能作大周的新民。」這不明明是周公誥康叔的口氣？當武王克殷之時，人民「簞食壺漿，以迎王師」㉑，猶恐不及，那會有「嚮往殷國之情」？更不會有「尙未安靜」之說。當武王的大軍，在牧野敗紂之時，人民咸都「若崩厥角稽首」㉒，深慶得脫水火之苦，又何來「經過屢次的開導，仍未能作大周的新民」呢？這顯然不是武王克殷時的實情，應是周公平亂之後的事實。先賢朱子，在經文中，找到實據，作爲他立論的憑依。然而我們也在經文中，覓得憑依，作爲證驗。就實際的情勢言，周公可引武王之言以告康叔，而武王卻不知三監會作亂叛周，當然他也就不可能說出他們叛周的話來。這道理至爲明顯，根本不需辭費。因此，我們也以斷然的口氣說：三篇誥命，是周公於平定三監之後，奉成王之命，封康叔時，引述武王之言，再斟酌當時實情，而所作的誥語。

經過以上所作的分析、論證，我們認爲三篇的作成時代，應爲成王、周公之時，並非武王的原文誥命。

二、益封康叔之說的商榷

就史料所及，首先提出益封康叔之說的是金履祥（見本文一、㈠－三、），其次為簡朝亮（見本文一、㈠－四、），再其次為今人蔣善國。他以為「成王、周公封康叔作〈康誥〉說，固非盡是，可是武王封康叔作〈康誥〉說，也不盡非。這個問題的癥結，小部分由於不知〈康誥〉篇首四十八字是他篇的錯簡，大部分由於不知康叔有初封和益封的分別。……武王克殷後，把康叔封到康，〈康誥〉、〈酒誥〉、〈梓材〉，都是武王所作。武王死了，成王即位，管叔、蔡叔挾武庚叛亂，周公用成王命，殺武庚和管叔，放蔡叔，因康叔捍武庚之難有功，把舊日封武庚和管、蔡的地方，盡益封了康叔，建立衛國。康叔的初封，在武王克殷後，康叔的益封，在周公用成王命殺武庚和管叔以後，初封在武王時，益封在成王時，中間相隔數年。」又以為「益封的誥命，到了東周時，已不傳，因此後世對於康叔是誰封的問題，意見分歧，總搞不清楚。到了戰國初年，衛國立國已久，只述最後益封，把封康叔事，盡歸到成王、周公身上，主張〈康誥〉、〈酒誥〉、〈梓材〉，是成王、周公封康叔所作是對的。」[23]

蔣氏的說法，我們採取有條件的認可。在前文所引先賢正反兩方面的言論，就是為了證明這一點。不過我們並不認為「到了戰國初年，衛國立國已久，只述最後益封，把封康叔事，盡歸到成王、周公身上，把初封時一切史實都遺掉了」的說法是對的。所謂「益封」，應解釋爲增加、擴大原來的封域，而前提應當以原封域爲基準，方有「益封」可言。但是康叔的原封地何在？直到現在，似乎尚不可確指。茲分述如次：

一、首先要說明的是康叔的「康」，是國名，還是諡號？就資料所及，第一位說康爲諡號的是鄭康成先生。近人皮錫瑞並以爲：「康叔生卽以康爲號，沒因爲諡。」㉔我們所以不同意這種說法，是因爲如果「康」爲諡號，而管叔、蔡叔、霍叔、曹叔、成叔等，難道也是諡號？遺憾的是皮先生並未就此作解，所以我們仍然認爲「康叔」的康，是國名或邑名，而不是諡號。而且是武王克殷後封諸弟時，依次所封㉕。

二、康既爲國名，而康地究在何處？這是我們認爲應先說明白的問題。馬融說：「康，圻內國名。」宋忠說：「康叔從康徙封衛，畿內之康，不知所在。」㉖據宋人，羅泌《路史・國名紀》卷戊所載：「康，《姓書》：『康叔故城，在潁川。』」㉗說文邑部：「邟，潁川縣。」段注：「《後漢書・黃瓊傳》：『封邟鄉侯。』注引前書（案前《漢書》）周承休侯國，元始二年更名曰邟。」又《集韻・平聲三陽韻》：「邟，城名，在陽翟。」又載：「鄌，地名。」孫疏：「鄌，卽康。今河南汝州是。」案：邟、鄌、康三字，古爲同音可以通假。潁川爲秦、漢郡名，治陽翟，卽今河南省禹縣治。汝州卽今河南省臨汝縣。周承休縣，卽在臨汝縣東二十六里，亦卽邟鄉地。以今地望言，康地應在禹縣、臨汝二縣之間。在秦、漢時，均屬潁川郡。如果以《姓書》所載爲可信，而康地去邶、鄘、衛亦遠，根本不合於「益封」說的條件。如用宋忠「從康徙封衛」的說法，倒是非常符合。然以經籍無載，如強爲之說，終難令人信服。茲姑言之於此，權供參考。

自宋人，胡宏著《皇王大紀》，將〈康誥〉等三篇，繫於武王訓康叔之誥，並封康叔於朝歌，國號衛之後，金氏履祥作《資治通鑑前編》，則以康叔始封之地爲「殷東」[28]，而今人蔣善國承其說，並考甲文，確有東地，且以爲東卽鄘。同時又引金履祥書注（案：卽《尙書表注》）：「武王始封康叔于妹邦，至成王始併與朝歌而爲衛歟？」之言，謂其所說實有見地[29]。其實妹邦卽朝歌，亦卽紂都。武王始封康叔於朝歌，或是殷東，在胡宏《皇王大紀》以前，就資料所及，未見記載，胡氏亦未明言所據何種史料，將前人之所不知，一變而爲確指，後人從之以立說，欲招大信，其然乎？其不然乎？

我們所以抱持懷疑的態度，是有史料可據的：

1.《逸周書・大匡解》：「王（武王）在管，管叔自作殷之監，東隅之侯，咸受賜于王，王乃旅之以上東隅。」注：「東隅，自殷以東。旅，謁。各使陳其政事者也。」

2.《逸周書・作雒解》：「武王克殷，乃立王子祿父，俾守商祀。建管叔于東，建蔡叔、霍叔于殷，俾監殷臣。」注：「東，謂衛。殷，邶、鄘。」

3.《漢書・地理志》：「周旣滅殷，分其畿內為三國，詩風邶、庸、衛國是也。邶以封紂

子武庚，庸，管叔尹之，衛，蔡叔尹之，以監殷民，謂之三監。」師古注：「自紂城而北謂之邶，南謂之庸，東謂之衛。」㉚

4. 鄭康成〈邶、鄘、衛詩譜〉云：「邶、鄘、衛者，商紂畿內方千里之地。周武王伐紂，以其京師封紂子武庚為殷後，庶殷頑民，被紂化日久，以建諸侯，乃三分其地，置三監，使管叔、蔡叔、霍叔尹而教之。自紂城而北謂之邶，南謂之鄘，東謂之衛。」正義：「王肅、服虔，皆依志（〈地理志〉）為說，三監當有霍叔，鄭義為長。」又說：「〈地理志〉雖云管叔尹鄘，蔡叔尹衛，以武庚在三監之中，未可據信。」㉛

5. 《史記・周本紀》正義引〈帝王世紀〉云：「自殷以東為衛，管叔監之，殷都以西為鄘，蔡叔監之，殷都以北為邶，霍叔監之，是為三監。」

6. 羅泌《路史・國名紀》丁：「詩譜：邶，霍叔尹之；鄘，管叔尹之；衛，蔡叔尹之；曰三監。孔氏以管、蔡、商為三監，霍有不預，班固從之，非也。」㉜

據以上所引史料，儘管三叔所監尹之地，見解不一，然不論怎麼說，而康叔不在其中，是可以想見的。康叔的封地，既不在三國之內（案：實已無可稽考），又如何能說是「益封」呢？康叔既封於康，康卽其所封之國名，應無可置疑。待周公奉成王命，平定三監之後，以其「不從管、蔡之亂」，是以「善之」㉝，乃以三監之地，重封康叔。當其就國之際，因周公深有所感，乃重以武王之誥義，斟酌當時情勢，又益以己意，故有是誥。是以誥命中有武王的口氣。就當時實情而言，則是周公攝政時之誥命，其理甚爲明顯。能明於此，也就不會再懷疑作誥命者爲何人、何時了。

關於「邶、鄘、衛」三國的地理位置，我們認爲鄭康成先生的說法是對的。除唐人，顏師古注《漢書》承其說外㉞，而杜佑《通典》於衛州新鄉縣亦載有鄘城，並云：「卽鄘國。」㉟《淸嘉慶重修一統志》，於〈衛輝府二・古蹟〉之中，亦載有鄘城。並云：「在汲縣東北，周初所分之國。《鄭氏詩譜》：『自紂城而南謂之鄘。』《通典》：『鄘城，在新鄉縣西南三十二里。』寰宇記：『在汲縣東北十三里。』」由此記載，使我們確然可知周時所分紂畿內之地的鄘國，在紂都之南，是無可置疑的了。我們再看淇縣的記載：「殷，沬邑（案：卽〈酒誥〉之妹邦），周初爲衛國，春秋屬晉，爲朝歌邑。邶城，在湯陰縣東南，周初所分之國。鄭康成《詩箋》：『周初自紂朝歌而北爲邶國。』」這就是三國的地理位置，它是以紂都朝歌爲中心，南爲鄘，北爲邶，東爲衛㊱。而三監所監尹之地，就是這個地區。除此之外，我們實在看不出應將康叔的「康」地放在何處。蔣善國《尙書綜述》一則說：「武王伐紂，把商畿分封四叔，封叔封于康，康叔封居紂都朝歌，當時改名爲沬，疑殷是紂都所在，東是朝歌以東，邶在朝歌以北，卽後世汲縣東北的邶城。東征四國後，東改名爲鄘，殷改名衛。」再則先引《逸周書・作雒解》：「武王克殷，乃立王子祿父，俾守商祀，建管叔于東，建蔡叔、霍叔于殷，俾監殷臣。」接著說：「東，就是故鄘城（見《通典》），所以後來把東改作鄘。考殷甲骨文裏面已有「東」這個地名，『□田于東』（林二・二八・二）等。東和鄘是一音的轉變。」又引《逸周書・作雒解》說：「臨衛政（征）殷。」接著則加以解釋說：「雖殷、衛並說，可是實是一地，也許殷是總名，衛是城名，與揚、越同字，揚是州名，越專為國名一樣。」他的結論是：「把殷當作邶，東當作衛，和分鄘、東為兩地，都是錯誤的。」㊲我們細讀蔣氏所說，「把商畿分封四叔」，以及「康叔封居紂都朝歌。」這是在經籍中找不到的。必到宋・胡宏編《皇王大紀》，始有是說。又說「東是朝歌以東」，「東，就是故鄘城」，也許在武王伐紂之時，僅有「東」、「殷」之名，但既言「東」在朝歌以東，又說「東，就是故鄘城」，而且鄘在紂都朝歌之南，這種說法，是不是自相矛盾？姑不論先有東、殷，後分為邶、鄘、衛，或是東卽鄘，殷卽邶、衛，但既已各命所監，似乎再也插不進去一位康叔。至於康叔居衛，那是周公平亂以後的事，絕對不可以將之提前在武王時已封之於衛。假若如此的話，那何以不名衛叔，而一定名康叔呢？就算是「康叔封康，居紂都朝歌，當時改名沬」，但何以史籍、經籍，竟一無所載？我們就史料所及，康叔初封於康地，是無可置疑的。因此，武王將康叔封衛之說，似乎難以取信。所以我們仍以為周公奉成王命，重封或徙封康叔於衛，而作〈康誥〉、〈酒誥〉、〈梓材〉的說法，是可信的。

至於蔣氏所強調的「益封的誥命，到了東周已不傳，……到了戰國初年，衛國立國已久，只述最後益封，……把初封時一切史實都遺掉了」㊳，這種說法，我們也不能同意：

第一，初封與徙封，相隔也不過數年，我們在前文中已經說過，以理推測，當時應該有誥命，如果我們只強調封康叔有誥命，那麼封管叔、蔡叔、霍叔等弟何以無誥？如果有誥，這些誥何以不傳？而偏偏僅傳下〈康誥〉？

第二，武王封羣弟時，可能有誥，但並沒有傳下來，所以當時周公奉成王命重封康叔時，引述武王的誥意，以加重其責任心。再益以當時所必須注意的事項，而成爲三篇誥語。因此，我們的看法，則剛與蔣氏相反，應該是武王的原先誥命，早已亡遺，而留傳下來的，是周公的綜合誥命。

第三，蔣氏既言「益封的誥命，到東周時已不傳」，又何以「只述益封」？我們雖不敢說，當時各諸侯國一定有史官的編制，但像這樣重要的史實，有關開國的記載，是不應該傳述錯誤的。

三、「王若曰」——「王」之考辨

〈康誥〉、〈酒誥〉、〈梓材〉三篇中的「王若曰」或「王曰」的「王」，是指武王？成王？還是周公攝政稱王？我們的答案是成王。理由是：

一、被誤爲武王的原因：

就〈康誥〉所載：「孟侯，朕其弟，小子封。……乃寡兄勖」經文來看，這當然是武王的口氣。前文已引朱子的話作了說明。這是任何人也無法否認的事實。但「孟侯」一詞，用得太突然。我們在前文中也作了說明。以當時情勢說，諸侯之長的「孟侯」，康叔似乎沒有資格承當。同時在經文中，我們也可以找出很多例證，證明那是周公的感慨、痛苦經驗之談。尤其是：「王曰：『封！今惟民不靜，未戾厥心，迪屢未同。爽惟天其罰殛我……』」這那能說是武王的口氣？在武王之時，又何能有「迪屢未同」之事發生？因此我們認爲，這誥命是周公引述武王之命意，再益以自身感受，以及當時情勢糅合而成。既引武王命意，當然有些文句是武王的口氣（詳請參前文一、㈢綜合論述）。這就時代說，是武王已崩，成王在位，周公攝政，平定三監之亂以後，而史官所記，爲當時事實，故書「王若曰」、「王曰」，表示周公奉命而爲。就體制說應該如此。所以左氏定公四年傳說：「昔武王克商，成王定之，選建明德，以藩屏周。」就是因爲周公引用了武王的命意，所以才引起後人的懷疑，反而忽略了當時的實情。

二、周公攝政稱王？

要想把這個問題談清楚，確實不是一件容易的事。因爲主張周公稱王和周公不稱王的學者，可說旗鼓相當，並且各有說詞，很難分出高下。茲就資料所及，試作探討：

㈠主張周公稱王者：

1.《禮記・明堂位》說：「武王崩，成王幼弱，周公踐天子之位，以治天下。」㊴

2.《史記・燕召公世家》說：「成王既幼，周公攝政，當國踐祚。」

3.《漢書・王莽傳》說：「《尚書・康誥》曰：『孟侯，朕其弟，小子封。』此周公居攝稱王之文也。」[40]

4.鄭康成注《禮記》，亦認為周公攝政稱王。如《禮記・明堂位》：「天子負斧依，南鄉而立。」鄭注：「天子，周公也。」又如《尚書・大誥》：「王若曰」的「王」，正義引鄭玄云：「王，周公也。」[41]

5.自鄭以後，尚書家主張周公攝政稱王的，也大多引用這些資料，作為立說的根據。像宋代的陳大猷（《書集傳或問》），清代的江聲（《尚書集注音疏》），王鳴盛（《尚書後案》），段玉裁（《古文尚書撰異》），陳喬樅（《今文尚書經說考》），王先謙（《尚書孔傳參正》），以及皮錫瑞（《今文尚書考證》）等，均主此說。而皮氏更以為周公攝政稱天子（王）除前述《禮記・明堂位》、《史記》諸書外，而《逸周書・明堂解》、《荀子》、《尚書大傳》、《說苑》、《淮南子》、《論衡》中，皆有居位踐阼之文。此王若曰（案：指〈康誥〉），實屬居攝稱王[42]。

(二)主張周公攝政未稱王者：

1.《逸周書・明堂解》說：「周公相武王以伐紂，夷定天下，既克紂六年而武王崩，成王嗣，幼弱，未能踐天子之位，周公攝政，君（尹）天下弭亂，六年而天下大治。」

2.《逸周書‧作雒解》說：「武王克殷，既歸，乃歲十二月崩鎬，肂于岐周，周公立，相天子，三叔及殷東徐奄及熊盈以略。」孔晁注：「乃，謂後之歲也。肂，殯。立，謂爲宰攝政也。」

3.《左氏‧僖公三十一年‧傳》：「冬，衛成公夢康叔曰：『相奪予享。』公命祀相。甯武子不可，曰：『鬼神非其族類，不歆其祀。相之不享於此久矣，非衛之罪也，不可以閒成王、周公之命祀。』」

4.《左氏‧定公四年‧傳》：「昔武王克商，成王定之，選建明德，以藩屏周。故周公相王室，以尹天下。」

5.書小序，序〈大誥〉說：「武王崩，三監及淮夷叛，周公相成王，將黜殷，作〈大誥〉。」又序〈康誥〉說：「成王既伐管叔、蔡叔，以殷餘民封康叔，作〈康誥〉、〈酒誥〉、〈梓材〉。」孔穎達正義：「以殷餘民國康叔爲衛侯，周公以王命戒之，作〈康誥〉、〈酒誥〉、〈梓材〉三篇之書也。」

6.《呂代春秋‧古樂》篇說：「成王立，殷民反，王命周公踐伐之。」[43]

7.《史記》於〈魯周公世家〉中說：「管、蔡、武庚等，果率淮夷而反，周公乃奉成王命，興師東伐，作〈大誥〉。」於〈衛世家〉中說：「周公旦以成王命興師伐殷，以武庚殷餘民封康叔爲衛君，居河、淇間故商墟，乃申告康叔……。」

8.僞孔傳於〈大誥〉「王若曰」下說：「周公稱成王命，順大道以誥天下衆國。」又於〈康誥〉「王若曰，小子封」下說：「周公稱成王命，順康叔之德，命爲孟侯。」

9.自此以後，尚書家主張周公攝政未稱王者，大多引用這些資料作爲立說的依憑。如宋代的蘇軾（《東坡書傳》），黃度（《尚書說》），時瀾（《增修東萊書說》），胡士行（《尚書詳解》），薛季宣（《書古文訓》），林之奇（《尚書全解》），元代的王天與（《尚書纂傳》），董鼎（《書蔡氏傳輯錄纂注》），朱祖義（《尚書句解》），清代的朱駿聲（《尚書古注便讀》），宋翔鳳（《尚書略說》），民國的曾運乾（《尚書正讀》）等，無不認爲周公攝政未曾稱王。

㈢商榷：

就以上㈠、㈡兩項所引述的資料來看，認爲周公攝政稱王與未稱王的見解，可說旗鼓相當，秋色平分。不過有些資料，卻禁不起作進一步的分析。現在我們卽就著有關問題的資料，提出來加以探討。

1.㈠項中第1條《禮記・明堂位》的記載，若與㈡項的《逸周書・明堂解》相對照，顯然㈠項的說法不能成立。因爲：

第一，蔣善國《尚書綜述》說：「《周書・明堂》篇（案：指《逸周書》）說：『既克紂六年，而武王崩，成王嗣，幼弱未能踐天子之位，周公攝政尹天下。』周末陋儒改爲：『武王崩，成王幼弱，周公踐天子之位，以治天下。』」[44]

第二，宋．羅泌《路史．發揮四．魯用王者禮．明堂位》說：「明堂位，或者疑為戰國妄止僭君分謗之所為書。」驗諸漢．許愼《說文解字．序》：「諸侯惡禮樂之害己，皆去其典籍」的說法，羅氏所言，應為可信。

第三，張心澂《偽書通考．禮類》引何異孫《十一經問對》說：「〈明堂位〉，人多以為不可信，如何？」對曰：「魯僭王禮，其弊起於成王、伯禽，後來兼六代之樂皆僭用之。如曰周公踐天子之位，安有此理？」復引《羣書備考》說：「《禮記》一書，其紊亂難信，未有如明堂之甚者也。……〈明堂位〉一篇，春秋書初獻六羽，書郊，書望，書新作南門，新作雉門及兩觀，無非惡魯人之僭天子，所謂禮樂征伐自諸侯出也；明堂乃謂魯用天子禮樂，兼虞、夏、商、周之制，何歟？」又引崔述《考古續說》云：「今世所傳《禮記．明堂位》，篇內稱虞、夏、商、周四代車旂尊勺牲鼓俎豆之屬，具詳且備，後人往往信之者。余按此篇本不在戴記中，乃後人所妄入者。且周公，聖人也，謹守臣節，而篇中稱周公踐天子之位，魯隱公見弒於其弟，閔公見弒於其臣，而篇中稱魯君臣未嘗相弒，其於周於魯，猶誣謬如是，況虞、夏、商之事，烏在其可信乎？」㊺

2.㈠項中第2條燕世家所載，如僅就此條不作比較，固無可疑，如就魯世家所載作一比較，馬上卽可看出端倪。我們認為司馬遷絕不會不辨是非，自相矛盾。我們先看魯世家的記載，就可分曉。世家一則說：「周公恐天下聞武王崩而畔，周公乃踐阼代成王攝行政當國。管叔及其羣弟流言於國曰：『周公將不利於成王。』周公乃告太公望、召公奭曰：『我之弗辟？而攝行政者，恐天下畔周，無以告我先王太王、王季、文王。』」再則說：「管、蔡、武庚等果率淮夷而反。周公乃奉成王命，興師東伐，作〈大誥〉。遂誅管叔，殺武庚，放蔡叔。收殷餘民，以封康叔於衛，封微子於宋，以奉殷祀。」

在此兩則文字中，我們當特別留意的是：「周公乃踐阼代成王攝行政當國。」及「周公乃奉成王命，興師東伐。」假如我們認爲周公踐阼稱王，又何以奉成王命？既奉成王命，就表示未稱王。這道理非常簡明，似乎不需辭費。因此太史公在意念中的「踐阼」，只是代理，而並不是實際上的稱王，這差別很大。他只是代替成王執行政令而已。這情形，也就有如現在某位行政長官公出，往往由副長官代行是一樣的道理。所不同者，周公尚需制訂政策，請成王認可而已[46]。

3.(一)項中第3條王莽引〈康誥〉，以爲周公居攝稱王之說，我們以爲這有兩種可能：第一爲認知的問題，第二則爲王莽居心叵測，故作是言，以愚世人。假如我們能一睹《漢書・王莽傳》，對其居心即可了然。如漢平帝元始五年十二月，「謝囂奏武功長孟通浚井，得白石，上圓下方，有丹書著石，文曰：『告安漢公莽爲皇帝。』」除此之外，當平帝病時，莽亦「作策」，並「戴璧秉圭，願以身代。」且「藏策金縢，置于前殿，敕諸公勿敢言。」[47]完全仿效周公的作爲。由於這種裝模作樣的把戲，演得十分逼眞，所以能邀得太后的信任，「詔令安漢公居攝」，遂以達其由假皇帝而篡漢的目的。

王莽在表面上，就是打著周公稱王的旗號，終達其篡漢之野心的。所以吳汝綸《尚書故》說：「周公稱王，出于王莽邪說。」[48]宋翔鳳《尚書略說》亦謂：「周公攝政，但代成王施令行政，其位仍列於師保，不必如漢人言周公稱王也。」[49]

4.(一)項中第4條鄭氏康成注〈大誥〉以及注《禮記．明堂位》，均以爲周公稱王。這種見解，同樣不能成立。在此等處，既然認爲周公攝政稱王，何以在《發墨守》中卻說：「周公爲攝政，攝政與攝位異也。」[50]既不攝位，又何能稱王？此亦可明「踐阼」與「踐位」，容有不同，驗諸太史公之言，似乎可信。清人宋翔鳳《尚書略說》亦謂：「周公既相成王，則〈大誥〉之「王若曰」，自代成王之言。鄭君以爲周公攝政稱王，周公既稱王矣，而〈召誥〉、〈洛誥〉之王，皆成王也，土無二王之說安在乎？《尚書》經文及序，於周公則稱周公，於王則稱成王，而漢人猶混淆若此，則劉歆實亂之也。」[51]又於《尚書譜》中說：「周公攝政七年，而稱成王七年，則成王卽政未嘗改稱元年。況書序於〈大誥〉稱周公相成王，至微子之命序，首稱成王歸禾，序唐叔得禾，獻諸天子，王命唐叔歸周公于東（案：東，史公作兵所）。〈嘉禾〉序：周公既得命禾，旅天子之命，天子者成王也。周公攝政者，相成王也。孔子序（案：次序之序）書正名之義，實見明顯，而劉歆摭假王竦政之逸文，傅會周公攝政稱王，又以七年歸政之後，成王始稱元年。康成亦惑於其說，遷就不經之談，疑誤後來，不可不正。」[52]

5.(一)項中第5條，我們也曾提及皮錫瑞所言《說苑》、《淮南子》、《論衡》等書中，「皆有居位踐阼之文」，周公稱王之說，起於漢人，是以漢人多主此說，乃風氣使然。由前文所駁，已可見其說之不能成立，南朝齊·劉勰《文心雕龍·諸子》篇說：「諸子雜詭術」。注引《漢書·宣元六王傳》說：「東平思王來朝，上疏求諸子及太史公書。上問大將軍王鳳。鳳曰：『諸子書，或反經術，非聖人，或明鬼神，信物怪。』」這意思當然是強調諸子中所載，有不可信者。所以劉勰始以為「諸子雜詭術」[53]。高士奇《左傳紀事本末·序》說：「文人愛奇，貪於捃拾，史家斥誣，須勇刊棄。」又說：「好學深思，心知其意，申解駁難，惟其適宜。」這見解非常中肯。

6. 除前述各項，我們認為周公未曾稱王外，茲再舉左證如次：

第一，《逸周書·作雒解》說：「武王崩，周公立，相天子。」孔晁注：「立，謂為宰攝政也。」

第二，《論語·憲問》篇，子張曰：「《書》云：『高宗諒陰，三年不言』，何謂也？子曰：『何必高宗，古之人皆然。君薨，百官總己以聽命於冢宰三年。』」是冢宰攝政，乃三代通行的制度。

第三，《禮記·坊記》載：「子云：天無二日，土無二王，家無二主，尊無二上，示民有君臣之別也。」[54]

第四，《史記·周本紀》說：「武王崩，太子誦代立，是為成王。」[55]

第五，杜預〈春秋序〉說：「子路欲使門人為臣，孔子以為欺天，而云仲尼素王，丘明素臣，又非通論也。」疏：「稱王稱臣，復何所取？若使無位無人，虛稱王號，不爵不祿，妄竊臣名，是則羨富貴而恥貧賤，長僭踰而開亂逆。聖人立教，直當爾也?!臧文仲山節藻梲，謂之不知，管仲鏤簋朱紘，稱其器小，見季氏舞八佾云：『孰不可忍』，若仲尼之竊王號，則罪不容誅，而言素王素臣，是誣大賢而負聖人也。嗚呼！孔子被誣久矣，賴杜預方始雪之。」56

第六，蔣善國《尚書綜述》說：「周公系攝政，并非攝位；系踐阼，并非踐位。君薨冢宰攝政的制度，三代通行，至康王即位始廢。」

第七，假如周公攝政之時稱王，當三監散播流言之時，何以只言「不利於孺子」？這分明就是惟恐周公稱王繼武王而統治周朝。周公爲表明此嫌，所以才奉成王命，先行布告天下，然後再興師東征。如此時他已稱王，又何以號召天下諸侯民心？再者，而三監造反之際，亦不曾以周公稱王爲口實，以責周公之不義，可見周公未曾稱王。如一定要說周公稱王，請問他的王號是什麼？有沒有紀年？

第八，周公攝政七年，就政情世局說，均已安定，大權也已在握，威望更已建立，如不歸政，稱王而治，誰曰不宜？而且兄終弟繼之制，猶清晰地留在世人腦中，應該不會遭到反對，當在情理之中。

第九，在〈君奭〉篇中，他稱許殷商之時的輔佐大臣，以服君奭。假如自己所爲不類，又何以能發生說服作用？

第十，我們認爲以德服人，方是眞服。請看，他對殷士、多方的誥語，不僅表現了他的耐心，而且也展現了他的仁心。以當時情勢言，他竟不採殺戮手段，即可推知。具有如此修養的人，一定說他稱王，確實有些不可思議。以孔子對周公的稱許，而且他又說：「土無二王」，若周公稱王，又將成王置於何地？而《史記》所載之「武王崩，太子誦代立，是爲成王」，又將作何解？是以我們認爲，周公僅以冢宰身分攝政，而未稱王。

四、結語

一、孟子說：「盡信書，不如無書。」這無異告訴我們，凡事當以義理爲斷，不可盲目信從。所以他接著又說：「吾於武成，取二三策而已矣。仁人無敵於天下，以至仁伐至不仁，而何其血之流杵也？」[57]在孟子那個時代，已有此慨歎，更何況數千年之後，而墳籍的慘遭損毀，可謂不一而足，又如何能全信其所載無誤？就拿《禮記》來說吧，在〈文王世子〉中，亦載有孔子謂「周公踐阼而治」[58]之言，然〈坊記〉又載孔子的話說：「土無二王」[59]。兩相對照，不免令人困惑。細繹之，我們認爲有兩種可能：其一爲踐阼，非踐位，僅爲代理執行政令。前文已曾言及。其二以孔子的主張、言行以及其他有關記載（見前文引杜預〈春秋序〉），孔子不可能自相矛盾。「稱臣」尚以爲不可，何以王爲？是以我們認爲孔子絕對不會說周公稱王，這是後儒的傳聞記載致誤。我們再看《春秋．隱公元年》的記載：「元年春王正月。」每逢這種時候，如遇某公卽位，孔子總是加上一句：「公卽位」三個字。此爲《春秋》書法。而隱公元年的不書卽位，因攝位而不書。是以《左傳》說：「不書卽位，攝也。」這是當時禮制。而隱公始終亦未以魯君自居。如不臨惠公之葬（隱公元年冬十月），桓公母死，用夫人禮，書薨（二年冬十二月）。隱公母死，只書「君氏卒」而不用夫人禮（三年傳）。再如「考仲子之宮」（五年九月）。又如〈隱公十一年傳〉說：「羽父請殺桓公，將以求大宰。公曰：『爲其少也，吾將授之矣。使營菟裘，吾將老焉。』羽父懼，反譖公于桓公而請弒之。」這種攝政而不自稱君的舉措，當是取法於其先人周公的吧！周公的攝政，難道不應以此理視之？

其次，如《史記．魯周公世家》中載：「周公乃踐阼代成王攝行政當國。」又說：「管、蔡、武庚等，果率淮夷而反，周公乃奉成王命，興師東伐，作〈大誥〉。」假如太史公認爲此時周公已「踐阼稱王」，又爲何謂「周公奉成王命」？我們再看〈周本紀〉：「武王崩，太子誦代立，是爲成王。」將這些記載，排列在一起來看，史公之意，自然不難可以推知。

二、至於〈康誥〉、〈酒誥〉、〈梓材〉三篇作成的時代，史公一則在〈周本紀〉中說：「初，管、蔡畔周，周公討之，三年而畢定，故初作〈大誥〉，次〈康誥〉、〈酒誥〉、〈梓材〉。」再則於〈衛康叔世家〉中說：「周公懼康叔齒少，乃申告康叔曰：『必求殷之賢人君子長者，問其先殷所以興，所以亡，而務愛民。』告以紂所以亡者，以淫於酒，酒之失，婦人是用，故紂之亂自此始。爲〈梓材〉，示君子可法則。故謂之〈康誥〉、〈酒誥〉、〈梓材〉以命之。」三則在自序中述作衛世家之意說：「收殷餘民，叔封始邑，申以商亂，酒、材是告。」

在以上所引三則言論中，史公似已明言〈康誥〉、〈酒誥〉、〈梓材〉三篇，並非一時的作品。我們就行文語氣看，本紀所載與其他各誥連貫而下，自不便分別說明。但在康叔世家與自序中涉及此三篇誥命時，語氣則與本紀有所不同。在世家中言及〈康誥〉，則用申告。考「申」字之義，《爾雅・釋詁》：「申，重也。」〈臯陶謨〉：「天其申命用休。」僞孔傳：「天又重命用美。」史公於〈夏本紀〉中作「天其重命用休。」是「申」可作「重」解之證。史公既言重告，乃周公申述武王之命意甚明。所以他在自序中言作〈衛康叔世家〉之意時，僅及「酒、材」，而不及〈康誥〉。「酒」即〈酒誥〉，「材」即〈梓材〉。我們再看《史記》三王世家是怎麼個說法。世家說：「丞相臣青翟、御史大夫臣湯昧死言：『康叔之年幼，周公在三公之位，而伯禽據國於魯，蓋爵命之時，未至成人，康叔後扞祿父之難，伯禽殄淮夷之亂。』」由此記載，可以想見，封爵命誥，當在祿父叛周之前，既在其前，其誥命者，當爲武王，其理甚明。是以始有周公平亂後的「申告」，他先引述武王的誥命之意，再益以當時的情勢所需，所以才又「申以商亂，酒、材是誥」的。我們所以主張三篇的文理一貫，皆出自周公之口的原因，道理就在這裏了。

三、《尚書》數篇同序之說，乃自書小序始。如「作〈泰誓〉三篇」，「作〈盤庚〉三篇」，「作〈咸乂〉四篇」等是。然而亦有數篇雖同序，而僅側目其間，並非眞爲同序者，這是由於其序亡佚的緣故。如〈康誥〉、〈酒誥〉、〈梓材〉三篇卽如是。小序說：「成王旣伐管叔、蔡叔，以殷餘民封康叔，作〈康誥〉、〈酒誥〉、〈梓材〉。」《史記．衛康叔世家》所載大義雖能與之相符，然卻在每誥之前，另加解釋，較書序爲詳。這已使我們意識到三篇應各自有序。如再回到武王滅殷封康叔以及周公東征後，再封康叔的當時實際情景，以情理言，也應當如此。所以揚雄《法言．問神》篇說：「書之不備過半矣，而習者不知。昔之說『書』者序以百，而〈酒誥〉之篇俄空焉，今亡夫。」[60] 兪樾《羣經平議》說：「〈酒誥〉見在，而云俄空，自來不得其說。按揚子明言昔之說書者序以百，則所謂亡者，自是其序，非謂其書。若以書言，則非止一篇之空矣。揚子之意，蓋以〈酒誥〉當有序，不與〈康誥〉相屬，故有俄空之歎。夫〈酒誥〉且不與〈康誥〉相屬，則〈梓材〉更可知矣。」[61] 兪氏以爲〈酒誥〉、〈梓材〉，本來各自有序，因序亡佚，所以才與〈康誥〉同篇共序的。像這種情形，在書序的記載中，非常多。如：「皐陶矢厥謨，禹成厥功，帝舜申之，作〈大禹〉、〈皐陶謨〉、〈益稷〉。」其中的「益稷」，馬融、鄭玄均作「棄稷」，而〈棄稷〉並非屬於此序，因其序已佚，是以統於此序。又如：「自契至于成湯八遷，湯始居亳，從先王居，作〈帝告〉、〈釐沃〉。」案此序應僅爲〈帝告〉篇序，以〈釐沃〉序佚，故附其篇目於此。再如：「湯既勝夏，欲遷其社，不可，作〈夏社〉、〈疑至〉、〈臣扈〉。」就序所言，應是僅及〈夏社〉，而與〈疑至〉、〈臣扈〉無涉，因其序佚，故附麗於此，而〈康誥〉、〈酒誥〉、〈梓材〉三篇，亦當如是。我們檢視其序所載：「成王旣伐管叔、蔡叔，以殷遺民封康叔，作〈康誥〉、〈酒誥〉、〈梓材〉。」即可知其所序者，僅爲〈康誥〉，而〈酒誥〉、〈梓材〉所以附其篇目於此，以其序亡佚故也。是以段玉裁說：「凡後人所謂數篇同一序，皆有目無序者廁其間，如咎繇矢厥謨，禹成厥功，帝舜申之，作〈大禹〉、〈咎繇謨〉、〈棄稷〉。按其實，則〈棄稷〉不統於此序，所以作〈棄稷〉者，不傳也。湯既勝夏，欲遷其社，不可，作〈夏社〉、〈疑至〉、〈臣扈〉。按其實，則〈疑至〉，〈臣扈〉不統於此序，所以作〈疑至〉、〈臣扈〉者不傳也。大戊贊于伊陟，作〈伊陟〉、〈原命〉。按其實，則〈原命〉不統於此序，所以作〈原命〉者不傳也。高宗祭成湯，有飛雉升鼎耳而雊，祖已訓諸王，作〈高宗肜日〉、〈高宗之訓〉。按其實，〈高宗之訓〉不統於此序，所以作〈高宗之訓〉者不傳也。〈酒誥〉、〈梓材〉，亦正此類，以殷餘民邦康叔，故作〈康誥〉一篇，其實〈酒誥〉、〈梓材〉不統於此序，故失其傳。俄空云者，偶不存之謂，非竟亡也。然至於久而闕，則竟亡矣。故曰今亡夫。子雲獨舉〈酒誥〉者，舉一以例其餘也。」[62]段氏所言甚晰，足以解吾人之惑。

或謂《韓非子‧說林》篇云：「〈康誥〉曰：『毋彝酒。』彝酒者，常酒也。常酒者，天子失天下，匹夫失其身。」而其中的「毋彝酒」句，即明載於今〈酒誥〉中，韓非何以稱〈康誥〉？是亦有說乎？我們的回答是：在先秦之時，《尚書》的篇名，非常不固定，換言之，即無統一的說法，多由當時學者以己意爲之。因〈酒誥〉亦爲告康叔之誥，所以韓非即稱之爲〈康誥〉。如〈洪範〉篇，韓非在〈有度〉篇中即稱之爲「先王之法」。他說：「先王之法曰：『臣毋或作威，毋或作利，從王之指；毋或作惡，從王之路。』」[63]這些文句，明在〈洪範〉篇中，只是文字稍有不同，而韓非卻名之為「先王之法」，這不是以已意為之的確證？外此，在先秦典籍中稱《尚書》篇名歧異者尚多，如：「甘誓」，《墨子．明鬼下》稱「禹誓」；「五子之歌」，《墨子．非樂上》稱「武觀」；「仲虺之誥」，荀子在〈堯問〉篇稱之為「中蘬」；「堯典」，《禮記．大學》篇稱「帝典」；「盤庚」，《左傳．哀公十一年》引作「盤庚之誥」；「呂刑」，《禮記．緇衣》、《孝經．天子章》，皆作「甫刑」。另外僅言某書者，如：「說命」，《孟子．滕文公上》：「書曰：『若藥不瞑眩，厥疾不瘳。』」「洪範」，《左傳．文公五年》：「〈商書〉曰：『沈潛剛克，高明柔克。』」〈成公六年〉：「〈商書〉曰：『三人占，從二人。』」凡此，無不可作為先秦學者以已意為之的證據。是以《韓非子．說林上》所引：「〈康誥〉曰：『毋彝酒』」之言，我們認為是以已為之的說法。而且單文孤證，亦不足以為據。不僅此也，而同名異實的例證，在先秦典籍中，亦有記載。如〈湯誓〉書序說：「伊尹相湯伐桀，升自陑，遂與桀戰于鳴條之野，作〈湯誓〉。」然而《國語．周語上》說：「在〈湯誓〉曰：『余一人有罪，無以萬夫，萬夫有罪，在余一人。』」僅此一段，似乎很難判斷所指為何，如能與《呂氏春秋．順民》篇互看，就可以知道乃湯禱雨之辭了。〈順民〉篇載：「昔者湯克夏而正天下，天大旱，五年不收，湯乃以身禱於桑林，曰：『余一人有罪，無及萬夫，萬夫有罪，在余一人。無以一人之不敏，使上帝鬼神傷民之命。』」[64]《呂氏春秋》中的記載，雖為呂不韋的門客所為，但曾懸之城門，如有能增減一字者，卽予千金之賞的紀錄。可見當時學者執筆，態度極爲嚴謹。是以所載，應該可信。我們再參之《墨子·兼愛下》引「湯曰」說：「萬方有罪，卽當朕身；朕身有罪，無及萬方」的記載，篇名雖然不同，以文辭言，應爲一篇。又《論語·堯曰》篇所載，亦同爲一篇，均爲禱雨之辭。同名尚且可以異實，更何況韓非以爲既是告康叔之辭，當然可以稱爲〈康誥〉了。這不顯然是他以己意爲之的嗎？如果以這種情形，一定要說〈康誥〉、〈酒誥〉、〈梓材〉，原本一篇，起初並無〈酒誥〉、〈梓材〉篇名，理由未免過於薄弱。

四、說到〈康誥〉前的「惟三月，哉生魄，……乃洪大誥治」四十八字，儘管先儒有仁、智之見[65]，然而以今所見《尚書》經文而言，未有全能與之相符者。雖是多數學者主張「此章經文應在〈洛誥〉篇首者近是」，但總是令人有一種勉強、不能「若合符節」之感。與其強爲之說，屈爲之言，反而不如認定這四十八字，就是錯簡，不知什麼原因，卻竄入了〈康誥〉的篇首，而誤導了後代的學者，將武王封康叔的誥命，誤以爲是周公始封之語。賴先儒的鍥而不捨，終於使我們知道了眞象。

五、踐阼一辭的意義，在一般人的意識中，總以爲就是登天子之位，或者是踐位稱王。由於《禮記·文王世子》、〈明堂位〉中有明文記載，漢儒幾無一不作這種看法。更由於王莽的別具用心，劉歆的推波助瀾，使這種看法，益爲根深蒂固，難以動搖。有宋一代，學貴闡理，質疑問難，但求義理之安。是以自吳棫、胡宏、朱熹、蔡沈，以至於元代的金履祥，清代的簡朝亮，咸以為〈康誥〉乃武王誥康叔之命。這對前代周公攝政稱王之說，無異為一釜底抽薪之法，省去了不必要的辯難。對此，我們不擬多作空言，僅想就著孔子的言論及太史公所記，再作一次的整理說明。

㈠在《論語》中，我們發現孔子有許多關於維護禮法的言論。如：〈八佾〉篇：「孔子謂季氏八佾舞於庭，是可忍也，孰不可忍也。」又載：「季氏旅於泰山。子謂冉有曰：『女弗能救與？』對曰：『不能。』子曰：『嗚呼！曾謂泰山不如林放乎！』」又：「子曰：『管仲之器小哉！……管氏而知禮，孰不知禮？』」〈公冶長〉篇：「子曰：『臧文仲居蔡，山節藻棁，何如其知也。』」〈子罕〉篇：「子疾病，子路使門人為臣。病間，曰：『久矣哉，由之行詐也！無臣而為有臣。吾誰欺？欺天乎！……且予縱不得大葬，予死於道路乎？』」〈子路〉篇：「子路曰：『衛君待子而為政，子將奚先？』子曰：『必也正名乎！名不正，則言不順，言不順，則事不成，……禮樂不興，則刑罰不中，則民無所措手足。』」〈憲問〉篇：「陳成子弒簡公。孔子沐浴而朝，……吾從大夫之後，不敢不告也。』」〈季氏〉篇：「孔子曰：『天下有道，則禮樂征伐自天子出。』」我們看了這些言論之後，設若周公不守禮法，僭越而行，不奉天子之命征伐，試問孔子是否還會說：「久矣，吾不復夢見周公」呢？再者，《禮記・坊記》篇也載有孔子所言「天無二日，土無二王」的話，若周公攝政稱王，將置成王於何地？是以我們認為周公攝政未曾稱王。

㈡即使是《禮記・文王世子》有：「成王幼，不能涖阼，周公相，踐阼而治」的記載，也不能拿來作為周公稱王的證據。我們再看鄭注，他說：「踐，履也。代成王履阼階，攝王位治天下也。」所謂「攝」者，代理也。僅為代理其位以治天下而已。這與稱王何涉？我們再看〈明堂位〉的記載：「昔者，周公朝諸侯于明堂之位。天子負斧依，南鄉而立。」鄭注：「周公攝王位，以明堂之禮儀朝諸侯也。……天子，周公也。」所謂「天子周公也」的注解，是指周公當時攝天子之位，而朝諸侯之意，並非周公實際上當了天子。只因「成王幼弱，不能涖阼」，所以才「踐天子之位」的。此處的「踐天子位」，要作通盤的了解，不可以此斷章取義。我們再看鄭氏康成《發墨守》的話：「隱公為攝位，周公為攝政，雖俱相幼君，攝政與攝位異也。」連攝位都不是，又何以王為？其實魯隱公也不曾以魯君自居過。由不主惠公之葬、生母死不稱夫人等處看來，就可了解。是以我們認為周公並沒有稱王。

㈢我們再看《尚書・周書》，周公對成王或君奭的誥語，可說無處不流露出他那赤膽忠心、關懷愛護之情。尤其是在〈君奭〉中，一口氣就舉出殷代伊尹、伊陟、臣扈、巫咸、巫賢、甘盤等六位輔佐大臣。由於這些賢臣的輔佐，所以才使殷代方能配天命而「多歷年所」，假如此時周公稱王，那就等於勉勵君奭來輔佐他本人，有是理乎？以君奭之賢，可能輔佐篡位之王？

㈣最後，我們來看《史記》，太史公在〈衛康叔世家〉提到封康叔時，將〈康誥〉、〈酒誥〉、〈梓材〉，分開來說，就〈康誥〉言，乃申誥康叔曰：「必求殷之賢人君子長者，問其先殷所以興，所以亡，而務愛民。」就〈酒誥〉言，則「告以紂所以亡者以淫於酒，酒之失，婦人是用；故紂之亂自此始。」就〈梓材〉說：「爲梓材，示君子可法則。」這在層次上說，已分得非常清楚，不像書序僅言：「成王既伐管叔、蔡叔，以殷遺民封康叔，作〈康誥〉、〈酒誥〉、〈梓材〉。」的含混不明。我們細繹書序之言，僅能說是序〈康誥〉，與〈酒誥〉、〈梓材〉似乎無涉。因之太史公在〈自序〉中言作〈衛世家〉之意時說：「收殷餘民，叔封始邑，申以商亂，酒材是告。」這裏只提及〈酒誥〉、〈梓材〉，而未及〈康誥〉，這是否意味著〈康誥〉乃武王之命誥，而〈酒誥〉、〈梓材〉，才是因時制宜之誥命？在《史記》中，有關這樣前後不相符的記載，班固謂其：「分散數家之事，甚多疏略。」「疏略」，容或有之，但在這裏，恐未必然。這在時間上說，是成王時代，封康叔，乃周公奉王命所行事，周公又怎會稱王？我們再看〈魯周公世家〉：「周公恐天下聞武王崩而畔，周公乃踐阼代成王攝行政當國。……管、蔡、武庚等果率淮夷而反，周公乃奉成王命，興師東伐，作〈大誥〉。」我們只要前後稍作對照，就可以發現，周公僅爲「踐阼代成王攝行政當國。」而不是稱王當國。如果稱王，又何以「奉成王命興師東伐」？太史公雖然是「分散數家之事」，還不致「疏略」到這種地步！所以我們認爲周公並未稱王。

㈤周公在各誥命中，無不強調「天命」的重要，也無不以「天命」是依、是勸，且以勉勵他人，對自己如是，對成王、乃至「多方」、「殷士」，亦無不如是。而其所言，亦無不本天理而言，本天命而爲，一位惟「天命」是依的人，竟然會稱王、踐天子位，而置成王於不顧？我們認爲周公決非如是之人，所以說，周公未曾稱王。

六、〈酒誥〉開頭「王若曰」之上，是否有一「成」字，而爲「成王若曰」？就史料所及，兩漢的今古文家，乃至秦代的學者，其見解，絕大多數以爲應該有「成」字。如：

㈠唐・陸德明《經典釋文》卷四，〈尚書音義下・酒誥第十二〉載：「馬本作成王若曰。注云：『言成王者，未聞也。俗儒以爲成王骨節始成，故曰成。』或曰：『以成王爲少成二聖之功，生號曰成王，沒因爲謚。』衛、賈以爲戒成康叔以愼酒成就人之道也，故曰成王。此三者，吾無取焉。吾以爲後錄書者加之，未敢專從，故曰未聞也。」[66]

㈡唐・孔穎達《尚書注疏》，除全錄釋文的記載外，正義又說：「馬、鄭、王本，以文涉三家（案：三家，乃指歐陽、大小夏侯）而有成字。鄭玄云：『成王，所言成道之王。』三家云：『王年長，骨節成立。』皆爲妄也。」[67]至此，我們已可了解兩漢的今古文家的本子，〈酒誥〉篇的王若曰上，均有成字。

㈢段玉裁《古文尚書撰異》，除轉述釋文、正義之言外，又益以「馬融云俗儒，謂三家也。僞孔本獨無，蓋因馬季長說而刪之也，然則僞孔本之或異於馬、鄭、王本者，多不可信矣。」又引魯世家說：「三王之憂勞天下久矣，於今而後成，武王蚤終，成王少，將以成周，我所以爲之若此。於是卒相成王，而使其子伯禽代就封於魯。周公誡伯禽曰：『我文王之子，武王之弟，成王之叔父。』……又曰：『周公在豐，病，將沒，曰必葬我成周，以明吾不敢離成王。』」詳玩此等，皆實生稱成王，如湯生稱武王之比，非屬史家誤筆，三家之說，固可信也。況〈顧命〉云：「翌日乙丑成王崩。」尤顯可證乎！僞孔删去成字，大非。馬君云：「後錄書者加之，亦非也。」又案，馬於〈顧命〉注曰：「安民立政曰成。」蓋謂成爲死謚，非生稱，與〈酒誥〉注相表裏，而不知初崩未有謚。春秋之例曰：「公薨至葬，而後曰葬我君某公。」❻❽

㈣孫星衍《尚書今古文注疏》卷一六〈酒誥疏〉，除引段氏語外，又益引《呂氏春秋．下賢》篇說：「文王造之而未遂，武王遂之而未成，周公旦抱少主而成之，故曰成王。」是秦以前書說亦同❻❾。

㈤魏源《書古微》除前述各家所引資料外，又益引《國語》叔向聘於周，單靖公與之語說曰：「昊天有成命，全引此篇。云是道成王之德也。成王能明文昭、能定武烈者也。二后受之，讓於德也，成王不敢康，敬之始也，始于德讓，中信于寬，終于融和，故曰成王。」賈子《新書》曰：「昊天有成命，頌之盛德也。二后，文王、武王也。成王者，武王之子，文王之孫，文王有大德而功未就，武王有大功而治未成，及成王承嗣，不敢怠安，夙興夜寐，以繼文、武之業。」夫以周人說周詩如此，以西漢初魯詩家說如此，尙復何議？而韋昭附會鄭箋之義，謂文、武脩己自勤成其王功，非謂周成王身，試令回誦《國語》，作何文義？寧道經錯，毋言傳非，鄭、韋之謬如此，豈非由不知成王生時尊號之所致乎!?」❼⓪

㈥皮錫瑞《今文尙書考證》以爲：〈酒誥〉之「成王若曰」，蓋舊史之文如是，非別有異義也。復又益引《尚書大傳》云：「奄君薄姑，謂祿父曰：『成王尚幼矣。』今本多妄改為『今王』，不知成王本生號也。」71

(七)魯實先先生說：「考之彝器，遹段之穆王，獻侯鼎之成王，截段之穆公，敔段之武公，宗周鐘之邵公，趞曹鼎之龔王，匡卣之懿王，康壺之靈公，皆為生稱。是西周諸王，若成、昭、穆、恭、懿，舊說以為謚者，皆非謚，乃為生號也。」72

以上所引述的各家見解，不分今古，一致認為「王若曰」之上，應有「成」字，且均有實證可案，非出空言，自是可信。於此益可了解〈康誥〉三篇，乃為成王時，周公攝政之日，以王命對康叔所作的誥命，是以所言能義理一貫。而宋人不信此說，至胡宏而下，經朱子、蔡沈，以至元代的金履祥，相繼承襲，是以絕口不言「成王若曰」之「成」字。

注釋

❶ 今人蔣善國先生（大陸學者），在《尚書綜述》第十五章，〈康誥、酒誥、梓材的作者和著作的時代〉一文中，將此三篇的作者，分成四項述說：一、成王封康叔所作。二、周公稱成王命封康叔所作。三、周公居攝稱王封康叔所作。四、武王封康叔所作。接著則將各說的誤點，一一指出，並言不明初封說與益封說，才是後人致誤的癥結。蔣先生的分項說明，是根據文字表面的記載，這樣分，固然清晰，但就

當時實際情況說，成王幼小，周公攝政，一切行政作爲，全出之周公。把成王、周公看作一個整體即可，似乎沒有細分的必要。因爲單獨言成王者，乃就國家體制著眼，其實如就時代與作者而言，僅有周公攝政與武王滅殷後舉措的差異而已。至於周公居攝稱王與否以及封康叔的問題，我們認爲應當提出來作進一步的探究，不宜混在一起相提並論，以免有交代不清之嫌。《尚書綜述》（上海古籍出版社出版），該文刊在頁二三七～二四七。

❷ 案：在胡宏之前，對〈康誥〉、〈酒誥〉、〈梓材〉三篇提出辨疑的爲吳棫（字才老），著有《書裨傳》，今佚。朱彝尊《經義考》卷一八：「按說書疑古文者，自才老始。其書《菉竹堂目》尚存。」

❸ 見商務印書館版【四庫全書】三一三本，頁一一〇～一一八。

❹ 以上1.2.二則，錄自正中書局版《朱子語類》卷七八，頁三一五六。

❺ 以上3.4.5.三則，錄自正中書局版《朱子語類》卷七九，頁三二六四～三二六六。

❻ 見臺灣商務版【四部叢刊】《朱文公集》卷五七，頁一〇一八。

❼ 見商務版【四庫全書】三三二本史部，《資治通鑑前編》卷六，頁一二四。

❽ 見漢京版【通志堂經解】一三册，頁七九六五。

❾ 見鼎文書局版《尚書集注述疏》上册，頁三八四。

❿ 除《左傳》、《史記》外，《尚書大傳》亦言（周公攝政）四年建侯衞。

⓫ 見中華書局版《逸周書·作雒解》及〈克殷解〉。

⓬ 見藝文印書館版【十三經注疏】本，頁六九六。

⑬ 見明倫出版社本《史記》一冊卷四，頁一二六～一二七。

⑭ 見明倫出版社本《漢書》二冊卷二八〈地理志下〉，頁一六四七。

⑮ 見藝文版【十三經注疏】本，《詩經》，頁七二。

⑯ 見漢京版【皇清經解續編】二冊第六七條，頁七六九。

⑰ 見大化書局版《戴東原先生全集・經考》卷一，頁三八七。

⑱ 如命契爲司徒說：「契，百姓不親，五品不遜，汝作司徒，敬敷五教，在寬。」其他如命禹爲百揆，命皐陶爲刑官，命益掌山澤等，都是簡明有力。請參拙著《尚書流衍及大義探討》，頁一二四～一三〇。

⑲ 引〈康誥〉語。

⑳ 孟侯的解釋：第一，孟，長也。孟侯，即諸侯之長。如《呂氏春秋・正名》篇：「齊湣王，周室之孟侯也。」注：「孟，長也。」又〈誠廉〉篇：「而與盟曰：『世爲長侯，守殷常祀。』」孟侯，即長侯也。第二，《尚書大傳》：「天子太子，年十八曰孟侯。孟侯者，於四方諸侯來朝，迎於郊，問其所不知也。鄭大傳注云：「孟，迎也。」簡朝亮云：「以王爲孟侯，不可信也。」見鼎文書局版《尚書集注述疏》卷一五，頁三五二。第三，孟，勉也。

㉑ 見《孟子・梁惠王下》。

㉒ 見《孟子・盡心下》。

㉓ 見《尚書綜述》第五編第十五章，〈康誥、酒誥、梓材的作者和著作的時代〉，頁二四一。

㉔ 見藝文印書館版皮錫瑞《今文尚書考證》中，頁四三七～四三九。

㉕見明倫版《史記·周本紀》，頁一二七。

㉖見明倫版《史記·衞康叔世家》索隱引，頁一五八九。孫星衍《尚書今古文注疏》亦引此說，卷一五，頁一。

㉗見臺灣中華書局版《路史》卷戊，頁八。

㉘《皇王大紀》，見商務版【四庫全書】三一三本，頁一一八。金履祥《資治通鑑前編》，見【四庫全書】三三二本，頁一二五。金氏自案：「東王（土）云者，武王克商，分紂都朝歌以東而封康叔，其西、北，爲武庚、管、蔡之地。」

㉙見上海古籍出版社本，蔣善國撰《尚書綜述》，頁二四一~二四二。

㉚見明倫版《漢書》二冊，頁一六四七~一六四八。

㉛見藝文印書館版【十三經注疏】《詩經》，頁七二。

㉜《史記》引《帝王世紀》，見明倫版〈周本紀〉一冊，頁一二七。又所引三監、監尹之地甚不一致，茲列一表，以醒眉目：

國名	在紂都之方位	監尹者			
		逸周書	地理志	帝世紀	路史
邶	北		武庚	霍叔	霍叔
鄘	南		管叔	蔡叔	管叔
衞	東	管叔	蔡叔	管叔	蔡叔

案：鄭氏康成雖言三監之名，卻未言三叔所監之地。《帝王世紀》以鄘在紂都之西，不確。

㉝ 見明倫版《後漢書》二册卷三〇〈蘇竟傳〉，頁一〇四六。蘇傳：「夫周公之善康叔，以不從管、蔡之亂也。」前哲今賢，多引此語以證康叔之封地非爲妹邦，即爲紂都附近之地。以不從三監之亂，而周公所以善之。是以亂平後，乃以三監之地益封康叔。我們的見解則是：如爲紂都或附近之地，以當時三監之氣勢，何懼其不從？惟因地遠，方能出兵以助周公。是以公善之也。

㉞ 見㉚。

㉟ 見商務版【十通】《通典》卷一七八〈州郡八〉，頁九四六。

㊱ 見中華書局版《清嘉慶重修一統志》十二册〈河南衞輝府〉，頁九七八五、九八二一、九八二九，以及〈彰德府〉，頁九七〇五。

㊲ 見上海古籍出版社本《尚書綜述》，頁二四二，原注一、二。

㊳ 見上海古籍出版社本《尚書綜述》，頁二一四。

㊴ 見藝文版【十三經注疏】《禮記》，頁五七六。

㊵ 見明倫版《漢書‧王莽傳》，頁四〇九四。

㊶ 見【十三經注疏】本《禮記‧明堂位》，頁五七五。見【十三經注疏本】《尚書‧大誥》，頁一九〇。

㊷ 見藝文版《今文尚書考證》，頁四四二。

㊸ 見世界書局版《呂氏春秋集釋》卷五〈古樂〉篇，頁二〇。

㊹ 見上海古籍出版社版《尚書綜述》，頁二四〇。

45 見明倫出版社版《僞書通考》，頁三三三一～三三三五。

46 所引〈魯周公世家〉二則言論，見明倫版《史記》三册，頁一五一八。

47 見明倫版《漢書》五册，頁四〇七九。

48 見新文豐版《尙書故》，頁一二五。

49 見漢京版【皇清經解續編】二册，頁一一九六。

50 見藝文印書館版【十三經注疏】《禮記．明堂位》正義引鄭玄語，頁五七六。

51 見漢京版【皇清經解續編】二册，頁一一九五～一一九六。

52 見漢京版【皇清經解續編】二册，頁一二四八～一二四九。

53 見學海出版社版《文心雕龍．諸子》篇，頁三〇九、三一八，原注二三。

54 見藝文版【十三經注疏】《禮記》，頁八六五。

55 見明倫版《史記》一册，頁一三一。

56 見藝文版【十三經注疏】《春秋左氏傳》，頁一九上。

57 見源流版楊伯峻《孟子譯注．盡心章下》，頁三二五。

58 見藝文版【十三經注疏】《禮記．文王世子》，頁三九七。

59 見藝文版【十三經注疏】《禮記．坊記》，頁八六五。

60 見廣文書局版楊子《法言》，頁一九。

61 見漢京版【皇清經解續編】十九册，頁一四九七八。

62 見漢京版【皇清經解】五册，頁三三七一。段玉裁著，《古文尚書撰異》。

63 「毋彝酒」，見商務版《韓非子・說林上》，頁六二三。「先王之法」，見商務版《韓非子・有度》篇，頁二五七。

64 所引《國語・周語》的言論，見仁里書局版，頁三五。《呂氏春秋・順民》篇語，見世界書局版〈十二紀・季秋紀〉卷九，頁六。

65 此四十八字，蘇軾《書傳》、洪邁《容齋續筆》卷一五、蔡沈《書經集傳》、簡朝亮《尚書集注述疏》等先儒，均以爲當在《洛誥》篇首。而金履祥《尚書表注》，認爲當在〈梓材〉篇首。吳澄《書纂言》，以爲與〈梓材〉「王曰封」至「戕敗人宥」七十四字，互爲錯簡。陳櫟《書集傳纂疏》，以爲當在〈召誥〉「越七日甲子」之前。陳夢家〈西周銅器斷代㈠〉，《考古學報》第九册，亦以爲應屬於〈召誥〉。方苞《望溪先生全集・讀尚書》，謂「其時其地，實與多士篇應」。吳汝綸《尚書故》，則又以爲係〈大誥〉之末簡。此段文字，錄自屈萬里先生《尚書集釋》，頁一四五。

66 見鼎文版《經典釋文》，頁四七。

67 見藝文版【十三經注疏】《尚書正義》，頁二〇六～二〇七。

68 見漢京版【皇清經解】五册，頁三二八五。

69 見中華書局版〈酒誥第十六〉。所引《呂氏春秋・下賢》篇文，見世界書局本卷一五，頁一五。

70 魏源語。見漢京版【皇清經解續編】三册，頁二三一二。其所引《國語》文，見里仁版《國語・周語下》，頁一一四～一一六。所引《新書》文，見廣文版《新書・禮容》篇，頁一六八。

⑪ 皮錫瑞語。見藝文版《今文尚書考證》，頁四五九～四六〇。

⑫ 見黎建寰著，《魯實先尚書講義》。本論文於民國八十一年十二月十九日魯實先學術研討會發表。

捌　《尚書・洛誥》篇辨疑——兼談何尊「惟王五祀」

一、前　言

《尚書》周誥之難讀，遠自唐代的大文豪韓愈，即已發出慨歎❶，而〈洛誥〉，乃難讀之尤者。宋・王安石、朱熹二儒，皆表示有不可解者❷。而金氏履祥，於其所著《尚書表注》中則謂：「〈洛誥〉所紀，若無倫次：有周公至洛，使告圖卜往復之辭，有周公歸周（鎬京）迎王往洛對答之辭，有成王在洛留周公于後而歸之辭，有周公爲王留洛相勉敍述之辭。」這些「往復」、「對答」、「歸周」、「敍述」之辭的先後次序如何？弄得他一頭霧水，很難分辨。後來的尚書家，有的避而不談，而談論的人，也是避重就輕的點到爲止，但見解卻甚爲分歧。愚既塗「《尚書・洛誥》篇大義探討」之後，有感於前賢的吝於論定，是以不揣淺陋，除試作辨別該篇誥文的

「往復」二次序外，其他如周公致政成王的時間問題，是否曾經改元？成王留周公於洛的用意何在？也想提出來予以辨白。最後，再就著何尊銘文中的「惟王五祀」，表示一下個人的見解。

二、辨疑

一、「拜手稽首」用意之疑：在專制時代，「拜手稽首」，多爲臣下晉見帝王時，所行的最敬禮。行此大禮之後，再呈遞奏章或當面陳言。如《周禮．大祝》：「辨九拜：一曰稽首，二曰頓首，三曰空首，……。」鄭注：「稽首拜，頭至地也；頓首拜，頭叩地也；空首拜，頭至手，所謂拜手也。」疏云：「此三者，相因而爲之。空首者，先以兩手拱至地，乃頭至手，是爲空首也。以其頭不至地，故名空首。頓首者，爲空首之時，引頭至地，首頓地卽舉，故名頓首。一曰稽首，其稽、稽留之字，頭至地多時，則爲稽首也。此三者，正拜也。稽首，拜中最重，臣拜君之拜；二曰頓首者，平敵自相拜之拜；三曰空首拜者，君答臣下拜。」[3]

據此，使我們可以了解古代君臣相見之時的禮數。臣對君，爲稽首拜；君對臣，則爲空首拜。但也有例外，假使君對臣的進言，有値得遵從或自身警惕的，亦向臣稽首拜。如〈大誓〉云：「周公曰：『都！懋哉！予聞古哲王之格言：正稽古，立功立事，可以永年，丕天之大律。附下而罔上者死，附上而罔下者刑，與聞國政，而無益于民者退，在上位而不能進賢者逐。』大子發拜手稽首。」[4]就是一個很好的例子。之後的成王，對周、召二公的誥語，亦多採這種禮數。可是話又要說回來，「禮以時爲大」[5]，禮當順時爲先，而不是一成不變的。如《左氏・哀公十七年・傳》：「公會齊侯盟于蒙，孟武伯相，齊侯稽首，公拜。齊人怒。武伯曰：『非天子，寡君無所稽首。』公如晉，孟獻子相。公稽首，知武子曰：『天子在，而君稽首，寡君懼矣。』孟獻子曰：『以敝邑介在東表，密邇仇讎，寡君將君是望，敢不稽首！』」[6]這就是權宜之計的禮數。這種禮數，在〈堯典〉中，就記載著四次：

1. 帝（舜）命禹爲百揆。禹拜稽首。
2. 帝命垂爲工。垂拜稽首。
3. 帝命益爲虞。益拜稽首。
4. 帝命伯夷爲秩宗。伯拜稽首。

以上所載「拜稽首」者，均爲帝舜即位後，當面發布任官令時，而接受此職務的官員，向舜所行的敬禮。之後，釋《尚書》者，多依此禮數以解經義，甚少例外。這意思是說，凡用此禮數者，多爲當面的拜謝。可是以我們的考察，卻並不盡然。現在就讓我們共同來看看前人的見解：

1. 《白虎通》說：「人所以相拜者何？所以表情見意，屈節卑禮尊事之者也。」
2. 蔡邕《獨斷》說：「漢承秦法，羣臣上書，皆言昧死言。王莽慕古，去昧死曰稽首。光武因而不改，朝臣曰稽首、頓首，非朝臣曰稽首再拜。」

3.《偃曝談餘》說：「近代尚質，朝野之間，皆用古折簡，駸駸乎有先輩風度。顧其相稱謂及諸儀式，都未循體。余考狀、牒之原，古惟鉛刀竹木，而削札為刺，止達姓名，寓書於簡，止為問好。官有公事，上而下者曰符，曰檄；下而上者曰狀，位相等、往來曰移，曰牒；非公事，以意曉下曰教，下私自候請謝曰牒記書啟。……又《周禮》九拜辨：一曰稽首，手引頭至地，稽留多時為稽首，臣拜君之拜也。最重。二曰頓首，頭叩地即舉不停留為頓首，平敵拜也。三曰空首，頭至手不至地為空首，君答臣之拜也。」[7]

以上所引三則，除《白虎通》僅言相拜之義外，其他兩則，就是針對上書，互相答拜之稱的用語，所作的說明。這可讓我們明白，即使在古代，上書、或彼此遣使陳言，亦可用「拜手稽首」作敬辭，不一定非專用於當面拜謝不可。在《尚書》的周誥中，就有許多地方，可作如是觀。現在就容我們先將這些用語摘錄出來，然後再加以說明。

(一)《召誥》中有二次：

其一：太保乃以庶邦冢君出取幣，乃復入，錫周公曰：「拜手稽首，旅王若公。」

其二：拜手稽首曰：「予小臣，敢以王之讎民、百君子、越友民，保受王威命明德。」

《召誥》中第一次的「拜手稽首」，是周公在遍察洛邑的構圖施工，並舉行大祭之後，將要西歸鎬京時，召公率諸侯獻幣，請周公轉呈成王時所用的一句敬辭❽。第二次所用的「拜手稽首」，乃在誥語中，爲加強語氣，並表示一己的渴望與切盼。這種情形，也就有如現在人在信中一再用親切的稱呼，其用意是一樣的。所以尚書家，有的將之釋爲「更端之辭。」❾

(二)〈洛誥〉中有五次：

其一：周公拜手稽首曰：「朕復子明辟。」

其二：王拜手稽首曰：「公不敢不敬天之休……。」

其三：拜手稽首誨言。

其四：周公拜手稽首曰：「王命予來承保乃文祖受命民，越乃光烈考武王弘朕恭。」

其五：伻來毖殷，乃命寧予以秬鬯二卣。曰明禋，拜手稽首休享。

〈洛誥〉中第一次的「拜手稽首」，是周公在洛邑遣使向成王報告（上書）時所用的敬辭。第二次的「拜手稽首」，是成王看到周公遣使所獻吉卜的結果及營洛的構圖後，命來使回復周公所用的敬辭。第三次的「拜手稽首」，是成王再一次表示感激「誨言」之意的敬辭。第四次的「拜手稽首」，是成王回鎬京後，派使臣慰勞眾殷及安慰周公，並以秬鬯二卣，以極其誠敬之心，請周公禋祀所用的敬辭。第五次的「拜手稽首」，是周公複述成王安慰他的「寧辭」❿。

㈢〈立政〉中有二次：

其一：周公若曰：「拜手稽首，告嗣天子王矣。」

其二：乃敢告教厥后曰：「拜手稽首后矣。」

〈立政〉中的第一次「拜手稽首」，爲上書的開頭敬辭。當時成王在宗周，周公在洛，命使陳言，故稱拜手稽首⑪。第二次的「拜手稽首」，是周公引述有夏（禹時）在位的賢俊之士，稟告他們的君王時，所行的最敬禮⑫。

㈣在〈顧命〉、〈康王之誥〉中有二次：

其一：一二臣衛，敢執壤奠，皆再拜稽首。

其二：太保暨芮伯咸進相揖，皆再拜稽首曰：「敢敬告天子。」

〈康王之誥〉中第一次的「再拜稽首」，是諸侯進獻方物，向康王所行的跪拜禮。第二次的「再拜稽首」，是太保奭及芮伯在向康王進言之前，所行的跪拜朝禮。

在《尚書》中，我們所看到的「拜手稽首」，僅止於此。總共計有十五次。此十五次，〈堯典〉中的四次，為帝舜發布命令時，接受職務的大臣當面致謝所行的敬禮，〈立政〉篇中的兩次，在認定上尚有不同的看法⑬，〈康王之誥〉中的兩次，全為諸侯、大臣向康王當面所行的最敬禮。其餘的七次，如就上下經文以觀其用意，均可視為君臣遣使陳言對答的敬辭。我們所以不憚煩地引述，目的就在釐清〈洛誥〉篇周公成王互相對答的次序，以及當時所居之地。

根據以上的分析說明，現在我們似乎可以明晰地看出其端倪了。

㈠自〈洛誥〉篇的開頭「周公拜手稽首曰：『朕復子明辟』」，至「伻來以圖及獻卜」，我們認為，這是周公在洛邑遣使向成王報告營洛的經過。此時周公在洛。

㈡自「王拜手稽首曰：『公！不敢不敬天之休，來相宅，其作周匹休。』」至「我二人共貞。公其以予萬億年敬天之休。拜手稽首誨言。」我們認為這是成王在鎬京遣使向周公陳言的敬辭。一方面希望與周公共同承擔治理周朝的大責重任，同時也對周公的「誨言」，表示感謝。此時成王在鎬京。

㈢自「周公曰：『王肇稱殷禮，祀于新邑，咸秩無文。』」，至「汝往敬哉！茲予其明農哉，彼裕我民，無遠用戾」，為成王在洛邑行將完成之時，來洛視察，並舉行祀天改元之禮後，周公面對成王所作的追述及勉勵今後所當努力的方向。這是我們就經文所作的合理推測，不如是，下面的經文，即無著落。

㈣自「王若曰：『公！明保予沖子。』」，至「我惟無斁其康事，公勿替刑，四方其世享」，為成王在洛面謝周公並請其留守洛邑，治理東方的答辭。如不作如是觀，經文中的「予小子其退，卽辟于周，命公後」，卽無法解釋。

(五)自「周公拜手稽首曰：『王命予來承保乃文祖受命民，越乃光烈考武王弘朕恭。』」，至「王伻殷乃承敍萬年，其永觀朕子懷德」，這是成王回鎬京以後，有感於殷人工作的辛勞，以及周公竭智盡忠地輔佐，於是就派人一面慰勞殷人，同時也藉此以「寧」周公。並以「秬鬯二卣」，請周公「明禋」，並「拜手稽首享」。所以周公於事畢之後，立卽遣使向成王報告，並申述奉命留洛以來，在施政方面所抱持的理念以及今後對成王的期許、勉勵。

(六)自「戊辰，王在新邑烝，祭歲」，至「惟周公誕保文武受命，惟七年」，這是於年終歲尾之時，成王又親臨洛邑，舉行祭典的記事。當然，此時成王在洛。

我們就著經文，以「拜手稽首」為依準，作了以上六個自以為是的段落分述，發現除(二)與(三)之間，稍覺有些突然不能銜接外，其餘各段，均感文理秩然，而當時周公、成王相互遣使陳言或當面對答之情，亦可得到合理的安排，似不致再有「若無倫次」之感了。

二、周公致政成王於攝政七年的時間之疑：周公攝政七年，反政成王，自來尚書家皆無異辭。然於七年反政的時間問題，卻很少人提及。因〈洛誥〉篇有「戊辰，王在新邑烝，祭歲」。「王命周公後，作册逸誥。在十有二月」。以及「惟周公誕保文武受命，惟七年」的記載，有人因以「戊辰」，為周公反政記日，「十有二月」，為周公反政記月，「惟七年」，為周公反政記年[14]。換言之，周公反政成王，卽在攝政七年十二月的三十日（戊辰）[15]。我們細審此段經文，全爲記事。乃成王於此年歲終之際，在成周（洛邑）舉行祭歲之禮，請周公留守洛邑，一則上告文武，同時並爲之舉行大典，命作册逸，布告天下。似未言及致政之事。若於是日致政，主導人，應爲周公，似不應爲成王。因此，我們認爲致政的時間，當在七年的年初。所持的理由如下：

㈠在〈堯典〉中，記載堯舜的禪讓，不論是攝政，或是卽位，無不選擇正月的吉日。這有兩點可述：

第一：舜攝政。經文說：「正月上日，受終于文祖。」

第二：舜卽位。經文說：「月正元日，舜格于文祖。」

經文中的「正月」、「月正」，均指正月而言。「上日」、「元日」，也都是指的吉日、善日。皆史官記載時的一種變通寫法，實則並無不同。所以馬融以「上日」爲朔日，亦卽每月的初一[16]。

儘管有人認爲〈堯典〉的成書時代，可能在孔子之後，孟子中晚年以前，然在觀念上說，每逢國家元首登極大典，總是要選個吉利的日子，也多半以每年的元月元日爲上選，這似乎是無可置疑的。卽使是在「〈顧命〉、〈康王之誥〉」中，雖然沒有康王卽位時日的記載，而後代的學者如顧亭林、孫希旦二先生，也均已認定爲葬成王後的次年正月上日，就是康王卽位的日期[17]。

我們當然同意這種看法。

㈡經文中的稱謂或行文語氣之疑：以經證經，最爲可信，這是訓詁家所公認的律則。而在行文語氣上，往往由於拘於時代、環境的不易突破，亦不自覺的表現出其當代的語態。南宋大儒朱子（熹），就是以這種方法識破《尚書》大序不類西漢文章的[18]。現在，我們就試著從經文中，找出認爲可疑的記載：

第一：〈召誥〉說：「王乃初服。嗚呼！若生子，罔不在厥初生，自貽哲命。……知今我初服，宅新邑，肆惟王其疾敬德。」這意思是說：「我王剛開始任事親政，啊！這就好像一個幼小的孩子，沒有不是在開始接受教育的時候，就自應傳以明哲之道的。……現在我王初任政事，將要遷居於新邑，所以我王應該儘快地敬慎於德行。」

我們都知道，據《史記．周本紀》的說法，召公奉命營成周，是在周公攝政七年。而召公在是年二月二十一日起程來洛，至三月五日到達洛地，開始營建的工作。此時召公作誥，不僅稱成王爲王，而且兩次用「初服」的字眼。考「初服」之義，自僞孔解爲「言王新即政，始服行教化」之後，說《尚書》者，多能依從其訓。如簡朝亮云：「服，謂事天命；初服，謂初即政也。言今王繼受其天命。」[19]孫星衍《尚書今古文注疏》，更以「王乃初服」引「《論衡》，作今王初服厥命」爲說[20]。是漢人早已認爲成王於此時服行政事了。召公奉命，是在年初的二月，而作誥的時間，是在三月，竟然兩次用「初服」的字眼，這不可證明周公於年初（正月上日）即反政成王了嗎？

第二：我們遍觀〈召誥〉篇所有的「王」稱，均指成王，無一指周公者。這種指稱，意味著什麼？孫氏星衍說：「據經文云：『王朝步自周。』下文云：『周公朝至於洛。』周公至是不稱王。經文又云：『錫周公曰。』又有『旦曰』。故知在反政之後也。」㉑既知「在反政之後」，然而我們要問是在何月何日反政的？可惜孫氏並未加明示。既在年初，我們據前文所析，則認爲那就非「正月上日」莫屬了。

第三：〈洛誥〉小序說：「召公既相宅，周公往營成周，使來告卜，作〈洛誥〉。」據此可使我們推知，這時雖然周公已經反政成王，但仍居總宰百官之位，所以才有召公既奉命「先相宅」，「周公往營成周」之行。這種舉措，並不是不放心召公，乃其職責所在。故當他來洛遍觀營造成周的構圖規模以後，立刻遣使向成王報告。是以經文說：「周公拜手稽首曰：『朕復子明辟。』」「復子明辟」，就是向明君報告。這不意味著此時已歸政成王了嗎？這句話的關鍵，在一個「復」字。自僞孔傳以「復」作「還」解以來，清儒如孫星衍、江聲、王鳴盛，皆無異議。獨俞氏樾，則謂此句爲「周公得卜復命成王也。」這種說法，是承宋人王安石、蔡沈之見所作的定詁㉒。然俞氏卻不以「復命」爲復政，僅謂「復命成王，即是明已將歸政，而初非以歸政爲復子明辟也。」㉓我們不同意這種說法。假如認爲過去「周公常稱王命專行不報」㉔，至此將歸政才有復命之舉，這就未免太不了解周公了。

我們通檢〈洛誥〉之文，除戊辰以下爲純記事外，其餘則全爲周公與成王對答之辭。就文辭言，雖以周公所言爲多，然而成王卻爲主導者，亦卽爲主其事之人。在周公的陳辭中，除一本過去勉勵、關愛之情外，其餘不是追述既往，就是策勵來茲。其言語之間，總不出發揚文武的德業，繼保其受命民，以達其祈天永命的心願。這樣一位自始自終、全心全意以國爲重，以輔佐成王爲職志的老臣，難道非要到「將歸政」時才有「復命」的舉措嗎？在過去，或許有「周公常稱王命專行不報」的事例，那可能是權宜之計，起碼在〈洛誥〉文中，找不出來。我們所看到的，除雙方通體合作無間，相互信賴外，在文氣的表現上，全爲成王意念的執行。這不表示周公此時已致政於成王了嗎？因此，這句話中的「復」字，宋人葉氏夢得謂：「復，如孟子有復于王之復。」㉕案：復，當作白解㉖，引申有陳述、報告的意思。周公既向明君復命報告，這不是已行歸政的語氣嗎？

第四：〈召誥〉小序說：「成王在豐，欲宅洛邑，使召公先相宅，作〈召誥〉。」此序雖未說明這時周公是否已經歸政成王，但由「使召公先相宅」的語氣看來，似已歸政。起碼此時成王已可自主其事了。漢・太史公司馬遷於《史記・周本紀》中說：「周公行政七年，成王長，周公反政成王，北面就羣臣之位。成王在豐，使召公復營洛邑，如武王之意。」是太史公早已認爲於營洛之初，已反政成王了。至於〈魯周公世家〉所載：「成王七年二月乙未，王朝步自周至豐，使太保公先之雒相土。其三月，周公往營成周雒邑，卜居焉，曰吉，遂國之。成王長，能聽政，於是周公乃還政於成王。」我們認爲這段文字，是追述，是史家之筆。如其中所言「卜居焉，曰吉，遂國之。」試問，此時尚未營建，何能「國之」？只是由於「卜吉」而決定營建國都於此罷了。所以下文接著說：「成王長，能聽政，於是周公乃還政於成王。」這意思仍是在營洛邑之初，卽行歸政，不是表達得十分清楚嗎？

第五：由經文「惟命曰：『汝受命篤弼，丕視功載，乃汝其悉自教工。』」（案：《尚書大傳》教，作學；工，作功。）亦可推知周公反政之時，應在年初。

經文「惟命曰」以下，是周公引述成王命令中的話。大義是說：「你受先王之命，以忠誠之心，來輔佐王朝，而今我巡察了所營建的洛邑，由於你們能各自盡力，所以才有如此的功效。」這種各自盡力的功效，究竟如何，周公並沒有作進一步的說明。但《尚書大傳》，卻爲我們作了詳細的闡釋，他說：「《書》曰：『乃汝其悉自學功。』悉，盡也。學，效也。傳曰：『當效其功也，于卜洛邑，營成周，改正朔，立宗廟，序祭祀，易犧牲，制禮樂，一統天下，合和四海，而致諸侯，皆莫不依紳(大帶)端冕，以奉祭祀者，其下莫不悉以奉其上者，莫不自悉以奉其祭祀者，此之謂也。盡其天下諸侯之志，而效天下諸侯之功也。』」[27]王鳴盛《尚書後案》說：「所引傳，伏生據未焚書以前傳記，蓋七十子緒言，自爲可信。」[28]我們就大傳所言內容看，營洛邑，固有其功效在，然在當時是否已經發揮了這樣大的功效，尚難斷言。但僅就此論，可使吾人了解所引〈洛誥〉經文，確是周公追述成王在洛「肇稱殷禮」，「記功、宗，以功作元祀」爲記實。成王既「以功作元祀」，那就表示當時洛邑已經建造完成。卽使尙未全部完工，所剩也不會太多，這是可以想見的。這在時間上說，最快也要到這年的九、十月了。我們再由下文的「予小子其退」，「命公後」來看，更可知成王當時確實在洛，並發號施令，主導一切行政作爲。這不顯示成王已經執政任事了嗎？尙書家多以七年的十二月三十日爲致政成王的日期，我們不作如是觀。

三、成王命周公留守洛邑之疑：營建洛邑，居中以理天下，早在武王之時，卽有此意。可是待成周建造完工之後，成王反命周公居留於此，其用意爲何？先儒雖有言及，然卻語焉不詳。茲就所見，試作探討。

成王請周公留守洛邑，似乎早已胸有成竹，也可說是思之稔熟，謀定而後動的作爲。所以當他看到周公遣使自洛地送來的圖卜後，也就卽刻遣使回覆周公說：「公旣定宅，伻來，來視予卜，休，恆吉，我二人共貞。」在此經文中，我們所當特別注意的是「我二人共貞」這句話。貞，作「當」解。也就是共同擔當，承當治理責任的意思。由這句話，不僅可以看出成王對周公的依重，也同時更可體悟出成王對周公的信賴。他深深地體會到，自武王崩逝以後，卽由周公攝行政當國，他靖難、東征、建侯衛、營成周，制作禮樂，而今又將行政大權，完完整整地交還於他，假如不是一位才德超凡的至人，是不會有這等作爲的。這樣的一位老人，還不值得信賴嗎？所以他要請周公留守洛邑，和他共同治理周朝。

其次，就時勢說，在表面上看，當時好像平靖無事，假如我們能稍涉〈多士〉、〈多方〉之誥，馬上就可領悟出殷人的難訓了。不惟殷人難訓，而再往東的淮夷、徐戎，則更是叛服無常。這種情形，在〈費誓〉中表露得最清楚。盱衡全局，如沒有足以鎮懾諸侯威名的人，又如何能收治理之效？基於當時國家的實際需要，所以成王也就想出了一個兩全的辦法，那就是共治天下。這不僅可以酬周公之勞，同時也可以全周公之德。所以他一再表示，請周公留守洛邑。如成王在洛邑舉行祭天改元之禮後，要回鎬京之時，就命周公說：「予小子其退，即辟于周，命公後。」不僅如此，在年終成王來洛「祭歲」之時，將命「周公後」的事情，不僅向文、武之靈禱告，同時更為周公的留治洛邑，舉行大典，以布告天下，這又是如何的鄭重其事？從這些記載中，使我們想到，以周公忠藎之心，功勞之大，品德之厚，固應享有此榮，然而成王若非明君，又如何能有這樣果決、睿智的舉措!?我們能有這樣的了解，也就不難知道，洛邑完成後，成王何以不「居中」以理天下的道理了。

三、論何尊「惟五王祀」

武王崩，成王立，因其年少，周公恐諸侯叛周，於是攝行政當國[29]。是成王代立之年，亦即周公攝政之歲。這本是不應有任何爭議的。但由於後人對「營成周」的時間，在看法上有了出入，各執一詞，似乎均能言之成理，因之也就難有定論了。如：

一、伏生《尚書大傳》說：「周公攝政，一年救亂，二年克殷，三年踐奄，四年建侯衛，五年營成周，六年制禮作樂，七年致政成王。」㉚

二、《史記・周本紀》說：「周公行政七年，成王長，周公反政成王。」又說：「成王在豐，使召公復營洛邑，如武王之意。」於〈魯周公世家〉說：「成王七年二月乙未，王朝步自周至豐，使太保召公先之雒相土。其三月，周公往營成周雒邑，卜居焉，曰吉，遂國之。」

二家所言，有同有異。同者，乃七年致政成王，異者，乃營成周的時間。伏生以爲成王五年營成周，太史公則以爲七年營成周。到底是五年還是七年？則迄無定說。我們在前文中說過，以經證經，最爲可信的話，現在仍然堅持此一原則。

首先我們假定五年營成周。可是從〈召誥〉、〈洛誥〉兩篇經文中所載時間來看，又不允許我們作這種想法。因爲：第一，二篇「相爲首尾」㉛，時間是一致的。第二，〈洛誥〉的篇末，明明記載著「惟七年」，這又怎可作五年想呢？

但事又不然，近年來，由於我國大陸上的學者，在考古方面，甚有進展，於一九六五年（民國五十四年）在陝西省西部的寶鷄縣，出土了一件西周初年的銅器，經鑑定命名爲何尊（又名𣄰尊），「尊爲圓口方體，口徑二八・八厘米，通高三八・八厘米，頸飾獸形蕉葉紋及蛇紋，中腹及圈足，皆飾獸面紋，雷紋地，高浮雕。」尊的內底部有銘文，共十二行，現存一一九字（破洞處損泐三字）。銘文的內容爲：周成王初鄠宅𨙵成周，福祭武王。四月丙戌日，王在京室訓誥小子。文中的大義是說：「何的父親輔弼周文王，很有貢獻，文王受到上天授予的治理天下的大命。等到武王攻克了大邑商，則廷告於天說：『我要建都於天下的中心，在這裏統治民眾。』表明成王東遷是秉承武王遺志，最後勉勵何要敬祀他的父親，並和他的父親同樣地夙夕奉公，輔佐王室。王賞給何貝三十朋，何因作此尊，以爲紀念。這是一篇完整的訓誥。銘末的『隹王五祀』，卽周成王五年。」㉜

由於解釋銘文學者的仁智互見，這樣一來，說法就難免有所分歧了。就筆者手頭所掌握的資料，首先提出解釋的是唐蘭先生，他在一九七六年《文物》雜誌第一期，以「[丮+可]尊銘文解釋」爲題，說明何尊銘文的內容大要，認爲成王是在親政五年時，開始遷都，此時周公已經死了。而把銘文中的「京室」，釋爲成周的宗廟，以作祭祀其列祖列宗之用。並且又認爲「這篇銘文所記成王五祀，是最早的了。過去歷史學家，都認爲周公攝政七年，並不包括成王在位年數之內，現在知道『元祀』以後，才是成王親政的紀年。這個問題，就得到證實了。」㉝

第二位是馬承源先生。他以「何尊銘文初釋」爲題，也是發表於一九七六年《文物》第一期。他認爲銘文中的「鄕」（鄄）字，其本義爲升高，也就是《左傳‧襄公六年》「堙之環城」的堙。根據杜注：堙，是土山。用作動詞，爲堆土爲山。因此，他認爲「遷」，就是堆土造城。「宅」作居解，引申有都邑的意思。所以銘文中的「遷宅」，就是「塾土造周都，說得直接一點，就是營造洛邑。」他又認爲「成王開始在成周營造都城，對武王舉行豐福之祭，四月丙戌這一天，成王在京宮（卽銘文中的京室）太室中對宗小子進行訓誥。」雖未明言京宮太室的所在，但就文理看來，應在鎬京無疑，他還認爲「周公攝政，紀年應該還是成王，但《尚書．洛誥》中，周公反政成王時，成王有『惇宗將禮，稱秩元祀』的話，這個元祀，不是紀年，一般的理解是大祀。所以這『五祀』，是武王死後成王卽位的第五年，而不是周公攝政時有元年，反政時又有成王元年。」㉞

第三位是李民先生。他在〈何尊銘文補釋——兼論何尊與洛誥〉一文中，又有不同的見解。首先他引用了幾家的說法，都認爲不對。如馬承源以鄮乃堙之本字，指的是堆土造城。張政烺以爲鄮乃𨛭字，「𨛭」既從「𢁉」，而「𢁉」與「省」聲音相近，可以通假，故𨛭字有相視之義。李學勤以鄮字可讀爲祭名之禋字。他認爲三家「所釋皆失實，惟唐蘭釋此爲遷較確。」但又認爲唐氏釋「遷宅」爲遷都與史實不合。所以他釋銘文的「惟王初遷宅于成周」，爲「周王既遷居殷人于成周。」有關「惟王五祀」的解釋，他認爲周初紀年，非常混亂，有的用文王年號，有的用周公誕保文武受，亦卽周公攝政的年號，也有用成王年號的。銘文所用，卽成王紀年。他認爲成王是從這一年開始有紀年的。〈洛誥〉所謂「以功作元祀」，「稱秩元祀」，就是明顯的例證。雖說是「元祀」，但這一年，並不是周成王之元年，而是成王五年。他又引王國維《周開國年表》中的話說：「成王卽位，周公攝政之初，亦未嘗改元。〈洛誥〉曰：『惟七年』，是歲爲文王受命之十八祀，武王克商之七年。成王嗣位，于茲五歲，始祀于新邑，稱秩元祀，經乃云惟七年，而不云惟十有八祀。」他認爲王國維的看法可信。並確認何尊是成王五年器。他對「京室」的看法則是「成王親臨成周視察，並在剛剛建成的京室誥諭了貴族宗小子何。」㉟

根據以上三家的推斷，我們認爲唐蘭先生的言論，最爲可信。理由是：

㈠銘文中的「𨛜宅」，就是遷都。𨛜，就字形看，應是從邑𢍜（七然切）聲。與說文从辵䙴聲之䙴同。𢍜之或體作䙴，隸變作䙴。其本義爲升高，䙴，遷古今字㊱。然亦假爲遷移之遷。如《漢書・郊祀志》：「湯伐桀，欲䙴夏社，不可。」師古注：「䙴，古遷字。」此亦形聲字與字根音義多同之一例。又《漢書・律曆志》：「周人䙴其行序。」鄧展曰：「䙴，去也。」師古曰：「䙴，古遷字。」《說文解字詁林》引〈地理志〉也說：「《春秋》經云：『衛䙴于帝邱』」㊲《廣雅・釋言》：「䙴，遷也。」凡此，皆可假爲移往、遷徙之證。至於「宅」字，《爾雅・釋詁》作「居」解。因此李民先生將「遷宅」，釋爲遷居。並將銘文「惟王初遷宅于成周」，譯爲「周王既遷居殷人于成周。」我們認爲，遷殷人於洛邑，是有其事，然並不在開始營洛之時。這只要一看〈召誥〉「太保乃以庶殷，攻位于洛汭」，就可知此時殷人早已遷於洛地了。更何況此句銘文，並未言及殷人？添字解經（銘文），是難免有臆測之嫌的。屈萬里先生《尚書集釋》（聯經本，頁二一四）說：「分散殷民，俾便管制，乃周初之策略。洛本殷之領土，據近年考古資料證之，殷人早有居此者。至克殷後，更遷殷頑民於此。……是殷民早已先集雒地，知遷殷在封衛之前，而非在營洛之後也。」我們的看法正是如此。

對「宅」字的見解，我們倒認為馬承源先生的說法最可取。他說：「西周金文中王所在的地名也稱居。如『王在杜居』，『王在雝居』，『穆王在下淢居』等等，這些居字，和都邑的都，意思相同。楊樹達〈積微居金文說〉中的『師虎毀跋』和『師虎毀再跋』二文，對上述的居字，應解釋為都字之義，曾作過分析。」㊳宅既可作都邑解，而遷宅，當然也就是遷都了。所以我們認為銘文中的「遷宅于成周」，就是遷都於成周，唐蘭先生的看法是對的。

㈡銘文末署「惟王五祀」的認定。我們認為「惟王五祀」，就是周公致政後的五年。也就是成王在成周舉「行殷禮、以功作元祀，稱秩元祀」後的五年。茲說明如下：

第一：在前文中，我們曾經根據《史記・周本紀》的記載，說明了武王崩後，太子誦立，周公攝行政當國這件事情。是則成王即位、與周公攝政，應是同時，換言之，也就是同一年。因此成王五年，也就是周公攝政五年。但由於「周初的紀年甚為混亂，有的用文王年號，有的用周公誕保受命，亦即周公攝政年號，也有的用成王年號。」㊴但不管如何紀年，總是可以對照計算出來的。這就必須從「營洛邑」談起。

成王開始營建洛邑的時間，最為大家所熟知的說法有二：一為伏生《尚書大傳》的周公攝政五年。一為司馬遷《史記》的周公攝政七年。後人多從《史記》。然而自何尊的銘文被發現後，於是成王五年營成周的說法，才又被宣騰了起來。可是銘文一開始，就指明「惟王初遷宅于成周」。既為遷都，我們不妨再從〈召誥〉的經文看起。〈召誥〉說：

惟二月既望，越六日乙未，王朝步自周，則至于豐。惟太保先周公相宅，越若來三月，惟丙午朏。越三日戊申，太保朝至于洛，卜宅。厥既得卜，則經營。越三日庚戌，太保乃以庶殷攻位于洛汭，越五日甲寅，位成。

若翼日乙卯，周公朝至于洛，則達觀于新邑營。越三日丁巳，用牲于郊，牛二。越翼日戊午，乃社于新邑，牛一、羊一、豕一。

越七日甲子，周公乃朝用書，命庶殷侯、甸、男、邦伯。厥既命庶殷，庶殷丕作。

誥文雖未言及是那一年的二月，但〈召誥〉、〈洛誥〉，互為首尾，這是不爭的事實。而〈洛誥〉之末，有「惟周公誕保文武受命，惟七年」的記載，這無異於告訴我們，是在成王七年。在《史記》中，記載的更為清楚。〈周本紀〉說：「周公行政七年，成王長，周公反政成王。……成王在豐，使召公復營洛邑，如武王之意。」〈魯周公世家〉也說：「成王七年二月乙未，王朝步自周至豐，使太保召公先之雒相土。其三月，周公往營成周雒邑。」這說法，是與誥文完全相符的。現在我們再就著誥文，將其中的時日，連貫起來。

二月既望。卽成王七年的二月十六日。

越六日乙未。卽二月二十一日。

這是成王自鎬京至豐邑的時日。也是命太保召公先周公到洛地「相宅」的日子。

越若來三月，惟丙午朏。卽三月三日。

越三日戊申，太保至于洛，卜宅。卽三月五日。太保召公卽到達洛地，隨卽展開卜宅的工作。

越三日庚戌。卽三月七日。太保乃命庶殷，就著已測繪好的圖位，整理出輪廓、大概的模型。

越五日甲寅。卽三月十一日。此時已整理出大概輪廓。

若翼日乙卯。卽三月十二日。周公至洛。這在時間的配合上，非常密切。

越三日丁巳。卽三月十四日。周公郊祀。

越翼日戊午。卽三月十五日。周公立社於新邑，以祀地祇。

越七日甲子。卽三月二十一日。告命庶殷諸侯。從此正式展開營建洛邑的工作㊵。

現在我們再回過頭來，看看銘文中的日期。銘文說：

惟王初鄉宅于成周。……在四月丙戌，王誥宗小子于京室。……惟王五祀㊶。

由銘文的記載中，是否可以證明伏生的說法正確，而《史記》的記載不可靠？但七年致政成王的見解，大傳與《史記》則同。而且在〈洛誥〉中也有明確的記載。然而伏生僅言營成周，卻未言遷都。卽使言遷都，而時間上也不許可。遷都是大事，何能說遷就遷？我們由前文可知營洛邑是在三月二十一日正式展開工作的，而到了四月的丙戌，就遷都於此，並在「京室」祭祀武王，誥宗小子，又如何能來得及？卽使當時在建築上，是採取夯土的方式，我們認爲仍無法完成，更何況在其他的客觀條件上也不許可？

第二：在〈洛誥〉的誥文中，成王很明白地表示，要和周公「二人共貞」，其後的「命周公後」，又在祭歲之時向文武祝告命周公後，最後又命作冊逸布告天下。在此情況下，又何能遷都？以理推之，必待周公死後，方有遷都的可能。

第三：王國維先生在其所著《周開國年表》中說：「成王卽位，周公攝政之初，亦未嘗改元。〈洛誥〉曰：『惟七年』，是歲爲文王受命之十八祀，武王克商之七年。成王嗣，于茲五歲，始祀于新邑，稱秩元祀，經（指〈洛誥〉）乃云惟七年，而不云惟十有八祀。」[42]李民先生引此語後，認爲此論「有卓識之見」。並說：「今成王時器何尊的出土，更加證明了王國維這一說法的可信。」[43]信如此說，那麼伏生、太史公所言周公攝政七年的話，均不可得解。據大傳，文王受命七年而崩，武王卽位不改元，十一年伐紂滅殷。克商二年而崩，是爲十三年[44]。太子誦立，年少，周公攝行政當國，七年致政成王[45]。如果要數文王受命之年，應爲二十年才對。因此，我們認為銘文中的「惟王五祀」，應是成王改元後的五年，此時周公已死，所以他才在形勢、心願兼有的情況下遷都成周了。

四、結語

當寫畢〈召誥〉、〈洛誥〉兩篇大義探討之後，腦際總似有揮之不去的疑問：如〈召誥〉中的「旅王若公」，究竟應當如何解釋？當時成王到底有沒有在洛邑？還只是召公率諸侯請周公轉呈所奉獻的幣帛？如果是周公此時返回鎬京，那麼〈洛誥〉中的前兩段的「拜手稽首」，又當作如何的看法？從「周公曰：『王、肇稱殷禮』」以下，直至「王曰：『公，予小子其退，……公勿替刑，四方其世享』」這幾段，周公、成王對答的言論，當如何處理？其次是成王有沒有改元？何以命周公留洛？其用意何在？根據新出土的何尊銘文，「成王初遷于成周。……惟王五祀。」當作何解？與〈洛誥〉的「惟周公誕保文武受命，惟七年」，有何關係？這些疑問，有的在「大義探討」中，雖然已作說明，但總覺有語焉不詳、或令人有突如其來的感覺，其前因後果如何？並未作交代。有的根本就沒有提到，所以想藉此篇幅權作補充說明。復因手中所掌握的資料有限，再加上自己推理的能力也差，勉強塗雅，難免遭到方家之譏，自是意料中事。不過由此能使所提出的問題，得到圓滿的解決，倒是筆者所馨香以求的。茲再綜合說明如次：

一、〈召誥〉中的「旅王若公」，是當周公遍觀洛邑構築規模以後，要回返宗周時，召公率諸侯奉幣，託周公轉獻於成王的一句客套話，另外還附有誥文。此時成王不在成周。理由是周公至洛後，由視察到祭祀，完全由他一人主導，而且日期也記載得非常清楚。如成王此時也在洛邑，爲何不親臨主祭？我們看，在〈洛誥〉中的一切行動舉措，全由成王主導的情景，不論是周公的陳述，或是文字的記載的語氣，無不可以強烈地顯示出來。這情景，在〈召誥〉中，連一點影子也看不到。

二、〈洛誥〉中的周公向成王拜手稽首，至成王向周公的回拜，這都是遣使往來對答時的敬語。當周公到洛遍觀建造規模以後，遂即派遣使臣向成王報告，因爲當時他尚不能預知要在洛地住多久，所以先向成王報告。成王看過圖卜的報告後，也隨即向周公致謝。這兩段文字，我們認爲就是在此時的「來往公文」。後來史官寫〈洛誥〉時，就將這兩段往來文書，列在〈洛誥〉的最前面，作爲此誥的發端，實則與下文「周公曰：『王、肇稱殷禮』」以下，並無必然關連。所以才引起後人的懷疑，認爲在這中間，一定有脫簡[46]。假若能作如是想，則脫簡之疑，或可去除。

三、〈洛誥〉自「周公曰：『王、肇稱殷禮。祀于新邑。』」以下至「公勿替刑，四方其世享。」這幾段經文，爲周公與成王在洛邑互答之辭。因爲在對話的內容中，有「周公曰：『王、肇稱殷禮。祀于新邑。咸秩無文。今王命曰：記功、宗，以功作元祀。惟命曰：汝受命篤弼，丕視功載，乃汝其悉自教工。』」[47]的記載。這顯然是周公追述前事的自白。此時成王已在新邑舉行過「祀天改元之禮」，而且爲「記功」、崇其功，「因祀天而改元」。由此更可窺洛邑大致已建造完成。此外，經文中的「乃汝其悉自教工」一句，根據伏生大傳引述舊傳所說：「當其效功也，於卜洛邑，營成周，改正朔，立宗廟，序祭祀，易犧牲，制禮樂，一統天下，合和四海，而致諸侯，皆莫不依紳端冕，以奉祭祀。」㊽這不也表明當時洛邑已建造完成，所發生的實際功效嗎？當然，這功效，也可作預先的估計來看。這在時間上說，當然不是何尊銘文中的四月，而應接近十月以後了。這時，卽使洛邑不能全部完成，最起碼「京室」建造完工，是絕對沒有問題的。周公說完這些話後，緊接著又是一番勉勵的告誡。而成王也以「予小子揚文武烈，奉答天命，和恆四方民，居師。惇宗將禮，稱秩元祀，咸秩無文」，回謝周公。並接著說：「公，予小子其退，卽辟于周，命公後。」此時周公、成王，如不同時在洛，又何能有這樣的對話？

下文從「周公拜手稽首曰」，直到「王伻殷，乃承敘萬年，其永觀朕子懷德」，又是周公遣使向成王所作的報告。因成王回宗周以後，感於洛邑建造工程的辛苦，除當面嘉勉記功外，馬上又派人慰勞殷人及安慰周公。並致送秬鬯二卣，請周公禋于文武。這兩段誥文，卻說明了周公所以又向成王報告的原因。

戊辰以下，乃成王在洛邑舉行祭歲的記事文，並公告天下，命周公留守洛邑，治理東方。時間是「周公誕保文武受命，惟七年。」

假如我們能作這樣的看法，那麼經文就不會有什麼脫簡，或不銜接的困擾了。

四、由前文（三）分析，我們知道成王在新邑洛祀天改元，既為「周公誕保文武受命、惟七年」，當然不可能是成王五年。王國維先生說「惟七年」，是指武王克殷後七年。因武王克殷後二年即崩，除去在位二年，所餘當然只有五年了。所以他說是時成王即位五年。也就是李民先生所說：「亦即周公攝政的最後一年。」[49]這樣越發使我們相信，成王即位之年數，就是周公攝政的年數。然而就經文來看，我們仍認為是七年，不是五年。因為文氣一貫，實不容許我們作第二種想。而且在古籍中，也屢見不鮮。除《尚書大傳》、《史記・周本紀》、〈魯周公世家〉外，其他如《禮記・明堂位》、《逸周書・明堂解》、《漢書・律曆志》、《韓非子・說難》、《淮南子・齊俗訓》，無不認為周公居攝七年。

王國維先生又在〈洛誥〉解中說：「是歲既作元祀，猶稱七年者，因元祀二字，前已兩見，不煩複舉，故變文云惟七年。明今之元年，即前之七年也。自後人不知誕保文武受命，指留雒邑監東土之事，又不知此經（案：指〈洛誥〉）紀事、紀年各為一句，遂生周公攝政七年之說，蓋自先秦以來然矣。」[50]王先生所以說「惟七年」，為「武王即位後七年」，成王改元，為即位五年」，原因大概就在這裏了。雖是如此，然而我們仍舊不能苟同。固然「周初的紀年，相當混亂」，但我們相信，尚不致混亂到這種地步。在文氣一貫的情勢下，竟然一指紀事，一指紀年！因此，我們就經文所載，認為改元之年，就是周公攝政的七年。銘文中的「惟王五祀」，是指成王改元後的五年。此時周公已死，所以成王才遷至洛邑，在「京室」祭祀的時候，因功賞賜宗小子名何的「貝三十朋」，因此他就鑄了這件銅器，以作紀念。

五、至於成王的未能在洛邑完成後及時遷都，一則是爲了大局，同時也是爲酬周公之勞，實爲兩全之舉。這也充分表露出叔侄二人的相互敬重和信賴。而精誠團結之情，竭力爲國之意，也含蘊在其中。我們所以認爲周公致政成王是在年初，一方面是鑑於〈堯典〉中的禪讓卽位，無不選在元月上日。而此時成王既長，再加上要大力地營建洛邑，這不正是最佳的時間嗎？至於改元後，仍稱「周公誕保文武受命、惟七年」，這可能是表示尊敬周公，同時周公攝政七年，也就是成王七年。如以改元計，則爲成王元年。至於王國維先生說：「因改元二字，前已兩見，不煩複舉，故變文云惟七年」，我們也將之視爲理由之一。但不認爲七年，就是成王五年。

六、談到周公之死，今可得而知者，一爲伏生《尚書大傳》：「周公致政，三年之後，老於豐。周公疾曰：『吾死必葬於成周，示天下臣於成王也。』」[51]又《通鑑外紀》也說：「周公歸政，三年之後，老于豐。」[52]三爲《辭海》所附錄的〈中外歷代大事年表〉，將周公的卒年，繫在成王十一年。假如是這樣的話，周公留洛治理東方，可能僅有三年多的時間。後因老病歸豐，卒於歸政後的四年，也就是成王十一年。如以改元之年算起，正好是五年[53]。周公病卒，而成王遷洛，於事、於理、於時，我們認爲均可以說得過去。

至於以「遷居」爲「遷居殷民」的說法，我們也不以爲然。遷殷民，是有其事，那是在周公東征平亂之後的舉措。更何況添字解經，往往會有臆測的可能？如果以〈多士〉、〈多方〉二誥爲證，那更說不過去。因此二誥爲周公致政後，留洛之際，假王命之誥。這只要在稱謂上觀察，就可以知道了。如〈多方〉：「周公曰：『王若曰，猷，告爾四國多方，惟爾殷侯尹民。』」這種稱謂，前此諸誥中，是很少有的現象。

注釋

❶ 見韓愈〈進學解〉。其於文中云：「周誥殷盤，詰屈聱牙。」

❷ 見元・陳櫟《書集傳纂疏》五。漢京本【通志堂經解】第十五冊，頁八九一〇。

❸ 見藝文本【十三經注疏】《周禮》，頁三八七。

❹ 〈大誓〉云：「周公曰……今〈泰誓〉無此文。」《周禮・大祝・辨九拜》疏所引，僅及「古先哲王之格言」，清・王鳴盛《尚書後案》，又據他書所載，約略編之連綴於此。江聲《尚書集注音疏》云：「《周禮・大祝・疏》，蓋是篇唐初猶存，賈公彥、孔穎達、顏師古、司馬貞諸人，皆及見之，其所稱引皆可信，故從而采之。」

❺ 語出《禮記・禮器》。見藝文【十三經注疏】本，頁四五〇。

❻ 公如晉以下，爲襄公三年傳文。

❼ 以上所引1.《白虎通》，2.蔡邕《獨斷》，3.《偃曝談餘》，皆錄自【古今圖書集成】三十三冊。分別見「交誼典」，頁三九三、三九七。

⑧ 見本書下編之拾參〈召誥〉。

⑨ 見曾運乾《尚書正讀》，頁一九九（洪氏出版社）。

⑩ 見本書下編之拾肆〈洛誥〉。

⑪ 曾運乾語。見《尚書正讀》，頁二四七。然此「拜手稽首」，亦可解為周公拜見天子（成王）時，所行的最敬禮。不必拘於「遣使陳言之用語。」二說可並存。

⑫ 見本書下編之拾玖〈立政〉。

⑬ 如果認定〈立政〉篇中的兩「拜手稽首」，為遣使陳言的敬辭，那麼在〈周書〉中，即有九次之多。此時周公固然在洛，可是卻不能一定認為其不親至鎬京當面向成王報告。故以認定不同言之。

⑭ 曾運乾即主張此說。見《尚書正讀》，頁二一二～二一三。

⑮ 戊辰，劉歆《三統曆》（見《漢書・律曆志》）以為成王七年十二月晦日。王國維〈洛誥解〉從其說。又董作賓《中國年曆總譜》，定成王七年閏三月，因推得十二月三十日為戊辰。以此知《三統曆》為可信。

⑯ 上日，馬融云：「上日，朔日也。」即月的初一。孫星衍《尚書今古文注疏》引。

⑰ 顧氏語。見明倫本原抄本《日知錄》，頁四七。孫希旦語，見鼎文本《書經彙解》卷四八〈顧命〉二，頁五八九。

⑱ 見《朱子語類》卷七八。

⑲ 偽孔傳解初服之言，見藝文【十三經注疏】本一冊《尚書》，頁二二三。簡氏語，見鼎文本《尚書集注

述疏》上册，頁四〇九。

⑳ 王充語。見新興書局本《論衡・率性》篇，頁二四。

㉑ 見《尚書今古文注疏》卷一八，頁一。

㉒ 見《羣經平議》六。漢京本【皇清經解續編】十九册，頁一四九八二。

㉓ 同㉒。

㉔ 同㉒。

㉕ 《欽定書經傳說彙纂》引。卷一五，頁三。引孟子者，乃〈梁惠王上〉篇文。

㉖ 「復」作「白」解。見簡朝亮，鼎文本《尚書集注述疏》下册卷一九，頁四一八。

㉗ 見漢京本【皇清經解續編】二册，頁一一七三。清・陳壽祺輯校。江聲《尚書集注音疏》、王鳴盛《尚書後案》，均引此文。

㉘ 王氏鳴盛語。見其所著《尚書後案》。漢京本【皇清經解】四册，頁二四二四。

㉙ 據《史記・周本紀》立說。見明倫本，頁一三一～一三二。

㉚ 大傳文。見【皇清經解續編】卷三五四，清・陳壽祺《尚書大傳輯校》。漢京本【續經解】二册，頁一一七四。

㉛ 元人金履祥《尚書表注》語。見漢京本【通志堂經解】十三册，頁七九六九。

㉜ 所引何尊資料，見【中國大百科全書・考古學編】，頁一八六。

㉝ 見一九七六年《文物》第一期，頁六一。

㉞ 同㉝。見頁六五、九九。

㉟ 見李民著，《尚書與古史研究》，頁一七八～一八二（中州書畫社民國七十二年出版）。

㊱ 見商務印書館本《說文解字詁林》三册，頁七五七及四册，頁一一四四。

㊲ 見明倫本《漢書・郊祀志》二册，頁一一九二。見明倫本《漢書・律曆志》，頁一〇一二。《說文解字詁林》引〈地理志〉，見商務本三册，頁七五七。

㊳ 見馬氏著，〈何尊銘文初釋〉，頁六五。民國六十五年《文物》第一期。

㊴ 李民語。見其所著《尚書與古史研究》，頁一八一。

㊵ 有關日期的釐訂，參孫星衍《尚書今古文注疏》、曾運乾《尚書正讀》、屈萬里《尚書集釋》等爲說。

㊶ 附𣄨尊器形、銘文及花紋拓片。錄自民國六十五年《文物》第一期，頁六二。另一幀，乃錄自【中國大百科・考古學編】，頁一八六。並附銘文譯文。

㊷ 李民於其所著《尚書與古史研究》中所引，頁一八二。筆者未見原著。

㊸ 同㊷。

㊹ 見〈泰誓〉書小序。〈周本紀〉《漢書・律曆志》、及《尚書・金縢》篇。又參考朱廷獻著，《尚書研究》爲說。見頁三四九～三五〇。武王崩於十三年（克商後六年）十二月。

㊺ 有關成王即位、周公攝政年月，參〈周本紀〉、〈魯周公世家〉、〈齊太公世家〉爲說。又《逸周書・作雒解》云：「武王克殷，……既歸，乃歲（注：謂後之歲也）十二月崩鎬。……周公立（注：謂爲宰攝政也），相天子，……元年夏六月，葬武王於畢。」據此，亦可知武王於克殷後二年十二月崩。元年

（成王元年，卽次年，亦卽文王十三年，武王卽位之六年也），太子誦卽立爲成王，當時成王年少，周公輔之。與〈周本紀〉合。見中華書局本《逸周書》卷五，頁七。

46 懷疑此處有脫簡者，爲元人陳櫟。他說：「此篇大可疑者，惟有公告王宅洛行祀出命之辭，而不載王至洛之事與其日月。觀十二月在洛祭告，命周公留治洛之事，尚謹書之，則自三月後至十二月前，此數月中，至洛之大事，其當書也必矣。……則首至洛之事，其脫簡又可想見矣。」見《書集傳纂疏》。漢京本【通志堂經解】十五册，頁八九一〇。

47 殷禮，爲祀天改元之禮，殷先王卽位時舉之，文王受命建元，亦行之於周，及雒邑既成，成王至雒，始舉此禮。元祀者，因祀天而改元，因謂是年曰元祀矣。時雒邑既成，天下大定。見王國維《觀堂集林・洛誥解》。河洛本，頁三三～三四。

48 見陳壽祺《尚書大傳輯校》。漢京本【皇清經解續編】二册，頁一一七三。

49 見李民著，《尚書與古史研究》，頁一八七。

50 見河洛本《觀堂集林》，頁四〇。

51 見陳壽祺《尚書大傳輯校》。漢京本【皇清經解續編】二册，頁一一七〇。

52 《資治通鑑外紀》，宋・劉恕撰。於卷三云：「周公歸政，三年後，老于豐，事文王之廟，將沒，曰：『葬我成周，示天下臣於王也。』」見商務本【四庫全書】三一二册，頁七〇七。又中華書局本《辭海》下册，附錄〈中外歷代大事年表〉：「成王十一年，周公旦卒。」頁五一。

53 李民（案：今河南大學歷史系教授）先生於其所著《尚書與古史研究》，頁一八一說：「周初紀年之混亂，爲人皆知，因而對何尊銘文所記之『惟王五祀』，也出現了歧義。查周初之紀年，有用文王年號者，有用周公誕保文武受命，亦卽周公攝政之年號者，也有用成王年號者，此不可強爲劃一，更不能用後世的紀年法，去套用周初的紀年。」下舉有例證，因文長不便再錄。惟未言及「有用武王年號者」。果然如此，而王氏國維以「惟七年」謂爲武王卽位後的七年，那就更顯得難以成立了。

附圖

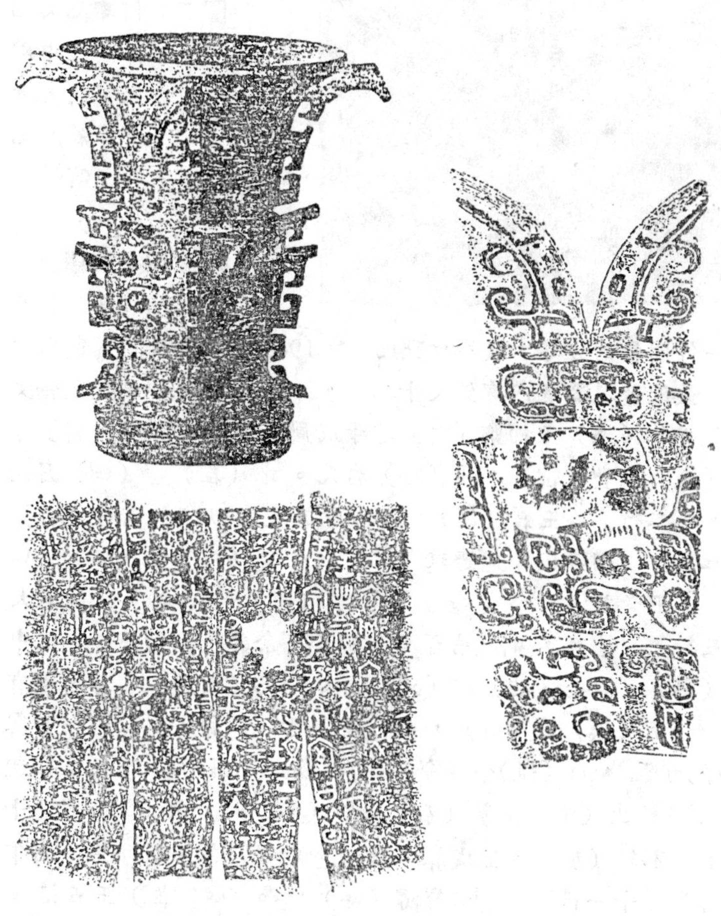

圖一　何尊器形銘文及花紋拓片，民國六十五年（民國六十五年第一期《文物》刊載）

圖二　何尊銘文拓片（《中國大百科・考古學編》拓片，頁一八六。）

㝨何尊銘文解釋

㝨何（音呵）尊是一件圓唇的方尊，腹外作獸面紋。1963 年在陝西省寶鷄市出土。最近發現器底內有銘文十二行，一百二十二字。銘文釋文如下：隹（唯）王初鄹（遷）宅于成周，復亩（稟）〔一行〕　珷（武）王豊（禮），福（福）自天。才（在）亖（四）月丙戌，〔二行〕　王奡（誥）宗小子于京室，曰：「昔才（在）〔三行〕　爾考公氏克逨玟（文）王。隸（肆）玟（文）〔四行〕　王受兹〔大令（命）〕。隹（唯）珷（武）王既克大〔五行〕　邑商，則廷告于天，曰：『余其〔六行〕　宅兹中或（國），自之（兹）辥（乂）民。』烏〔七行〕　虖！爾有唯小子亡（無）戠（識），眂見（視）于〔八行〕　公氏，有寽（勞）于天，敵（徹）令（命）。苟（敬）〔九行〕　亯（享）戈（哉）！」叀（唯）王龏（恭）德谷（裕）天，順（訓）我〔十行〕　不敏（敏）。王咸奡（誥）。㝨何易（錫）貝卅朋，用乍（作）〔十一行〕　□公寶障（尊）彝。隹（唯）王五祀。〔十二行〕　這是西周初期一篇極為重要的歷史文獻，這裏所說的王是周成王。

玖　《尚書・費誓》篇作成時代的再檢討

一、為什麼要提出這個問題

民國以來，在學術界，形成了一股疑古的風氣，許多翻案文章，就是在這種風氣下產生的。他們的動機、出發點，也許是善良的，不過在有意無意之間，卻把我國的歷史給縮短了。他們大多數的見解，都主張將我國的古籍著作年代往後延，使之失去應有的歷史價值，這站在國家歷史文化的立場上看，就不無商榷的必要了。《尚書・費誓》篇作成時代的再檢討，就是基於這一點理由提出的。

二、〈費誓〉解題

費，地名，即今山東省費縣，故城在縣西北二十里。如就字形說，有費、粊、棐、棐、肹、粊、鮮、獮八種寫法的不同；就字義說，鮮、獮，是因行獮田之祭，殺鮮以祭的意思。棐、柴、棐，可能是與柴，字形相近而譌，而費、柴、肸三字，乃因音近（其實在古代，這八種寫法，讀音皆同。）而混用，所指都是邑名。在古籍中，以費爲稱的居多，如《論語．季氏》篇：「今夫顓臾，固而近於費。」《左氏．成公十三年．傳》：「殄滅我費滑。」〈僖公元年．傳〉：「公賜季友汶陽之田及費。」都是用的費。誓，孔穎達《禮記》疏卷五〈曲禮下〉說：「約信曰誓。」元人董鼎《書傳輯錄纂注》說：「誓者，臨眾發命，述其興師之意。」由此我們可以了解，所謂〈費誓〉，就是由於當時徐夷，淫亂不服治化，並起侵周，魯國的國君，率兵討伐，爲了齊一眾志，化一行動，約定舉止，嚴禁所爲，以收同心協力、殺敵致果的功效，而在費地，當著將士們的面，所約定的誓言，也可以說是當眾所宣布的命令。

至於誓辭的大義，我們可以歸納成三項予以說明：第一，首先告訴眾軍士征伐的對象及檢點最切要的武器裝備。第二，命令軍士在駐紮期間，要妥善照顧牛馬，嚴守軍紀，違者有常刑。第三，約定期日，使善爲準備人、畜的食物，以及攻伐敵人的工具，如有不逮、不供、不及等情事，則分別處以大刑或應得之罪。

全篇誓辭，就著實際需要的輕重緩急，敘述甚爲有條理，使讀的人，不致有紊亂的感覺。就是因其文詞較爲簡易，所以才引起後人的懷疑，將它作成的時代往後延，認爲不是作於魯公伯禽的伐徐夷，而是成於僖公時代的撻徐患。現在我們就針對著此一問題，提出一廂情願的看法。

三、作成時代的再檢討

我們所以提出此一問題，不僅僅是爲了史實的正確，同時在探討的過程中，還會牽涉到史家的觀點以及文學、歷史在記述上的差異。由此卽可看出各自的功用，期望進而能促使我們判斷力的增強及取捨間的斟酌。

關於〈費誓〉作成的時代，其說法，就個人資料所及，不外下列兩種：

一、以爲魯君伯禽，率兵討伐徐戎、淮夷作〈費誓〉。主張這種說法的，一是書序，它說：「魯侯伯禽宅曲阜，徐夷竝興，東郊不開，作〈費誓〉。」一是《史記》，太史公說：「武王封周公旦於曲阜，是爲魯公，周公不就封，留佐武王，其後武王崩，成王少，於是相成王，而使其子伯禽代就封於魯。伯禽卽位之後，淮夷、徐戎並興反，於是伯禽率師伐之於肸，作〈肸誓〉。」這兩家的見解，一直到民國以前，向無疑之者。

二、以爲作於魯僖公時代，甚或指出於僖公十三年或十六年，主張這種說法的共有三家：一是余永梁先生，一是楊筠如先生，一是屈萬里先生。現在先將三家的見解，扼要提出，然後再作探討。

第一，余永梁先生：他的大作題目是「粊誓的時代考」，原載於民國十六年十一月一日《中山大學語言歷史學研究所週刊》第一集，第一期。現轉載於《古史辨》第二册。在這篇文章中，余先生所舉的例證爲：

㈠西周稱蠻夷爲「方」，無稱「夷」「戎」者，並舉「公伐䣄鼎：『王命公伐䣄，攻戰克敵，徐方以靜。』」爲證，並說：「考釋此鼎的各家，以爲伯禽的器。」

㈡戎、狄、蠻、夷之稱，在春秋時最流行。……〈禹貢〉稱「淮夷」，〈堯典〉稱「蠻夷猾夏」，正是春秋時所應用的，可知〈禹貢〉、〈堯典〉，也是春秋後所作，決不是春秋以前作的了。

㈢〈粊誓〉的文章，與兮甲盤銘極似。……兮甲盤是宣王時器，距春秋已不遠了。而粊〈誓的「備乃弓矢，鍛乃戈矛，礪乃鋒刃」，與〈牧誓〉的「稱爾戈，比爾干，立爾矛」相同。「臣妾逋逃」，〈與牧誓〉的「乃惟四方之多罪逋逃」相同。疑〈牧誓〉是後人摹倣〈粊誓〉而作的。

㈣舉《詩經・魯頌》，閟宮是「頌僖公能復周公之宇」，僖公伐徐，亦必大興戎眾，所以《詩》、《書》、傳所記的，自當是一件事。

㈤〈僖公十三年・經〉說：「公會齊侯、宋公、陳侯、衛侯、鄭伯、許男、曹伯于鹹。」傳云：「會于鹹，淮夷病杞故，且謀王室也。」可知淮夷來侵，僖公伐徐，以匡王室，並保魯境，故頌謂「保有鳧繹，遂荒徐土」了。

㈥就郡縣志、地理志所載，說明兗州的鄒縣、鳧繹，均在曲阜的東南，〈粊誓〉作「粊」的是古文，今文作「肹」，然而聲音都相近，與「費」的聲音亦近，「費」即今山東費縣，亦在曲阜東南，可證是僖公伐徐在「費」誓師時作的。

第二，楊筠如先生：他在所著《尚書覈詁・費誓下》，也作了與余氏意見相同的說明，茲舉其相異者如下：

㈠西周諸侯，當承王命征伐，而此篇無一語道及王命，當是東周以後，諸侯自專攻伐時代之作品。

㈡〈泮水〉（案：《詩經・魯頌》篇名）：「既作泮宮，淮夷攸服，矯矯虎臣。在泮獻馘。」亦明為克服淮夷獻功之事。則《詩》、《書》所載，自屬一事。

第三，屈萬里先生：在其所著《尚書釋義・費誓下》，除引余、楊二氏的話，表明〈費誓〉作於魯僖公時代外，又引：

㈠《春秋・僖公十三年・經》云：「公會齊侯、宋公……于鹹。」《左傳》云：「淮夷病杞故。」

㈡又〈十六年經〉云：「公會齊侯、宋公……于淮。」《左傳》云：「會于淮，謀鄫，且東略也。」據此，本篇疑僖公十三年或十六年時所作也。

以上是三家所舉的例證，現在我們即就著這些問題，一一地說明我們的看法。

余先生的第一個例證，就給我們舉出「公伐𨛜鼎」，「公伐𨛜鐘」，這使我們非常感謝他，因爲有了這兩件器物，使我們可以確定魯公伯禽，征伐徐夷的不誣。關於第二個例證，我們認爲：〈堯典〉、〈禹貢〉之文，乃由口傳而直到文化進展至相當程度後，始有的產物，而且又經後代的轉寫，才有現在的這個面目。就事實說，是屬於堯、禹那個時代，就用字說，就難免不使用轉寫時的語言了。然而我們仍然可以找出若干古時用語的遺留，因而確定〈堯典〉，是屬於那個時代的。這種情形，可由董作賓先生大作〈堯典天文曆法新證〉一文中，得到充分的證明。這篇文章，寫訖於民國四十五年，香港大學東方文化研究所，今載於《清華學報》新一卷二期。他在文中說：「〈堯典〉已經過了不知多少次的傳鈔，多少次的刻板，眞正保存著的本來面目，實在太有限了。但是大體上保存著的一部分本來面目，幸而還可以看得出來。例如『嵎夷』地名，雖有六種不同的寫法，但我們認爲它是一個東方地名，卻不會大錯的。……近人有但據一種本子，而曲意附會，由詞字以武斷古書時代之爲晚出。由此一例，就可以知道此類疑古與考古方法，是絕對不能使用的了。」接著他又舉出：一、紀日法，二、閏月，三、四時與四方之序，四、關於「「厥民析」，五、出日與納日，六、以歲差、日躔證四象。在這六項中，有的以單字的用法作證，如㞢、又、有的三種演變，對「析」字的考釋，以及賓、餞二字在當時的作用等，都能將我們帶到唐堯那個時代。有的則用肯定的文句下判斷，如在六，以「歲差、日躔證四象」項中說：「是〈堯典〉之紀事，於時於天均合，豈猶不足爲定讞歟！」在最後他說：「曆法上甲骨文中的新證，使我們相信，〈堯典〉中多存眞實的上古信史。」而事實上，《尚書》沒有那一篇，是沒有不經過後人轉寫的。請看僅一個「費」字，就有八種不同的寫法，在這種情況下，我們能以一字的差異，就斷定這篇文章爲晚出嗎？再說，文化是漸進的，有所謂的「流行」，當然必須先有開始，在開始有人這樣用的時候，其他的人，未必也能馬上這樣用，必待漸浸漸染，才能到達「流行」的地步。這種見解，我們認爲是合理的。

關於余先生的第三個問題，我們認爲：兮甲盤銘，既可以往下推，那又何以不能往上移？就兮甲盤銘與商湯盤銘相比，又如何？與〈費誓〉相較呢？這樣說來，「湯之盤銘」也是不足信了？既云柴誓的「備乃弓矢……」與〈牧誓〉的「稱爾戈，比爾干……」相同，而〈牧誓〉爲武王伐紂的誓詞，而〈費誓〉又何以不可爲伯禽伐徐戎、淮夷的誓詞？懷疑是一回事，事實上，而〈牧誓〉是不是後人摹倣又是一回事。我們不知道後人爲何偏偏要摹倣〈牧誓〉，如無實證，起碼也要不違於理，只是「懷疑」，那是難以使人信服的。至於余先生所舉第四、第五兩條，我們認爲僅能證明在僖公時，亦有伐徐戎之役，這又怎可與伯禽伐徐夷混爲一談？如僖公眞的有此舉措，司馬遷在〈魯周公世家〉中，又何以隻字未提？同時書序的成篇，據屈先生考證，「不得上至戰國中葉，可以斷言。」（《尚書釋義》敍論）就時代說，作書序的人，更應該了解，何以亦言伯禽伐徐夷而不言僖公？余先生的第六個例證，所說的地名、地理位置，我們都非常同意。但我們認爲這與伯禽伐徐夷，或是僖公伐徐夷，在時間上，並沒有太重要的關係。余氏所以要引經據典的加以解釋，目的在證明〈費誓〉的「費」，就是在僖公時所轄魯國東南境的費邑。這種論證，可能是一種浪費。因爲〈費誓〉的「費」，不同的寫法太多了，這許多種不同的記載，給了我們很大的啟示，那就是你可以寫徐方，他可以寫徐夷，你可以寫柴，他可以寫費、寫鮮、寫肹，反正所指皆爲一地。由此可以證明，在文字上，是經過後人轉寫的。否則何以會有如是多的不同?余先生的解釋，只能說明在地名演變爲費邑之時的人轉寫，這與是那位魯君伐徐夷並無關鍵性。假如在僖公之時，始有其名，借費地之名，來證明其時伐徐戎，倒不失爲一個有力的證據，然而可惜的是在僖公以前此費地之名老早就有了。如僖公元年賜季友汶陽之田及費，可見費之名，不始於僖公。再如《左氏·隱公元年·傳》：「費伯帥師城郎」，〈莊公八年·傳〉：「反誅屨於徒人費。」皆是。既不始於僖公，我們總不能一看到費邑之名，就一口咬定只有僖公才能伐徐夷吧!

余先生的問題解答之後，現在就讓我們來探討楊筠如先生所舉的例證。楊先生所舉的第一個例證是不錯的，因有「公伐郐鼎，公伐郐鐘」可以證明。然而我們也不要忘了在古籍中，往往有爲後人竄改的事實，且《尚書》又經過漢人以「今文」的轉寫，在習尙方面，難免有所顧及不到的地方，在經後人轉寫的那個用字習尙之下，我們總不能因爲沒有「王命」二字，就認爲這篇誓詞不是作於伯禽時代吧!當然我們也不能處處用「竄改」、「轉寫」來作擋箭牌，也應該拿出個積極的例證作爲回敬，就像董作賓先生那樣，在〈堯典〉中，舉出「其原來面目」的遺留，才能使人折服。

在〈費誓〉中，提到「魯人」的地方有二次，一則說：「魯人三郊三遂，峙乃楨榦。」再則說：「魯人三郊三遂，峙乃芻茭。」這樣的表示方式，我們認爲和〈牧誓〉中所說：「逖矣！西土之人」，「庸、蜀、羌、髳、微、盧、彭、濮人」相似。〈牧誓〉中的話，是出自武王之口，〈費誓〉的言論，即使不是伯禽所說，也是當時的史官所爲，因此這個「人」字所表示的意義，無論是稱己稱人，都沒有鄙視、貶抑之意，換句話說，在當時，就是以「人」來表示己方或對方，在觀念上是齊平的。然而這種觀念，到了春秋時代，就大爲不同了。孔子在春秋中所使用「人」的意義，尤爲顯著，如〈隱公二年・經〉說：「夏五月莒人入向。」〈桓公十五年・經〉說：「邾人、牟人、葛人來朝。」〈僖公十九年・經〉說：「春王三月，宋人執滕子嬰齊。」對這些國家的所以稱人而不稱其名或爵，不是言其「將卑師少而微之也」，就是「夷狄之也」，再不然就是「正以王法，以奪其爵。」假如我們要想用一個字來涵蓋的話，那就是一個「貶」字。這正是孔子作《春秋》寓褒貶之意。可是我們再回過頭來看看〈牧誓〉、〈費誓〉中的「人」字，有沒有這種含義呢？一國之君，率師出征，當衆宣誓，又如何能貶抑其將士？諸侯之師，不遠千里而來相助，感謝猶恐不及，何以貶爲？因此，我們認爲這就是「其原來面目」的遺留，雖無「王命」二字，我們確信仍爲那個時代事蹟的遺留。再說，魯國征伐可以不用「王命」，也是周天子所特別准許的。〈魯周公世家〉說：「成王乃命魯得郊祭文王，魯有天子禮樂者，以褒周公之德也。」魯既可行天子的禮樂，難道於征伐之際，還一定要用「王命」？

楊先生的第二個例證，我們認爲：〈泮水〉詩，就其內容說，是否爲歌頌僖公伐徐戎、淮夷，尙在爭論之中。就《詩》小序所言，固然不錯，可是朱子卻以爲是祝禱之詞，並不認爲是稱美僖公。到了清代，更是仁智互見，莫衷一是（請參姚際恆《詩經通論》及馬通伯《毛詩學》）。卽使近人，見解亦不一致。如屈萬里先生《詩經釋義》，卽主張「此亦僖公時詩」，然而王靜芝先生《詩經通釋》，卻以爲「此伯禽征淮夷，執俘告於泮宮。」是非既不能斷，引之作證，這不是治絲而棼、徒增困擾？

最後，我們該回答屈先生的問題了。余、楊二氏所舉各條，既然我們不能同意，而屈先生所舉春秋經及左氏傳的事實，充其量，僅能證明在僖公十三年或十六年伐淮夷，並不能證明〈費誓〉不是伯禽伐徐夷的作品。清．姚際恆《詩經通論》於〈泮水〉詩後說：「許魯齋謂頌伯禽之詩。蓋伯禽有征淮夷事，見于〈費誓〉。若僖公則十六年冬，從齊侯會于淮，而爲齊執，明年九月，乃得釋歸。詩言縱夸大，不應以醜爲美，至于如此也。奈何舍其可信而從其不可信哉！」我們看了這段話，還能認爲〈費誓〉作於僖公十六年嗎？

其實，如不用《春秋左氏傳》來證明，僅就詩之言事立論，還可以唬唬人，如引用《春秋》僖公十三、十六、十七年經文，再看《左氏傳》的傳文，那根本就不是僖公伐淮夷，而是爲齊桓公所徵召，從桓公而會鹹（十三年）會淮（十六年），元人劉瑾《詩傳通釋》說：「僖公十三年，嘗從齊桓公會鹹，爲淮夷病杞故；十六年又從齊桓公會淮，爲淮夷之病鄫。」馬通伯《毛詩學》

於〈泮水〉篇引張次仲的話說：「齊語東南有淫亂者，萊、莒、徐、夷一戰，帥服三十一國。又謂桓公南伐，以魯爲主，魯從霸主以征伐，而策功飲至，則各自以爲功，亦人情之常。」又引陳氏的話說：「于鹹、于淮，皆齊桓公兵車之會，而僖公與焉。」所謂僖公之伐淮夷，其眞相如此，而詩人之言，於此也就可以知其大概了。

四、結語

我們所以認爲〈費誓〉是伯禽伐徐夷時代的作品，那是因爲：

1. 書序說：「魯侯伯禽宅曲阜，徐夷竝興，東郊不開，作〈費誓〉。」
2. 《史記・魯周公世家》說：「伯禽卽位之後，有管、蔡等反也，淮夷、徐戎亦並興反，於是伯禽率師伐之於肸，作肸誓。」
3. 「公伐郐鼎」說：「王命公伐郐，攻戰克敵，徐方以靜……。」余永梁〈粊誓的時代考〉說：「考釋此鼎的各家，以為伯禽的器。」（見《古史辨》第二冊，頁七五～八一）

書序，固然是最能引起爭論的，可是其中的某些說法，也未必不可取。就其作成時代說，屈先生在《尚書釋義》中表示：「大抵不能早於戰國末葉。……觀乎〈湯征〉及〈太甲〉兩序，皆襲孟子爲說，則其著成時代，不得上至戰國中葉，可以斷言。」我們有條件地承認這見解是對的（因其非成於某一時代，請參吳康著《尚書大綱》及本書上編之陸〈尚書大、小序辨疑〉）。然而問題就出在這裏，既然書序著成於戰國末葉，就時代言，是魯僖公距戰國近，還是伯禽距戰國近？而作序的人，何以捨近求遠？又何以詳於古而略於今？而作於穆公時代的〈秦誓〉，又爲什麼他們不把時代提前？如果說《春秋左氏傳》，對秦穆公的時代有記載，不便作僞，那麼於魯僖公又何嘗沒有記載？司馬遷顯然是承襲書序而作《史記》的，這只要我們翻開〈周本紀〉、〈魯周公世家〉，就可以了然。這說明書序並不是一無可取。然而太史公承襲書序，也是有條件的，並不是照單全收。如〈秦誓〉、〈文侯之命〉、〈周官〉、〈立政〉、〈君奭〉、〈無逸〉、〈盤庚〉等篇，有的與書序相異，有的部分不同，更有的借書序之言，而大加發揮。而於〈費誓〉，太史公既然與書序採同一看法，再加上「公伐郐鼎」的證明，伯禽的伐徐夷，不就成了鐵一般的事實？如果說〈費誓〉是魯僖公時代的作品，太史公在〈魯周公世家〉中，寫到僖公（《史記》作釐公）的時候，竟然對這樣風光，值得大書特書的事，隻字未提，實在不能不使人懷疑。就連在僖公元年「以汶陽之田及鄪（即費）封季友」這種小事，都記上一筆，而對於足以「光耀史册」的大事，反而漏略，誠使人不解。這使我們想到，太史公是以史家的眼光、態度寫《史記》，他可能認爲像僖公那樣的行爲，充其量，只能算是聽命的角色，會鹹、會淮，僅爲從齊桓公而達成諸侯相會的舉措，要數征伐嘛，那也只能算在齊桓公的「九合諸侯，以匡天下」的功勞上。然而魯國詩人的觀點可就不同了。他們認爲僖公的隨從齊桓公大會諸侯，以致使淮夷畏服，這是僖公的功勞，所以也就大加誦其讚美的詩篇。不過從這件事情的發展上看，可以使我們體會到徐夷的時服時叛。遠在成王時，就曾經征伐過淮夷。〈周本紀〉說：「召公爲保，周公爲師，東伐淮夷、殘奄，遷其君薄姑。成王自奄歸，在宗周作多方，既絀殷命，襲淮夷，歸在豐，作周官，……成王既伐東夷，息愼來賀，王賜榮伯，作賄息愼之命。」這段記載，不正說明淮夷的作亂不服治化？而且更是時服時叛的，《詩經・大雅》中的常武，不就正是讚美周宣王親自率領大軍征伐徐戎成功的詩篇？

事情的演變，我們了解之後，現在可以回轉過來，看看魯公伯禽那個時代的情形了。武王滅殷之後，封姜太公於齊，封周公於魯，以酬其勞。惟周公未就封地，仍然留在朝中輔佐武王，而使其子伯禽代就封於魯。不久，武王崩逝，成王年少，周公恐天下聞武王崩逝而叛周，於是乃攝政當國，而其時的管叔及其羣弟，乃散布流言說：「周公將不利於成王。」而管叔、蔡叔、武庚等於不久之後，果然率淮夷反叛，於是周公乃奉成王命，興師東伐，作〈大誥〉以告諸國不可叛周。在這種內外動盪不安、岌岌不保的情況下，爲減少軍事上的壓力，而命令處在東方要衝的魯國，出兵征伐淮夷，這不正是順理成章的事？同時也是極其必要的。以周公的明哲，這種舉措，似乎是不容置疑的。其次，我們從《尚書》〈大誥〉、〈成王征〉、〈周官〉、〈賄肅愼之命〉

〈費誓〉等篇的序文中，也可以體會到當時的淮夷，又是如何的猖獗。而且這些序文，也都能與《史記》所言相合，從這些客觀條件的分析、觀察，使我們確信〈費誓〉的著作時代，應該是伯禽那個時候。至於其中的文字用法，稍有不合時代的地方，我們認爲那是由於後世轉寫所致，這絕不是太史公誤記或書序的故意云爲。

拾　《尚書》篇目

一、百篇書目

《漢書・藝文志》說：「《書》之所起遠矣，至孔子纂焉，……凡百篇。」

王充《論衡・正說》篇說：「《尚書》本百篇，孔子以授也。遭秦用李斯之議，燔燒五經，濟南伏生，抱百篇藏於山中。」又說：「孝景帝時，魯恭王壞孔子教授堂以爲殿，得百篇《尚書》於牆壁中。」

《史記・儒林列傳》說：「秦時焚書，伏生壁藏之。其後兵大起，流亡。漢定，伏生求其書，亡數十篇，獨得二十九篇。」

《尚書》百篇之說，漢代甚爲流行。馬、鄭曾爲百篇序文作注，合爲一卷。待東晉・梅賾上僞古文尚書，乃分散小序之文，冠於各篇之首，而序及百篇之目，於焉得傳。茲依清人孫星衍補集之馬、鄭書序尚書篇目表，與僞孔傳本書序之目次，對照如下：

馬、鄭注書序尚書百篇目次	僞孔傳本書序尚書百篇目次	備考
1. 堯典	1. 堯典	
2. 舜典	2. 舜典	
3. 汩作	3. 汩作	
4. 九共4~12	4. 九共4~12	
13. 槀飫	13. 槀飫	
14. 大禹謨	14. 大禹謨	
15. 臯陶謨	15. 臯陶謨	
16. 棄稷	16. 棄稷	王先謙作弃稷（馬、鄭）
17. 禹貢	17. 禹貢	
18. 甘誓	18. 甘誓	
19. 五子之歌	19. 五子之歌	
20. 允（胤）征	20. 胤征	王先謙作胤征（馬、鄭）
21. 帝告	21. 帝告	
22. 釐沃	22. 釐沃	

23. 湯征	24. 汝鳩	25. 汝方	26. 夏社	27. 疑至	28. 臣扈	29. 湯誓	30. 仲虺之誥	31. 湯誥	32. 咸有一德	33. 典寶
23. 湯征	24. 汝鳩	25. 汝方	26. 湯誓	27. 夏社	28. 疑至	29. 臣扈	30. 典寶	31. 仲虺之誥	32. 湯誥	33. 明居
34. 明居	35. 伊訓	36. 肆命	37. 徂后	38. 太甲 38～40	41. 沃丁	42. 咸乂 42～45	46. 伊陟	47. 原命	48. 仲丁	49. 河亶甲
34. 伊訓	35. 肆命	36. 徂后	37. 太甲 37.～39.	40. 咸有一德	41. 沃丁	42. 咸乂 42.～45.	46. 伊陟	47. 原命	48. 仲丁	49. 河亶甲
王先謙馬、鄭注書序，明居在徂后後。										

50. 祖乙	51. 盤庚51～53	54. 說命54～56	57. 高宗肜日	58. 高宗之訓	59. 西伯戡黎	60. 微子	61. 大誓61～63	64. 牧誓	65. 武成	66. 洪範	67. 分器
50. 祖乙	51. 盤庚51～53	54. 說命54～56	57. 高宗肜日	58. 高宗之訓	59. 西伯戡黎	60. 微子	61. 泰誓61～63	64. 牧誓	65. 武成	66. 洪範	67. 分器

68. 旅獒	69. 旅巢命	70. 金縢	71. 大誥	72. 微子之命	73. 歸禾	74. 嘉禾	75. 康誥	76. 酒誥	77. 梓材	78. 召誥	79. 洛誥
68. 旅獒	69. 旅巢命	70. 金縢	71. 大誥	72. 微子之命	73. 歸禾	74. 嘉禾	75. 康誥	76. 酒誥	77. 梓材	78. 召誥	79. 洛誥

80. 多士	80. 多士	
81. 無逸	81. 君牙	
82. 君奭	82. 無逸	
83. 成王征	83. 君奭	
84. 將薄姑	84. 蔡仲之命	
85. 多方	85. 成王征	
86. 周官	86. 將蒲姑	
87. 立政	87. 多方	
88. 賄息慎之命	88. 立政	
89. 亳姑	89. 周官	
90. 君陳	90. 賄肅慎之命	

91. 顧命	91. 亳姑	
92. 康王之誥	92. 君陳	
93. 畢命	93. 顧命	
94. 君牙	94. 康王之誥	
95. 冏命	95. 畢命	
96. 蔡仲之命	96. 冏命	
97. 粊誓	97. 呂刑	
98. 呂刑	98. 文侯之命	
99. 文侯之命	99. 費誓	
100. 秦誓	100. 秦誓	

據前表所列百篇書目，就篇名說，馬、鄭與僞孔本同，惟次第稍異。然馬、鄭所注書序，乃出自孔壁之古文，而唐代的孔穎達正義，卻以孔壁之書序爲僞，而以僞孔爲眞，亦如其以孔壁十六篇眞古文爲僞然。馬、鄭旣傳孔壁之古文，其次第當爲孔壁之舊，而僞孔之異，顯爲私意的變更。

二、今文尚書

所謂今文尚書，就是將原本古篆（殷、周文字）的《尚書》，改用漢代通行的隸體字書寫的本子。伏生，是漢代傳授今文尚書的第一人。《史記・儒林列傳》說：「伏生者，濟南人也，故爲秦博士。孝文帝時，欲求能治《尚書》者，天下無有。乃聞伏生能治，欲召之。是時伏生年九十餘，老，不能行。於是乃詔太常使掌故鼂錯往受之。秦時焚書，伏生壁藏之，其後兵大起，流亡，漢定，伏生求其書，亡數十篇，獨得二十九篇，卽以教于齊、魯之間，學者由是頗能言《尚書》。諸山東大師，無不涉《尚書》以教矣。」《史記》的這段記載，計有三件事情可說：一是伏生所傳的《尚書》爲二十九篇。二爲伏生就是用這部書傳授學生。三是伏生晚年又傳鼂錯。其他如《史記・鼂錯傳》、《漢書・儒林傳》，甚至王充《論衡》等書，所有的記載，大都相同。

至於伏生所傳今文尚書篇目的說法，見解也不一致，以伏生所傳爲二十九篇的，有《史記・儒林傳》、《漢書・儒林傳》、唐・陸德明《經典釋文》，以及近人王先謙等。以伏生所傳爲二十八篇的，有漢・王充《論衡》、《隋書・經籍志》，以及唐・孔穎達等，茲述其大要如次：

一、東漢・王充《論衡・正說》篇說：「蓋《尚書》本百篇，孔子以授也。遭秦用李斯之議，燔燒五經，濟南伏生，抱百篇藏於山中。孝景皇帝時，始存（案：存，察也。）《尚書》，伏生已出山中，景帝遣鼂錯往，從受《尚書》二十餘篇。伏生老死，書殘不竟。鼂錯傳於倪寬，至孝宣皇帝時，河內女子發老屋，得逸《易》、《禮》、《尚書》各一篇，奏之，宣帝下示博士，然後《易》、《禮》、《尚書》各益（增加）一篇，而《尚書》二十九篇始定矣。」這是說，伏生所傳《尚書》爲二十八篇，合河內女子的獻書，增加一篇，才成爲二十九篇。《隋書・經籍志》也是這種看法。它說：「至漢，唯伏生口傳二十八篇，又河內女子得〈泰誓〉一篇。」這是主張伏生所傳《尚書》爲二十八篇的證明，不過隋志所說，卻更爲清楚。

二、唐・陸德明《經典釋文・敍錄》說：「漢宣帝本始中，河內女子得〈泰誓〉一篇，獻之，與伏生所誦合三十篇，漢世行之。然〈泰誓〉年月，不與序相應，又不與《左傳》、《國語》、《孟子》眾書所引〈泰誓〉同，馬（融）鄭（玄）王肅諸儒皆疑之。」這又以爲伏生所傳本爲二十九篇了。

三、唐・孔穎達在《尚書正義》中說：「二十九篇，自是計卷，若計篇，則三十四，去〈泰誓〉，猶有三十一。案《史記》及〈儒林傳〉皆云：『伏生獨得二十九篇，以教齊、魯，則今之〈泰誓〉，初非伏生所得。』案馬融云：『〈泰誓〉後得』，鄭玄《書論》亦云：『民間得〈泰誓〉』。《別錄》曰：『武帝末，民有得〈泰誓〉於壁內者，獻之，與博士使讀說之，數月皆起，傳以教人。』則〈泰誓〉非伏生所傳，而言二十九篇者，以司馬遷在武帝之世，見〈泰誓〉出，而得行入於伏生所傳內，故爲史總之，並云伏生所出，不復區別分析。云民間所得，其實得時不與伏生所傳同也。』」這是說：伏生所傳爲二十九卷，三十四篇，去〈泰誓〉三篇，則爲三十一篇。

四、《漢書．藝文志》又載《歐陽經》三十二卷，《歐陽章句》三十一卷。所以這樣不同，全是由於篇目的分合所致。所謂《歐陽經》三十二卷，是將伏生所傳二十九篇中的〈盤庚〉分爲三篇，再加上書序一篇。而《歐陽章句》三十一卷呢？這是因西漢人不注解書序，故僅有三十一篇。

五、近人王先謙所著《尚書孔傳參正》，在序例中談到《尚書》篇目的分合問題，則又有不同的見解。他說：「《漢書．藝文志．尚書下》云：『經二十九卷。』班自注：『大小夏侯二家。』顏注：『此二十九卷，伏生傳授者。』先謙案：此二篇爲一卷也。伏生之二十九篇，〈堯典一〉（原注：連愼徽五典以下），〈皋陶謨二〉（原注：連帝曰來禹以下），〈禹貢三〉，〈甘誓四〉，〈湯誓五〉，〈盤庚六〉，〈高宗肜日七〉，〈西伯戡黎八〉，〈微子九〉，〈坶（今作牧）誓十〉，〈鴻（一作洪）範十一〉，〈大誥十二〉，〈金縢十三〉，〈康誥十四〉，〈酒誥十五〉，〈梓材十六〉，〈召誥十七〉，〈雒誥十八〉，〈多士十九〉，〈無佚（一作逸）二十〉，〈君奭二十一〉，〈多方二十二〉，〈立政二十三〉，〈顧命二十四〉，〈康王之誥二十五〉，〈粊（一作費）誓二十六〉，〈甫（一作呂）刑二十七〉，〈文侯之命二十八〉，〈秦誓二十九〉。」王先生又說：「知〈顧命〉、〈康王之誥〉爲一篇者，僞孔序云：『伏生〈康王之誥〉合於〈顧命〉。』釋文云：『歐陽大小夏侯合爲〈顧命〉。』此其明證也。既以〈康王之誥〉合於〈顧命〉，則二十八篇矣。仍爲二十九者，王充、房宏皆云：『後得〈太誓〉，二十九篇始定。』是後漢人見歐陽小大夏侯本皆有〈太誓〉，合爲二十九篇之明證也。」由這段話，可知王氏以爲伏生所傳《尚書》，本爲二十九篇，其後又得〈泰誓〉，乃合〈康王之誥〉、〈顧命〉爲一，就篇數說，仍爲二十九，可是已經不是伏生所傳舊有的篇目了。

以上我們引了五家的言論，對《尚書》的篇目，雖然各有說辭，但說法並不止於此，綜合起來，加以歸納，大約有四種主張：

第一，以伏生所傳爲二十八篇，〈顧命〉、〈康王之誥〉本合爲一，併序一卷爲二十九篇的，有朱彝尊、陳壽祺、陳喬樅三位先生。

第二，以伏生所傳本爲二十八篇，〈太誓〉後得，合伏生二十八爲二十九篇的，有顧炎武、王鳴盛、江聲、孫星衍四位先生。

第三，以伏生二十九篇本有〈太誓〉，〈顧命〉、〈康王之誥〉合爲一篇的，有王引之、章太炎兩位先生。

第四，以伏生二十九本無〈太誓〉，〈顧命〉、〈康王之誥〉，本分爲二，〈太誓〉後得，始合〈顧命〉、〈康王之誥〉爲一的，有王先謙、皮錫瑞、龔自珍、陳夢家、屈萬里五位先生。

我們就著以上四種主張，再驗證《史記・周本紀》所說：「作〈顧命〉，作〈康誥〉（卽康王之誥）」，以及《漢書・儒林傳》所說：「張霸分析合二十九篇以爲數十」的話來看，當知〈顧命〉、〈康王之誥〉，本來就是兩篇，而伏生所傳授的《尚書》二十九篇，就篇數說已經夠了，並不包括〈太誓〉、書序在內，所以我們認爲王先謙的話，最可取信。

爲明白計，茲再將前引王充《論衡》、孔穎達《尚書正義》、以及漢志等有關伏生所傳《尚書》篇數的異同，作一提要式的說明：

第一，王充《論衡・正說》篇所說的二十九篇，是將《史記》、漢志、〈儒林傳〉所說伏生傳授的篇數（二十九）加河內女子所獻的僞〈太誓〉，列入今文中，又將〈顧命〉、〈康王之誥〉併爲一篇。這是王充所說的二十九篇。

第二，孔穎達所說的三十四卷，是將〈盤庚〉分爲三篇，〈太誓〉三篇，〈顧命〉、〈康王之誥〉又分爲二。這就是孔穎達所說的三十四篇。如把〈太誓〉三篇去掉，就是他所說的三十一篇了。

第三，漢志說：「歐陽章句三十一卷。」王先謙說：「分〈盤庚〉三篇故也。」漢志又說：

「歐陽經三十二卷。」王先謙說：「云歐陽經三十二篇者，併經三十一卷，序一卷數之也。經三十二卷而章句三十一卷者，西漢人不爲序作解詁也。」（原注：馬、鄭始爲序作傳注。以上王先謙說，並見〈孔傳參證序例〉。）我們認爲這說法是對的。

三、古文尚書

古文尚書，是魯恭王從孔子的屋壁中發現的。後來此書全部爲孔安國所得，並用今文來讀說，因此建立了他的古文家法。證據如左：

1. 《史記・儒林列傳》說：「孔氏有古文尚書，而安國以今文讀之，因以起其家，逸書得十餘篇，蓋《尚書》滋多於是矣。」
2. 《漢書・楚元王傳》、劉歆「移太常博士書」說：「及魯恭王壞孔子宅，欲以為宮，而得古文於壞壁之中，逸禮有三十九篇，書十六篇，天漢之後，孔安國獻之，遭巫蠱倉卒之難，未及施行。」
3. 《漢書・景十三王傳魯恭王傳》說：「魯恭王餘，以孝景前二年立為淮陽王，吳楚反，破後，以孝景前三年徙王魯（案：前三年，應作孝景三年。見《史記・孝景紀》），……

恭王初好治宮室，壞孔子舊宅，以廣其宮，聞鐘磬琴瑟之聲，遂不敢復壞，於其壁中得古文經傳。」

4.《漢書・藝文志》說：「古文尚書者，出孔子壁中，武帝末，魯恭王壞孔子宅，欲以廣其宮，而得古文尚書及《禮記》、《論語》、《孝經》，凡數十篇，皆古字也。……孔安國者，孔子後也，悉得其書，以考二十九篇，得多十六篇，安國獻之，遭巫蠱事，未列于學官。」

5.王充《論衡・正說》篇說：「至孝景帝時，魯恭王壞孔子教授堂以為殿，得百篇《尚書》於牆壁中，武帝使使者取視，莫能讀者，遂秘於中，外不得見。」

根據以上所引的五則言論，我們可以確切地知道，古文尚書是在孔子的屋壁中所發現，並且全部爲安國所得，用今文來加以讀說，因此也就建立了他的古文家法。但是在此五則言論中，我們卻不能全以爲是，如劉歆說：「安國獻之，遭巫蠱倉卒之難，未及施行。」班固說：「武帝末、安國獻之」等語，都和史實不符。我們從前文所引《漢書・魯恭王傳》，知道魯恭王王魯時，是在景帝三年，又知恭王的「初好治宮室」，由此推知恭王壞孔子宅得書的時間，當在王魯的初年，王充《論衡》謂「在孝景帝時」，這說法是正確的。

至於說到獻書的人，《漢書》以爲是孔安國。這說法也有商榷的必要。清代的閻若璩先生，對此問題，見解最爲精闢，他在所著《尚書古文疏證》卷二中說：「按孔子世家：安國爲今皇帝博士，至臨淮太守蚤（案：即今早字）卒。司馬遷與安國遊，記其早卒應不誤，然考之《漢書》，又煞有可疑者。〈兒（今作倪）寬傳〉：『寬以郡國選詣博士，受業孔安國，補廷尉文學卒史，時張湯爲廷尉。』案：湯爲廷尉，在武帝元朔三年乙卯（案：爲西元前一二六年），楚元王傳，天漢後孔安國獻古文尚書，遭巫蠱之難未施行。案：巫蠱難，在武帝征和元年己丑、二年庚寅（案：西元前九二、九一年），相距凡三十五、六年，漢制，擇民年十八以上，儀狀端正者補博士弟子，則爲之師者，年又長於弟子。安國爲博士時，年最少如賈誼，亦應二十歲矣。以二十餘歲之博士，越三十五、六年始獻書，即獻書而死，其年已五十七、八，且望六矣，安得爲蚤卒乎？」又說：「予嘗疑安國獻書遭巫蠱之難，計其年必高，與馬遷所云蚤卒者不合。信《史記》蚤卒，則《漢書》之獻書，必非安國，信《漢書》之獻書，則《史記》之安國，必非蚤卒。然馬遷親從安國遊者也，記其生卒，必不誤者也。竊意天漢後，安國死已久，或其家人子孫獻之，非必其身，而苦無明證。越數載，讀荀悅《漢記・成帝紀》云：『魯恭王壞孔子宅，得古文尚書，多十六篇，武帝時，孔安國家獻之，會巫蠱事，未列學官。』於安國下增一「家」字，足補《漢書》之漏，益自信此心此理之同。」閻氏的話，實發人之所未發，就是我們現在來讀這些言論，仍舊可以使我們怡然釋懷。至於劉歆〈移太常博士書〉也說：「天漢之後，孔安國獻之」的話，清・王鳴盛《尚書後案》，據宋本文選，也證明了劉歆的「移博士書」，也有「家」字（辨孔安國序：故引之各冠其篇首後，【皇清經解】四，頁二五九五）。由此可證，獻古文尚書的，是安國的後人，而絕不是孔安國本人。

其次，我們所要探討的，就是古文尚書的篇目。茲先引述史料，然後再作分析。

《漢書・藝文志》說：「孔安國悉得其書（案：古文尚書），以考二十九篇（案：指伏生所傳，不含〈泰誓〉），得多十六篇。」又說：「尚書古文經四十六卷。」班固自注說：「為五十七篇。」桓譚《新論》說：「古文尚書，舊有四十五卷（除序文外），為五十八篇。」唐・顏師古注說：「孔安國書序云：『凡五十九篇，為四十六卷。承詔作傳，引序各冠其首，定五十八篇。』鄭玄敍贊云：『後又亡其一篇，故五十七篇。』」

根據以上所引史料，可知古文尚書，除與伏生所傳二十九篇相同外，還多出了十六篇，這十六篇的篇目，孔穎達《尚書正義》據鄭氏康成注書的記載是這樣的：

「〈舜典一〉，〈汩作二〉，〈九共篇十一〉，〈大禹謨十二〉，〈益稷十三〉，〈五子之歌十四〉，〈胤征十五〉，〈湯誥十六〉，〈咸有一德十七〉，〈典寶十八〉，〈伊訓十九〉，〈肆命二十〉，〈原命二十一〉，〈武成二十二〉，〈旅獒二十三〉，〈冏命二十四〉。以此二十四篇為十六卷，以九共九篇共卷，故為十六。」（堯典・疏・正義）這個篇目，為所有的古文尚書家所承認。

這十六篇，才是眞正的古文，可惜的是並沒有流傳下來。其中〈武成〉一篇，在東漢光武帝建武年間，就已經亡佚了。在未亡佚前，也沒有師說(見〈堯典．正義〉引馬融書序)。因此，古文尚書在西漢時期，並不顯著。這種道理，清代經學大家閻若璩知道的最清楚，他說：「古文尚書不甚顯於西漢，而卒得立於學官者(案：平帝時曾一度置古文博士)，劉歆之力也。雖不立於學官，而卒得大顯於東漢者，賈逵之力也。當安國之初傳壁中書也，原未有大序與傳，馬融尚書序所謂逸十六篇絕無師說。是及漢室中興，衛宏著訓旨於前，賈逵撰古文同異於後，馬融作傳，鄭玄作注，而孔氏一家之學粲然矣。不意鄭氏而後，寖以微滅，雖博及羣書如王肅、孫炎輩，稽其撰著，並無古文尚書，豈其時已錮於秘府而不復流傳耶？何未之及也？然果秘府有其書，猶得流傳於人間，惟不幸而永嘉喪亂，經籍道消，凡歐陽、大小夏侯學，號爲經師、遞相講授者，已掃地無餘，又何況秘府所藏區區簡册耶？故古文尚書之亡，實亡於永嘉。」（《尚書古文疏證》）

從這段言論中，我們可以確然知道十六篇古文，除其中〈武成〉一篇亡佚於東漢建武年間外，其餘的十五篇，均亡佚在晉永嘉的喪亂中。現在我們是沒有辦法看到了。因此，雖然後世僞古文尚書的篇目，多和此十六篇相同，可是都是假造的僞品，絕對不是舊有的古文尚書了。爲了清楚起見，茲再就前引各家有關古文尚書的篇目，歸納如左：

一、《漢書．藝文志》所說的古文四十六卷，以伏生二十九篇加十六篇，再加序（指小序，馬、鄭總爲一篇）一篇，所以是四十六卷，這是一篇爲一卷。

二、桓譚《新論》所說的五十八篇，那是將歐陽、夏侯傳本的二十九篇，把其中的〈盤庚〉

分出三篇，再加〈泰誓〉三篇爲三十四篇，加古文二十四篇（由十六篇擴大），故爲五十八篇。

三、班固所以說爲五十七篇，這是因爲〈武成〉一篇在建武的時候就已經亡佚了。桓譚說爲五十八篇，因譚死在建武以前。在他死時，〈武成〉一篇尚未亡佚。

四、顏師古注所以說成五十九篇的原因，這是他把馬、鄭所總爲一篇的小序，又加上去的關係。

四、僞古文尚書

僞造的古文尚書有兩本。一爲西漢成帝時，東萊人張霸假造的尚書百兩篇。一爲東晉・梅賾所獻的古文尚書五十八篇。現在就分別加以說明：

一、**張霸所假造的尚書百兩篇**：在古籍中，揭發這種事實的記載有二：第一，《漢書・儒林傳》說：「世間所傳百兩篇尚書，出東萊人張霸，分析合二十九篇以爲數十，又采《左氏傳》、書序爲作首尾，凡百二篇，篇或數簡，文意淺陋，成帝時，求其古文者，霸以能爲百兩徵，以中書校之，非是。霸辭受父，父有弟子尉氏樊並，時大中大夫平當，侍御史周敞，勸上存之，後樊並謀反，迺黜其書。」第二，王充《論衡・正說》篇說：「至孝成皇帝時，徵爲古文尚書學，東海張霸，案百篇之序，空造百兩之篇，獻之成帝，帝出秘書百篇以校之，皆不相應，於是下霸於吏。吏曰：『霸罪當死，成帝高其才而不誅，亦惜其文而不滅，故百兩之篇，傳在世間，傳見之人，則謂《尙書》本有百兩篇矣。』」

我們根據這兩則記載，已足可確切地知道張霸所上的百兩篇尙書爲假造，不需再作其他方面的求證。自魏、晉以來，不曾發現有人稱述，大概在漢代就已經亡佚了。

二、東晉・梅賾所上的僞古文尙書：關於這部僞書的來歷，唐代的孔穎達，在他奉命撰寫的《尙書正義》中，已經爲我們引證的很清楚了。

第一，他引《晉書・皇甫謐傳》說：「姑子外弟梁柳邊（案：邊字疑衍），得古文尙書，故作帝王世紀，往往載孔傳五十八篇之書。」

第二，又引《晉書》說：「晉太保公鄭冲，以古文授扶風蘇愉字林預，預授天水梁柳字洪季，卽謐之外弟也。季授城陽臧曹字彥始，始授郡守子汝南梅賾字沖眞，爲豫章內史，遂於前晉（案：前晉之前疑誤，當爲東晉）奏上其書而施行焉。」這段記載，把古文尙書的授受淵源，交代的又是何等清楚。

此外，在《隋書・經籍志》中，也能找到有關梅賾上書的言論。隋志說：「晉世秘府，所存有古文尙書經文，今無有傳者。及永嘉之亂，歐陽、大小夏侯尙書並亡。至東晉豫章內史梅賾，始得安國之傳奏之，時又缺〈舜典〉一篇，齊，建武中，吳興姚方興，於大航頭得其書奏上，比馬、鄭所注，多二十八字，於是始列國學。」

以上所引三則言論，除都以爲古文尚書爲梅賾所獻外，而隋志更說所獻的古文尚書，就是漢代孔安國用今文讀說的那部「孔安國傳」（至於孔安國到底有沒有爲古文尚書作傳，見本書上編之陸《尚書》大、小序辨疑），此傳，就是現在通行、被收在【十三經注疏】中的五十八篇尚書僞孔傳。這五十八篇，是從伏生所傳的二十九篇中，自〈堯典〉中，分出〈舜典〉，自〈皐陶謨〉中，分出〈益稷〉，又分〈盤庚〉爲三篇，總共爲三十三篇。此外又假造了二十五篇，這二十五篇的篇目是：1.〈大禹謨〉，2.〈五子之歌〉，3.〈胤征〉，4.〈仲虺之誥〉，5.〈湯誥〉，6.〈伊訓〉，7. 8. 9.〈太甲〉三篇，10.〈咸有一德〉，11. 12. 13.〈說命〉三篇，14. 15. 16.〈泰誓〉三篇，17.〈武成〉，18.〈旅獒〉，19.〈微子之命〉，20.〈蔡仲之命〉，21.〈周官〉，22.〈君陳〉，23.〈畢命〉，24.〈君牙〉，25.〈冏命〉。這二十五篇，從宋代的吳棫、朱熹、蔡沈及元代的吳澄，就有了懷疑，直到明代的梅鷟，才參考各書的記載，舉例證明爲後人假造。由於他的見聞不廣，在資料方面的採集，也不周備，所以效用不大。但到了清代的閻若璩，著《尚書古文疏證》，列舉一百二十八條，來指證古文尚書的所以爲僞造。惠棟更著《古文尚書考》，將梅賾所上的僞古文尚書僞造所依據的書，逐篇逐句地一一抉發其出處，並辨梅氏增多古文的謬誤，竟達十九條之多。這兩部書作成以後，廣得尚書家的認同，而古文尚書的僞造，至此就成爲「定讞」了。所以負責總纂【四庫全書】的紀曉嵐，在提要中這樣寫道：「古文之僞，自吳棫始有異議，朱子亦稍稍疑之。吳澄諸人，本朱子之說，相繼抉摘，其僞益彰。然亦未能條分縷析，以抉其罅漏。明・梅鷟始參考諸書，證其剽剟，而見聞較狹，蒐采未周，至閻若璩，乃引經據古，一一陳其矛盾之故，古文之僞乃大明。所列一百二十八條，毛奇齡作《古文尚書寃詞》，百計相軋，終不能以強辭奪正理，則有據之言，先立於不可敗也。」這話說得又是多麼眞切、生動、有力量。

我們既然披抉了東晉・梅賾所上古文尚書是僞書，但是否還有一讀的價值？如單就歷史來說，除去增添一段談資外，其餘並不足重視。可是話又說回來，如果站在其對後世影響及實質的作用上說，又確有其不可忽視的價值。有關這個問題，前賢已經注意到了。如清人焦循在他所著《尚書補注》序中，就曾發表了精闢的見解。他說：「置其假託之孔安國，而論其爲魏、晉間人之傳，則未嘗不與何晏、杜預、郭璞、范寧等先後同時，晏、預、璞、寧之傳注可存而論，則此傳亦何不可存而論？」陳澧非常同意這種看法，所以他在《東塾讀書記》中大加讚賞的說：「此通人之論也。即以爲王肅作，亦何不可存乎？」這兩位先生的話，我們認爲極具卓見。更何況僞古文，往往采摘古籍中的嘉言懿行爲說，多可作爲世人永久的法則。如〈大禹謨〉說：「滿招損，謙受益。」〈五子之歌〉說：「民爲邦本，本固邦寧。」〈仲虺之誥〉說：「用人惟己，改過不吝。」以及「好問則裕，自用則小。」〈伊訓〉說：「與人不求備，檢身若不及。」〈咸有一德〉說：「德無常師，主善爲師。」〈旅獒〉說：「玩人喪德，玩物喪志。」等，這不都是我們常常引用的格言？因此，我們認爲：用這些格言來修德的話，那眞是「莫之爲尚」，用它來教誨子弟、世人，那就既可「成己」又可「成物」，用它來治理國家，就能够移風易俗，行美俗善。所以今人戴君仁先生說：「僞書儘管是僞書，好書依然是好書，所以這二十五篇僞古文，我們不看做上古的經典、三代的信史，而只當部子書，仍然是有很高的價值的。」（《孔孟學報》第一期）這見解再透闢也沒有了，我們願意舉雙手贊同。

滄海叢刊書目（一）

國學類

書名	作者
中國學術思想史論叢(一)～(八)	錢　穆　著
現代中國學術論衡	錢　穆　著
兩漢經學今古文平議	錢　穆　著
宋代理學三書隨劄	錢　穆　著
論語體認	姚式川　著
西漢經學源流	王葆玹　著
文字聲韻論叢	陳新雄　著

哲學類

書名	作者
國父道德言論類輯	陳立夫　著
文化哲學講錄(一)～(五)	鄔昆如　著
哲學與思想	王曉波　著
內心悅樂之源泉	吳經熊　著
知識、理性與生命	孫寶琛　著
語言哲學	劉福增　著
哲學演講錄	吳　怡　著
後設倫理學之基本問題	黃慧英　著
日本近代哲學思想史	江日新　譯
比較哲學與文化(一)(二)	吳　森　著
從西方哲學到禪佛教——哲學與宗教一集	傅偉勳　著
批判的繼承與創造的發展——哲學與宗教二集	傅偉勳　著
「文化中國」與中國文化——哲學與宗教三集	傅偉勳　著
從創造的詮釋學到大乘佛學——哲學與宗教四集	傅偉勳　著
中國哲學與懷德海	東海大學哲學研究所主編
人生十論	錢　穆　著
湖上閒思錄	錢　穆　著
晚學盲言(上)(下)	錢　穆　著
愛的哲學	蘇昌美　著
是與非	張身華　譯
邁向未來的哲學思考	項退結　著

逍遙的莊子	吳　怡　著
莊子新注（內篇）	陳冠學　著
莊子的生命哲學	葉海煙　著
墨子的哲學方法	鐘友聯　著
韓非子析論	謝雲飛　著
韓非子的哲學	王邦雄　著
法家哲學	姚蒸民　著
中國法家哲學	王讚源　著
二程學管見	張永儁　著
王陽明——中國十六世紀的唯心主義哲學家	張君勱原著、江日新中譯
王船山人性史哲學之研究	林安梧　著
西洋百位哲學家	鄔昆如　著
西洋哲學十二講	鄔昆如　著
希臘哲學趣談	鄔昆如　著
中世哲學趣談	鄔昆如　著
現代哲學述評㈠	傅佩榮編譯
中國十九世紀思想史(上)(下)	韋政通　著
存有・意識與實踐——熊十力體用哲學之詮釋與重建	林安梧　著
先秦諸子論叢	康端正　著
先秦諸子論叢（續編）	康端正　著
周易與儒道墨	張立文　著
孔學漫談	余家菊　著
中國近代哲學思想的展開	張立文　著
近代哲學趣談	鄔昆如　著
現代哲學趣談	鄔昆如　著
哲學與思想——胡秋原選集第二卷	胡秋原　著
從哲學的觀點看	關子尹　著
中國死亡智慧	鄭曉江　著

宗教類

天人之際	李杏邨　著
佛學研究	周中一　著
佛學思想新論	楊惠南　著
現代佛學原理	鄭金德　著

絕對與圓融——佛教思想論集　霍韜晦 著
佛學研究指南　關世謙 譯
當代學人談佛教　楊惠南 編著
從傳統到現代——佛教倫理與現代社會　傅偉勳 主編
簡明佛學概論　于凌波 著
修多羅頌歌　陳慧劍 著
佛教思想發展史論　楊惠南 著
佛家哲理通析　陳沛然 著
禪話　周中一 著
唯識三論今詮　于凌波 著

自然科學類

異時空裡的知識追求
——科學史與科學哲學論文集　傅大為 著

應用科學類

壽而康講座　胡佩鏘 著

社會科學類

中國古代游藝史
——樂舞百戲與社會生活之研究　李建民 著
憲法論集　林紀東 著
憲法論叢　鄭彥棻 著
國家論　薩孟武 譯
中國歷代政治得失　錢穆 著
先秦政治思想史　梁啟超原著、賈馥茗標點
當代中國與民主　周陽山 著
釣魚政治學　鄭赤琰 著
政治與文化　吳俊才 著
中國現代軍事史　劉馥著、梅寅生 譯
世界局勢與中國文化　錢穆 著
海峽兩岸社會之比較　蔡文輝 著
印度文化十八篇　糜文開 著
美國的公民教育　陳光輝 譯
美國社會與美國華僑　蔡文輝 著
文化與教育　錢穆 著

開放社會的教育	葉學志	著
經營力的時代	青野豐作著、白龍芽	譯
大眾傳播的挑戰	石永貴	著
傳播研究補白	彭家發	著
「時代」的經驗	汪　琪、彭家發	著
書法心理學	高尚仁	著
清代科舉	劉兆璸	著
排外與中國政治	廖光生	著
中國文化路向問題的新檢討	勞思光	著
立足臺灣，關懷大陸	韋政通	著
開放的多元化社會	楊國樞	著
臺灣人口與社會發展	李文朗	著
日本社會的結構	福武直原著、王世雄	譯
財經文存	王作榮	著
財經時論	楊道淮	著

史地類

古史地理論叢	錢　穆	著
歷史與文化論叢	錢　穆	著
中國史學發微	錢　穆	著
中國歷史研究法	錢　穆	著
中國歷史精神	錢　穆	著
憂患與史學	杜維運	著
與西方史家論中國史學	杜維運	著
清代史學與史家	杜維運	著
中西古代史學比較	杜維運	著
歷史與人物	吳相湘	著
共產國際與中國革命	郭恒鈺	著
抗日戰史論集	劉鳳翰	著
盧溝橋事變	李雲漢	著
歷史講演集	張玉法	著
老臺灣	陳冠學	著
臺灣史與臺灣人	王曉波	著
變調的馬賽曲	蔡百銓	譯
黃　帝	錢　穆	著
孔子傳	錢　穆	著

宋儒風範	董金裕 著
弘一大師新譜	林子青 著
精忠岳飛傳	李安 著
唐玄奘三藏傳史彙編	釋光中 編
一顆永不殞落的巨星	釋光中 著
新亞遺鐸	錢穆 著
困勉強狷八十年	陶百川 著
我的創造・倡建與服務	陳立夫 著
我生之旅	方治 著

語文類

文學與音律	謝雲飛 著
中國文字學	潘重規 著
中國聲韻學	潘重規、陳紹棠 著
詩經研讀指導	裴普賢 著
莊子及其文學	黃錦鋐 著
離騷九歌九章淺釋	繆天華 著
陶淵明評論	李辰冬 著
鍾嶸詩歌美學	羅立乾 著
杜甫作品繫年	李辰冬 著
唐宋詩詞選——詩選之部	巴壺天 編
唐宋詩詞選——詞選之部	巴壺天 編
清眞詞研究	王支洪 著
苕華詞與人間詞話述評	王宗樂 著
元曲六大家	應裕康、王忠林 著
四說論叢	羅盤 著
漢賦史論	簡宗梧 著
紅樓夢的文學價值	羅德湛 著
紅樓夢與中華文化	周汝昌 著
紅樓夢研究	王關仕 著
中國文學論叢	錢穆 著
牛李黨爭與唐代文學	傅錫壬 著
迦陵談詩二集	葉嘉瑩 著
翻譯散論	張振玉 著
西洋兒童文學史	葉詠琍 著
一九八四	George Orwell 原著　劉紹銘 譯

書名	作者
文學原理	趙滋蕃 著
文學新論	李辰冬 著
分析文學	陳啟佑 著
解讀現代、後現代——文化空間與生活空間的思索	葉維廉 著
中西文學關係研究	王潤華 著
魯迅小說新論	王潤華 著
比較文學的墾拓在臺灣	古添洪、陳慧樺主編
從比較神話到文學	古添洪、陳慧樺主編
神話卽文學	陳炳良等譯
現代文學評論	亞菁 著
現代散文新風貌	楊昌年 著
現代散文欣賞	鄭明娳 著
實用文纂	姜超嶽 著
增訂江皋集	吳俊升 著
孟武自選文集	薩孟武 著
藍天白雲集	梁容若 著
野草詞	韋瀚章 著
野草詞總集	韋瀚章 著
李韶歌詞集	李韶 著
石頭的研究	戴天 著
留不住的航渡	葉維廉 著
三十年詩	葉維廉 著
寫作是藝術	張秀亞 著
讀書與生活	琦君 著
文開隨筆	糜文開 著
印度文學歷代名著選(上)(下)	糜文開編著
城市筆記	也斯 著
歐羅巴的蘆笛	葉維廉 著
移向成熟的年齡——1987～1992詩	葉維廉 著
一個中國的海	葉維廉 著
尋索：藝術與人生	葉維廉 著
山外有山	李英豪 著
知識之劍	陳鼎環 著
還鄉夢的幻滅	賴景瑚 著
葫蘆・再見	鄭明娳 著

大地之歌　大地詩社 編
往日旋律　幼柏 著
鼓瑟集　幼柏 著
耕心散文集　耕心 著
女兵自傳　謝冰瑩 著
抗戰日記　謝冰瑩 著
給青年朋友的信(上)(下)　謝冰瑩 著
冰瑩書柬　謝冰瑩 著
我在日本　謝冰瑩 著
大漢心聲　張起鈞 著
人生小語(一)～(四)　何秀煌 著
記憶裏有一個小窗　何秀煌 著
回首叫雲飛起　羊令野 著
康莊有待　向陽 著
湍流偶拾　繆天華 著
文學之旅　蕭傳文 著
文學邊緣　周玉山 著
文學徘徊　周玉山 著
種子落地　葉海煙 著
向未來交卷　葉海煙 著
不拿耳朵當眼睛　王讚源 著
古厝懷思　張文貫 著
材與不材之間　王邦雄 著
忘機隨筆——卷一・卷二　王覺源 著
忘機隨筆——卷三・卷四　王覺源 著
詩情畫意——明代題畫詩的詩畫對應內涵　鄭文惠 著
文學與政治之間——魯迅、新月、文學史　王宏志 著
劫餘低吟　法天 著
洛夫 VS. 中國現代詩　費勇 著

美術類

音樂人生　黃友棣 著
樂圃長春　黃友棣 著
樂苑春回　黃友棣 著
樂風泱泱　黃友棣 著
樂境花開　黃友棣 著

音樂伴我遊　趙琴著
談音論樂　林聲翕著
戲劇編寫法　方寸著
戲劇藝術之發展及其原理　趙如琳譯著
與當代藝術家的對話　葉維廉著
藝術的興味　吳道文著
根源之美　莊申著
扇子與中國文化　莊申著
水彩技巧與創作　劉其偉著
繪畫隨筆　陳景容著
素描的技法　陳景容著
建築鋼屋架結構設計　王萬雄著
建築基本畫　陳榮美、楊麗黛著
中國的建築藝術　張紹載著
室內環境設計　李琬琬著
雕塑技法　何恆雄著
生命的倒影　侯淑姿著
文物之美——與專業攝影技術　林傑人著

滄海美術叢書

儺ㄋㄨㄛˊ史——中國儺文化概論　林河著
挫萬物於筆端——藝術史與藝術批評文集　郭繼生著
貓・蝶・圖——黃智溶談藝術　黃智溶著